Windows 7 & Internet POUR LES NULS

édition Explorer 9

Windows 7 & Internet POUR LES NULS

édition Explorer 9

Andy Rathbone, John R. Levine,
Carol Baroudi,
Margaret Levine-Young

FIRST
Interactive

Windows 7 & Internet pour les Nuls (édition Explorer 9)

Cet ouvrage comporte des extraits de Windows 7 pour les Nuls (édition Explorer 9) et Internet pour les Nuls (édition Explorer 9).

Publié par Wiley Publishing, Inc.
111 River Street
Hoboken, NJ 07030-5774
USA

Edition française publiée en accord avec Wiley Publishing, Inc.
© 2011 Éditions First
60 rue Mazarine
75006 Paris - France
Tél. 01 45 49 60 00
Fax 01 45 49 60 01
E-mail : firstinfo@efirst.com
Web : www.editionsfirst.fr
ISBN : 978-2-7540-3360-2
Dépôt légal : 4e trimestre 2011

Collection dirigée par Jean-Pierre Cano
Traduction : Bernard Jolivalt, Philip Escartin

Imprimé en France par CPI Aubin Imprimeur

Sommaire

Introduction

Bienvenue dans *Windows 7 et Internet pour les Nuls !*

Ce livre n'a pas pour but de faire de vous un pros de Windows ou un créateur de sites Internet, mais de vous proposer des informations fort utiles. Plutôt que de devenir un expert, vous apprendrez rapidement et sans peine tout ce qui est indispensable pour utiliser efficacement un PC sous Windows 7 et prendre plaisir à utiliser Internet en toute sécurité.

À propos de cet ouvrage

N'essayez pas de lire ce livre d'une seule traite. Utilisez-le plutôt à la manière d'un dictionnaire ou d'une encyclopédie. Allez directement à la page contenant l'information que vous recherchez. Lisez-la attentivement, posez le livre et appliquez les directives.

Ne vous compliquez pas l'existence à mémoriser toutes les commandes de Windows 7 ou de votre navigateur Internet, du genre "Sélectionnez l'option de menu dans la liste déroulante". Laissez ça aux allumés d'informatique. En fait, un pictogramme vous préviendra chaque fois qu'un élément technique apparaît dans un chapitre. Vous pourrez ainsi vous attarder pour le lire ou seulement le parcourir et aller plus loin.

Vous ne trouverez aucun jargon ésotérique dans ce livre, mais des thèmes développés en français clair et accessible, dont voici un aperçu :

- Pourquoi avoir choisi un nom aussi obscur que "Windows 7" ?
- Retrouver le fichier que vous avez enregistré ou téléchargé la veille.

- Déplacer les fenêtres à la souris.
- Obtenir que Windows 7 tourne comme votre ancienne version de Windows.
- Télécharger des fichiers.
- Répondre à un courrier automatiquement.

Il n'y a rien à mémoriser et rien à apprendre par cœur. Il suffit d'aller à la bonne page, de lire quelques brèves explications et de retourner à l'ordinateur. Contrairement à d'autres livres, celui-ci vous permet de faire l'impasse sur les subtilités techniques et de ne vous en tenir qu'à l'essentiel pour que le travail soit fait.

Comment utiliser ce livre

Recherchez le sujet qui vous tourmente dans le sommaire ou dans l'index. Le sommaire indique les chapitres ainsi que les sections et leurs numéros de page. L'index recense les sujets et renvoie à la page où il en est question. Parcourez-les tous deux chaque fois que vous butez sur un point obscur ; ne lisez que ce qui est nécessaire, refermez le livre puis appliquez ce que vous venez de lire.

Si vous avez envie d'en savoir plus, lisez un peu plus loin. Vous découvrirez une foule de détails supplémentaires ainsi que quelques références croisées qui renvoient d'un sujet à un autre. Mais ne vous sentez pas obligé. Vous n'êtes pas tenu d'apprendre ce que vous ne désirez pas connaître, ou ce que vous n'avez pas le temps d'assimiler.

Si vous devez taper du texte, il apparaît sous cette forme :

```
www.vw.com
```

Dans l'exemple ci-dessus, vous tapez la chaîne de caractères www.vw.com et vous appuyez ensuite sur la touche Entrée. Taper des mots au clavier est parfois déroutant ; c'est pourquoi ces mots sont souvent accompagnés d'une petite description. Vous effectuerez ainsi la saisie dans les règles.

Chaque fois qu'un message ou une information est affiché à l'écran, il apparaît dans le livre sous la forme suivante :

```
Ceci est un message affiché à l'écran
```

Ce livre se garde bien de vous infliger des directives du genre "Pour en savoir plus, consultez votre manuel". Windows 7 est d'ailleurs dépourvu de tout manuel. Vous ne trouverez pas non plus des informations concernant le fonctionnement de logiciels spécifiquement Windows comme Microsoft Office.

Enfin, gardez à l'esprit que ce livre est un *ouvrage de référence*. Il n'a pas été conçu pour faire de vous un expert, mais pour vous procurer suffisamment d'informations pour que vous n'ayez justement pas à vous coltiner un apprentissage de Windows et d'Internet.

Et à propos de vous ?

Il y a de fortes chances que vous ayez un ordinateur. Vous possédez Windows 7 et vous avez une connexion Internet ou vous envisagez d'en installer une. Vous savez ce que vous voulez faire avec votre ordinateur. Le problème réside justement là : comment obtenir de l'ordinateur qu'il fasse ce que vous désirez. Vous vous êtes débrouillé d'une façon ou d'une autre, peut-être avec l'aide d'un ami ou d'un collègue de bureau qui s'y connaît en informatique. Mais peut-être n'y a-t-il personne dans le voisinage qui sache apprivoiser la bête rétive qu'est un ordinateur. C'est là qu'intervient ce livre. Il saura remplacer au pied levé l'expert cruellement absent. Gardez cependant une carte de Pokémon à portée de la main, ou des trucs à grignoter dans un tiroir, au cas où il vous faudrait quand même soudoyer quelqu'un pour vous aider.

Ce livre a été entièrement mis à jour pour la toute dernière version du navigateur de Microsoft Internet Explorer 9.

Comment ce livre est organisé

Toutes les informations contenues dans ce livre ont été passées au crible. L'ouvrage est divisé en deux livrets divisés en chapitres thématiques. De plus, chacun de ces chapitres est subdivisé en brèves sections qui révèlent tour à tour les différents et mystérieux aspects de Windows 7 et d'Internet. Il vous arrivera parfois de n'avoir à lire qu'un tout petit encadré, et d'autres fois de longs passages, voire une section ou un chapitre tout entier. Tout dépend de la complexité du sujet.

Suivez le guide !

Ce pictogramme attire l'attention sur des informations qui faciliteront l'utilisation de l'ordinateur, comme empêcher le chat de piétiner le clavier ou se frotter avec délectation contre l'écran.

N'oubliez pas de vous souvenir de mémoriser ce dont il est question ici. Vous pouvez placer un signet ici, ou écorner la page.

L'ordinateur n'explosera certes pas en exécutant les délicates tâches signalées par ce pictogramme, mais enfiler une combinaison de protection NBC (nucléaire biologique chimique) ne sera pas une vaine protection.

Vous passez de Windows Vista à Windows 7 ? Ce pictogramme signale une fonctionnalité à présent complètement différente dans Windows 7.

Si vous utilisiez Windows XP – de nombreux utilisateurs ont boudé Vista –, ce pictogramme signale les fonctions qui sont très différentes dans Windows 7. Mais lisez aussi les paragraphes signalés par le pictogramme précédent. On ne sait jamais...

Ce pictogramme pointe vers une ressource du Web accessible avec votre navigateur.

Et ensuite ?

Vous êtes maintenant paré pour passer aux choses sérieuses. Feuilletez le livre et repérez éventuellement des sections qui vous seront utiles plus tard. Rappelez-vous que c'est *votre livre*, l'arme absolue contre les illuminés qui ont concocté des ordinateurs aussi compliqués. Ne prétendez pas que vous avez passé l'âge de retourner à l'école et que vous n'y pigez rien : lisez et relisez les paragraphes qui vous semblent utiles, surlignez les concepts-clés, annotez à foison et gribouillez dans les marges, juste à côté de ce qui vous paraît obscur.

Livre 1

Windows 7

Première partie

Les éléments de Windows 7 que vous êtes censé déjà connaître

"J'annonce B7 !"
"- Coulé !"

Dans cette partie...

Beaucoup de gens se retrouvent avec Windows 7 sans qu'ils en aient vraiment eu le choix, cette version étant déjà installée par défaut sur leur nouvel ordinateur. Ou alors, l'entreprise a opté pour Windows 7 et tout le monde a dû suivre le mouvement, excepté le patron qui n'a toujours pas d'ordinateur. Ou encore, vous avez cédé aux sirènes (marketing) de Microsoft.

Quelle que soit votre situation, cette partie vous rappelle les bases de Windows ainsi que les notions comme le glisser-déposer, copier, couper et coller ou comment retrouver une barre d'outils qui a disparu.

Cette partie explique en quoi Windows 7 est mieux, mais met aussi le doigt sur ce qui n'est pas encore tout à fait au point dans cette nouvelle version.

Chapitre 1

C'est koâ, Windows 7 ?

Dans ce chapitre

- Découvrir les nouvelles fonctionnalités de Windows 7
- Comprendre en quoi Windows 7 affecte vos anciens programmes

Il est plus que probable que vous connaissiez déjà Windows : les panneaux et les fenêtres, et aussi le pointeur de la souris qui apparaissent quand l'ordinateur est allumé. Tandis que vous lisez ces lignes, des millions de gens de par le monde découvrent la version 7 en pianotant sur leur clavier. Presque tout nouvel ordinateur vendu actuellement l'est avec Windows préinstallé.

Qu'est Windows 7 et pourquoi l'utiliser ?

Édité et vendu par la société Microsoft, Windows n'est pas comme les logiciels que vous utilisez pour écrire le roman morose de votre besogneuse vie ou envoyer un message de mots roses à l'élue de votre cœur qui les supprime au fur et à mesure en grignotant des chips. Eh non, car Windows est un système d'exploitation, autrement dit le programme qui régit votre façon de travailler avec l'ordinateur. Il existe depuis une vingtaine d'années et sa dernière mouture, nommée *Windows 7*, est visible à la Figure 1.1.

Windows, qui signifie "fenêtres" en anglais, doit son nom aux panneaux (fenêtres) qui apparaissent à l'écran. Chacune contient des données : le logiciel que vous utilisez, une photo ou un épouvantable message d'alerte de Windows. Plusieurs fenêtres peuvent être ouvertes simultanément et vous pouvez passer de l'une à l'autre et changer ainsi de programme et/ou de tâche. Vous pouvez aussi agrandir une fenêtre afin qu'elle emplisse tout l'écran.

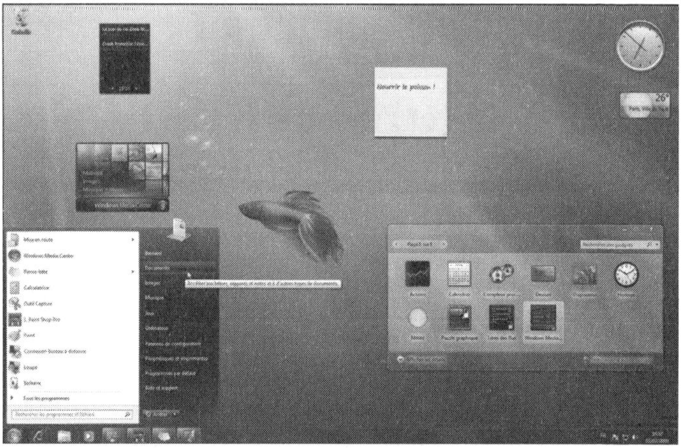

Figure 1.1 : Windows 7, la toute dernière version de Microsoft Windows, est préinstallée dans la plupart des nouveaux PC.

En plus de contrôler l'ordinateur et faire la loi parmi les programmes, Windows 7 apporte les siens. Bien que l'ordinateur puisse s'en passer, il est utile de les avoir, car ils permettent d'effectuer diverses tâches, comme écrire une lettre et l'imprimer, aller sur des sites Internet, écouter de la musique et même présenter un diaporama de vos photos de vacances, et les graver facilement sur un DVD.

Windows 7 tournera-t-il sur mon PC ?

Si votre PC est déjà équipé de Windows Vista, il s'accommodera probablement de Windows 7. En fait, Windows 7 fonctionnera mieux encore que Vista sur la plupart des ordinateurs portables.

Si votre PC tourne sous Windows XP, il tournera probablement sous Windows 7, mais peut-être pas avec les meilleures performances. Mettre l'ordinateur à niveau sera sans doute une bonne chose. Vérifiez notamment :

- **Carte graphique :** Windows 7 exige une carte graphique performante pour afficher ses effets 3D les plus spectaculaires. En changer si cela s'avère nécessaire n'est pas onéreux : une centaine d'euros environ. Le problème est que vous n'en trouverez pas pour votre portable. Si la carte graphique n'est pas assez puissante, Windows 7 tourne quand même, mais sans les effets 3D.

- **Mémoire :** Windows 7 aime la mémoire. Pour de bons résultats, l'ordinateur doit comporter au moins 1 Go de mémoire vive.

Comme les barrettes de mémoire sont bon marché et faciles à installer, ne lésinez pas.

- **Lecteur de DVD :** Contrairement à Windows XP, qui était livré sur un CD, Windows 7, tout comme Vista, est livré sur un DVD. La plupart des PC actuellement en service sont équipés d'un lecteur de DVD, mais ce n'est peut-être pas le cas d'un ordinateur portable un peu ancien.

Windows 7 est capable de faire tourner n'importe quel programme destiné à Windows Vista, ainsi qu'un grand nombre de programmes pour Windows XP. Mais certains vieux logiciels ne fonctionneront pas, notamment ceux chargés de la sécurité, comme les antivirus, les pare-feu et les programmes de protection. Vous devrez contacter l'éditeur pour savoir s'il propose une mise à jour, gratuite si possible.

Accélérer Windows 7 sur un portable ou sur un PC ancien

Windows Vista et Windows 7 affectionnent tous deux les beaux graphismes, mais ces bordures translucides et ces couleurs acidulées peuvent ralentir un portable d'entrée de gamme ou un vieil ordinateur. Procédez comme suit pour désactiver tous ces effets et accélérer Windows 7 au maximum :

1. **Cliquez sur le bouton Démarrer, puis cliquez du bouton droit sur Ordinateur et choisissez Propriétés.**

   Le bouton Ordinateur se trouve dans la colonne de droite du menu Démarrer.

2. **Dans le volet de gauche, cliquez sur le lien Paramètres système avancés.**

   Il se peut que le mot de passe d'un compte Administrateur soit demandé pour pénétrer dans cette mystérieuse zone (NdT : Ce n'est pas le cas si vous êtes le seul utilisateur de l'ordinateur, ou si le compte actif est du type Administrateur).

3. **Dans la zone Performances, cliquez sur le bouton Paramètres. Choisisez l'option Ajuster afin d'obtenir les meilleures performances. Cliquez ensuite sur OK.**

Ces étapes ramènent Windows 7 à une ère où il ne se parait pas de tous ces graphismes un peu tape-à-l'œil. Pour rétablir l'apparence normale de Windows 7, répétez ces étapes mais, à l'Étape 3, choisissez l'option Laisser Windows choisir la meilleure configuration.

Vous envisagez d'acheter un nouvel ordinateur pour Windows 7 ? Pour savoir comment il se comporte sous Windows, allez dans un showroom où il fonctionne, cliquez sur le bouton Démarrer, puis sur le bouton Panneau de configuration. Cliquez sur la catégorie Système et sécurité, puis sur Système. Cliquez ensuite sur le lien Afficher l'indice de performance Windows. Après un bref test, Windows affiche un indice de base, de 1 (pas génial) à 7,9 (extraordinaire).

Chapitre 2

Bureau, menu Démarrer, barre des tâches, gadgets, etc.

Dans ce chapitre

- Démarrer Windows 7
- Saisir un mot de passe
- Se connecter à Windows 7
- Le Bureau et autres fonctionnalités
- Se déconnecter de Windows 7
- Éteindre l'ordinateur

Ce chapitre propose un tour du propriétaire de Windows 7. Vous allumez l'ordinateur, démarrez Windows puis vous consacrez quelques minutes à regarder bêtement ce qui s'y trouve : le Bureau, la barre des tâches, le menu Démarrer et la Corbeille (vous pourrez y déposer délicatement les fichiers dont vous ne voulez plus, mais pas vos vieux chewing-gums longuement mâchouillés).

Bienvenue dans le monde de Windows 7

Pour démarrer Windows 7, il suffit d'allumer l'ordinateur. Mais avant de pouvoir l'utiliser, il est possible qu'il affiche l'écran de la Figure 2.1, qui vous invite à vous connecter au compte à votre nom.

Figure 2.1 : Cet écran s'affiche au démarrage de Windows si vous avez défini un mot de passe, ou si plusieurs utilisateurs ont été définis sur cet ordinateur.

Les images qui illustrent le ou les noms d'utilisateurs peuvent être différents – l'écran d'accueil est en effet personnalisable avec des portraits –, mais quoi qu'il en soit, trois cas de figure peuvent se présenter :

- **Si l'ordinateur est tout neuf, vous utilisez le compte nommé Administrateur :** Conçu pour donner tous les pouvoirs à l'utilisateur, le compte Administrateur permet de configurer d'autres comptes pour d'autres personnes, d'installer des programmes, d'établir une connexion Internet et d'accéder à tous les fichiers de l'ordinateur, même à ceux appartenant à d'autres utilisateurs. Windows 7 exige qu'une personne au moins agisse en tant qu'administrateur.
- **L'utilisation du compte Invité :** Ce compte a été créé pour les personnes qui séjournent chez vous – des parents ou des amis, la baby-sitter... – et qui n'utilisent l'ordinateur que sporadiquement. Le compte Invité est activé et désactivé dans la zone Ajouter ou supprimer des comptes d'utilisateur.
- **Pas de compte Invité ni de compte d'utilisateur :** Demandez au propriétaire de l'ordinateur de créer un compte d'utilisateur à votre nom.

Quelques boutons, sur l'écran d'accueil, contiennent des options supplémentaires :

- Le petit bouton bleu, en bas à gauche de l'écran, visible dans la marge et sur la Figure 2.1, permet de configurer Windows 7 pour les utilisateurs souffrant de troubles de la vision, de l'ouïe, ou moteurs. Si vous avez cliqué dessus par mégarde, appuyez sur la touche Échap pour revenir à l'écran d'accueil sans avoir rien modifié.

- Le petit bouton rouge en bas à droite de l'écran d'accueil, visible dans la marge et sur la Figure 2.1, éteint le PC. Si vous avez cliqué dessus accidentellement, appuyez de nouveau sur le bouton de mise en marche du PC pour revenir à cet écran.
- Cliquez sur le petit bouton fléché à droite du bouton rouge, et Windows 7 vous proposera de redémarrer l'ordinateur, le mettre en veille ou l'arrêter.

Configurer les comptes d'utilisateur

Windows 7 permet à plusieurs personnes d'utiliser l'ordinateur tout en séparant nettement leurs activités. Pour cela, il doit savoir qui vient de s'installer devant le clavier. Quand vous vous connectez – autrement dit, quand vous vous annoncez – en cliquant sur un nom d'utilisateur, comme à la Figure 2.1, Windows 7 affiche votre Bureau personnalisé, où vous mettrez votre pagaille bien à vous.

Votre travail terminé, déconnectez-vous, comme expliqué plus loin, afin que quelqu'un d'autre puisse à son tour utiliser l'ordinateur. Quand vous vous reconnecterez avec votre compte, vous retrouverez le Bureau dans l'état où vous l'aviez laissé.

Exécuter Windows 7 la première fois

Si vous venez d'installer Windows 7 ou si vous allumez l'ordinateur pour la première fois, cliquez sur le bouton Démarrer puis cliquez sur Mise en route afin d'accéder à la fenêtre Bienvenue. Elle contient les options suivantes :

- **Se connecter en ligne pour découvrir les nouveautés de Windows 7 :** Commode pour ceux qui migrent de Windows XP ou Vista, ce bouton accède à une page Web vous informant des nouveautés de Windows 7.
- **Personnaliser Windows :** Cliquez sur ce bouton pour savoir comment utiliser une de vos photos en fond d'écran, modifier les couleurs de l'interface Windows ou régler le moniteur.
- **Transférer les fichiers et les paramètres d'un autre ordinateur :** Vous venez d'allumer votre nouveau PC ? Cette fonctionnalité fort utile copiera tous les fichiers et paramètres de votre ancien ordinateur et les installera dans le nouveau.

- **Utiliser un groupe résidentiel pour le partage avec d'autres ordinateurs de votre domicile :** Dans Windows 7, le nouveau groupe résidentiel offre une manière simple de partager des données entre les ordinateurs du foyer.
- **Choisir quand être averti des modifications apportées à votre ordinateur :** Les utilisateurs de Vista devraient cliquer sur ce bouton. Les options permettent de régler le comportement de Windows 7 lorsqu'une situation potentiellement à risque se manifeste.
- **Se connecter en ligne pour télécharger Windows Live Essentials :** Surprise : Windows 7 ne comporte plus de logiciel de messagerie ! Ni d'ailleurs de calendrier, de logiciel de retouche et d'archivage photo, ou de montage de films. Pour obtenir tous ces programmes, vous devrez télécharger la suite Windows Live. Ou alors, ouvrez un compte de messagerie sur l'un des deux plus grands concurrents de Microsft dans ce domaine : Gmail (www.gmail.com) ou Yahoo! (http://fr.yahoo.com).
- **Sauvegarder vos fichiers :** Tous vos fichiers peuvent être anéantis en un clin d'œil. C'est pourquoi il est nécessaire de les sauvegarder régulièrement.
- **Ajouter de nouveaux utilisateurs à votre ordinateur :** Si d'autres personnes doivent utiliser l'ordinateur, il est préférable qu'elles y disposent de leur propre espace personnel. Vous devrez pour cela créer un ou plusieurs comptes d'utilisateurs. Cette fonctionnalité vous permet aussi de définir ce que vos enfants – ou camarade de chambre – sont autorisés à faire.
- **Modifier la taille du texte de votre écran :** Vos vieux yeux fatigués n'y voient plus très bien ? Vous pourrez agrandir le contenu de l'écran de moitié ou du double.

Pour obtenir des informations au sujet de ces fonctionnalités, cliquez une seule fois sur leur bouton. Ou double-cliquez pour accéder à leurs commandes.

Protéger la confidentialité de votre compte avec un mot de passe

Comme Windows 7 permet à plusieurs personnes d'utiliser le même ordinateur, comment empêcher William de lire les mots doux que Roméo envoie à Juliette ? Comment faire en sorte que Chloé n'efface pas la collection de bandes-annonces de *La Guerre des Étoiles* de Kevin en représailles de l'effacement par ce dernier de tous les épisodes des Bisounours de Chloé ? Pour éviter ces conflits, Windows 7 permet d'attribuer un mot de passe facultatif à chaque compte.

Saisir le mot de passe, comme à la Figure 2.2, permet à l'ordinateur de s'assurer que la personne qui veut se connecter est bien la bonne (pas l'aide-ménagère, mais la bonne personne, bien que l'aide-ménagère puisse aussi avoir un compte d'utilisateur). Ainsi, personne n'ira farfouiller indûment dans les fichiers d'autrui, exception faite de l'administrateur de l'ordinateur, qui bénéficie d'un accès total à tout l'ordinateur et peut même supprimer des comptes.

Figure 2.2 : Un mot de passe empêche d'aller voir vos fichiers.

Procédez comme suit pour définir ou modifier votre mot de passe :

1. **Cliquez sur le bouton Démarrer puis sur Panneau de configuration.**

2. **Dans le panneau de configuration, cliquez sur Comptes et protection utilisateurs, puis sur Modifier votre mot de passe Windows.**

   Si le contenu du Panneau de configuration est affiché sous forme d'icônes – une présentation à l'ancienne –, cliquez sur l'icône Comptes d'utilisateurs.

3. **Cliquez, soit sur Créer votre mot de passe, soit sur Changer votre mot de passe.**

   L'appellation exacte dépend de l'absence de mot de passe ou de l'existence d'un mot de passe.

4. **Saisissez un mot de passe facile à mémoriser par vous, mais difficile à deviner par autrui.**

Choisissez un mot de passe bref et simple, comme votre fleur préférée ou le genre de roman que vous affectionnez. Pour réduire les chances de le deviner, agrémentez-le d'un chiffre : **6roses** ou **eau2rose**.

5. **Si cela vous est demandé, retapez le même mot de passe dans le champ Confirmer le nouveau mot de passe, afin que Windows s'assure que vous n'avez pas commis de faute de frappe.**
6. **Saisissez un pense-bête qui vous mettra sur la voie – vous seulement – si vous avez oublié le mot de passe.**
7. **Cliquez sur le bouton Créer le mot de passe.**
8. **Dans le volet de gauche de l'écran de configuration du compte d'utilisateur, cliquez sur Créer un disque de réinitialisation de mot de passe.**

   Windows démarre un Assistant Mot de passe perdu permettant d'utiliser une clé USB, une carte mémoire ou une disquette pour réinitialiser le mot de passe.

Faire que Windows ne demande plus de mot de passe

Windows ne demande votre nom et votre mot de passe que s'il a besoin de savoir qui va utiliser l'ordinateur. Le mot de passe est requis dans ces trois cas :

- L'ordinateur fait partie d'un réseau. Votre identité permet de savoir à quoi il peut accéder.
- Le propriétaire de l'ordinateur désire limiter ce qui peut être fait avec l'ordinateur.
- L'ordinateur est utilisé par plusieurs personnes qui ne doivent pas pouvoir se connecter sur un autre compte que le leur, ni modifier les fichiers et paramètres d'autrui.

Si aucun de ces cas ne vous concerne, supprimez la demande de mot de passe en effectuant les deux premières étapes de la section "Protéger la confidentialité de votre compte avec un mot de passe", mais en choisissant ensuite Supprimer le mot de passe.

Sans mot de passe, n'importe qui peut accéder à votre compte d'utilisateur et voir ou même supprimer des fichiers. Si vous travaillez dans un bureau, où conflits et revendication de pouvoir sont souvent endémiques, cela peut vous exposer à de sérieux ennuis. Si un mot de passe a été attribué, il vaut mieux l'utiliser

Dès lors qu'un mot de passe a été créé, Windows 7 vous le demandera chaque fois que vous voudrez utiliser l'ordinateur.

- Le mot de passe différentie les majuscules des minuscules. Pour Windows, *rose* et *Rose* sont deux mots différents.
- Vous avez oublié votre mot de passe ? Si le mot de passe que vous venez de saisir est erroné, Windows affiche l'indication qui vous mettra sur la voie. Voilà pourquoi cet indice ne doit avoir du sens que pour vous. En dernier recours, introduisez le disque de réinitialisation du mot passe.

Utiliser le Bureau

Windows 7 s'ouvre la toute première fois sur un Bureau presque vide. Mais au fur et à mesure que vous travaillerez, il se remplira d'icônes : des petits boutons sur lesquels vous double-cliquez pour ouvrir un fichier. Certaines personnes couvrent leur Bureau d'icônes pour faciliter l'accès aux fichiers et aux programmes. D'autres, plus organisées, stockent les icônes dans des *dossiers*, comme expliqué au Chapitre 4.

Le Bureau contient quatre types d'éléments, ainsi que le montre la Figure 2.3.

- **Le menu Démarrer :** Placé en bas à gauche du Bureau, le menu Démarrer permet de choisir un programme ou d'accéder à des dossiers.
- **La barre des tâches :** S'étirant mollement au pied de l'écran, la barre des tâches contient les programmes, fichiers et dossiers actuellement ouverts. Immobilisez le pointeur de la souris pour voir s'afficher le nom de l'élément ainsi que, généralement, une miniature montrant son contenu.
- **La Corbeille :** Vous y déposez les éléments devenus obsolètes dont vous voulez vous débarrasser.
- **Les gadgets :** Ce sont des petits programmes collés sur le Bureau comme des magnets sur un réfrigérateur (ce sont les mêmes que ceux qui se trouvaient dans le Volet Windows de Vista). Ils affichent l'heure, la météo, un calendrier...

Ces quatre éléments du Bureau seront étudiés plus à fond tout au long de ce chapitre. Voici en attendant quelques conseils qui vous seront fort utiles :

- Un projet peut être démarré directement depuis le Bureau : cliquez du bouton droit sur le Bureau, choisissez Nouveau puis

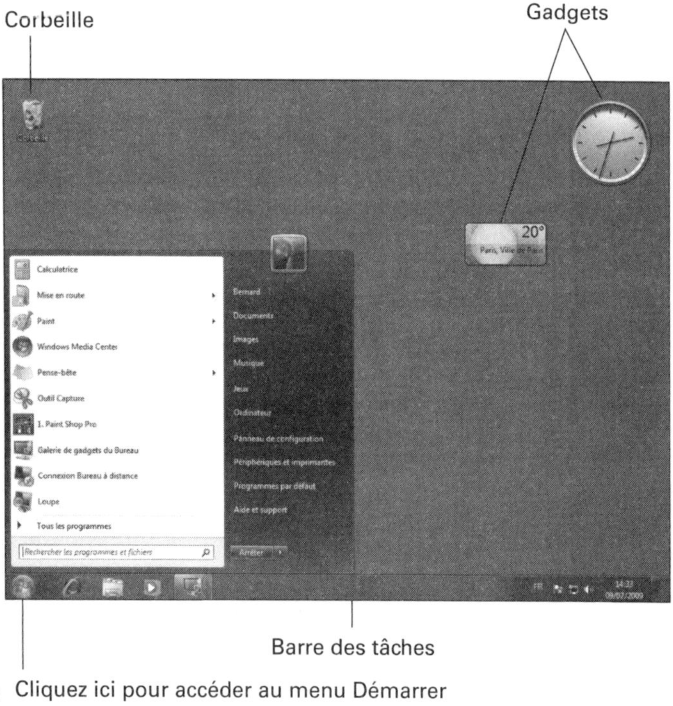

Figure 2.3 : Le Bureau de Windows 7 contient quatre types d'éléments : le bouton Démarrer, la barre des tâches, la Corbeille et les gadgets facultatifs.

sélectionnez dans le menu contextuel ce que vous désirez faire : créer un dossier ou un raccourci ou accéder à un programme.

N'OUBLIEZ PAS

- Vous vous demandez à quoi sert tel ou tel élément ? Approchez doucement le pointeur – rassurez-vous, ça ne mord pas – et une petite info-bulle vous indiquera de quoi il s'agit. Cliquez dessus du bouton droit, et un menu encore plus fourni vous montrera tout ce que vous pouvez faire (NdT : le menu affiché par un clic du bouton droit est appelé "menu contextuel" car son contenu change selon l'élément).

Faire le ménage sur le Bureau

Quand les icônes s'accumulent sur le Bureau comme les moutons de poussière sous le lit, Windows 7 propose plusieurs moyens d'y mettre de l'ordre. Pour ranger les icônes, cliquez du bouton droit sur le Bureau et choisissez Trier par, puis l'une des options suivantes :

- **Nom :** Dispose toutes les icônes en colonnes, triées alphabétiquement.
- **Taille :** Dispose toutes les icônes par taille de fichier, en plaçant les moins volumineuses en haut des colonnes.
- **Type d'élément :** Aligne les icônes par types, comme par exemple tous les fichiers Word ensemble, tous les raccourcis Internet ensemble, *etc.*
- **Date de modification :** Les icônes sont triées selon la date où leur contenu a été modifié pour la dernière fois.

Cliquer du bouton droit sur le Bureau et choisir l'option Affichage permet de modifier la taille des icônes et aussi de sélectionner l'une de ces options d'organisation du Bureau :

- **Réorganiser automatiquement les icônes :** Dispose tout en colonnes bien régulières.
- **Aligner les icônes sur la grille :** Les icônes sont réparties aux intersections d'un quadrillage invisible, empêchant ainsi tout désordre, et ce n'est pas vous qui parviendrez à y semer la pagaille.
- **Afficher les éléments du Bureau :** Cette option doit toujours être active, car autrement, Windows cache tout ce qui trouve sur le Bureau.

La plupart des options sont aussi applicables aux dossiers. Vous y accéderez en cliquant sur l'icône ou le menu Affichage du dossier.

Agrémenter l'arrière-plan du Bureau

Vous pouvez agrémenter le Bureau avec de jolies images d'arrière-plan, appelées aussi *papier peint* (NdT : une appellation héritée des anciennes versions de Windows).

Si vous commencez à vous lasser des somptueux paysages livrés avec Windows, pourquoi ne pas utiliser une image de votre propre photothèque ? Voici comment :

1. **Cliquez du bouton droit sur le Bureau, choisissez Personnaliser, puis parmi les icônes en bas de la fenêtre, cliquez sur Arrière-plan du Bureau.**
2. **Cliquez sur n'importe laquelle des photos visibles à la Figure 2.4, et Windows l'affiche aussitôt sur le fond du Bureau.**

La photo vous plaît ? Cliquez sur le bouton Enregistrer les modifications afin de la conserver sur le Bureau. Cliquez sur le menu Emplacement de l'image pour accéder à d'autres images. Ou alors, si vous n'avez pas trouvé votre bonheur, continuez à l'étape suivante.

3. **Cliquez sur le bouton Parcourir puis cliquez sur un fichier de votre dossier Images.**

   La plupart des gens stockent leurs photos dans le dossier nommé Images (parcourir les dossiers et les bibliothèques est expliqué au Chapitre 4).

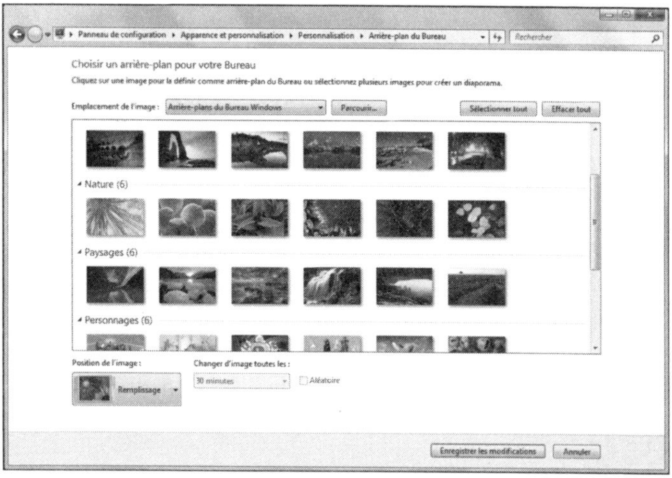

Figure 2.4 : Essayez différents arrière-plans en cliquant dessus. Cliquez sur le bouton Parcourir pour choisir des images dans d'autres dossiers et bibliothèques.

4. **Vous avez trouvé une belle photo ?**

   Quittez le programme, et la photo est utilisée comme arrière-plan.

Jetez-moi ça à la Corbeille

La Corbeille qui se trouve dans un coin du Bureau fonctionne comme une véritable corbeille à papiers : vous y déposez les documents dont vous n'avez plus besoin, mais vous pouvez en extraire ceux qui, finalement, ne devaient pas être jetés... sauf si quelqu'un a vidé la Corbeille entre-temps.

Un fichier ou un dossier peut être mis à la Corbeille de diverses manières :

- En cliquant dessus du bouton droit et en choisissant Supprimer, dans le menu contextuel. Windows prend la précaution de vous demander si vous voulez vraiment placer l'élément dans la Corbeille. Cliquez sur Oui et il disparaît aussitôt.
- Pour une suppression encore plus rapide, cliquez sur l'élément et appuyez sur la touche Suppr.
- NdT : Vous pouvez aussi cliquer sur l'élément puis, bouton de la souris enfoncé, le faire glisser jusque sur l'icône de la Corbeille. Mais dans ce cas, contrairement aux deux autres, Windows 7 ne demande pas confirmation.

Vous voulez récupérer un élément que vous avez jeté ? Double-cliquez sur la Corbeille et vous y trouverez tout ce que vous avez supprimé. Cliquez du bouton droit sur l'élément à récupérer et choisissez Restaurer. Windows le remet exactement à l'endroit où il était. Vous pouvez aussi cliquer sur un élément puis, bouton de la souris enfoncé, le tirer hors de la Corbeille et le déposer sur le Bureau ou dans un dossier de votre choix.

La Corbeille peut rapidement contenir quantité d'éléments. Si vous recherchez un fichier récent, triez le contenu chronologiquement, par date et heure. Pour ce faire, cliquez du bouton droit dans la Corbeille (mais pas sur un élément) et, dans le menu contextuel, choisissez Trier par > Date de suppression.

Pour supprimer définitivement un élément, supprimez-le à l'intérieur de la Corbeille : cliquez dessus et appuyez sur la touche Suppr. Pour supprimer tout le contenu de la Corbeille, cliquez dedans du bouton droit et choisissez Vider la Corbeille.

- L'icône de la Corbeille est celle d'un panier vide ou celle d'un panier débordant de papiers, si le moindre fichier ou dossier y a été déposé.

- La Corbeille ne conserve que les éléments supprimés depuis un disque dur de l'ordinateur. Ceux qui sont supprimés depuis un CD, une carte mémoire, un lecteur MP3, une clé USB de faible capacité ou la mémoire interne d'un appareil photo disparaissent définitivement.

- Les éléments supprimés sur un ordinateur distant, relié au vôtre par un réseau, sont définitivement effacés sans transiter par une corbeille. La Corbeille n'accepte des éléments que de l'ordinateur où elle se trouve, jamais d'un autre. Pour des raisons évidentes de sécurité, la Corbeille de l'ordinateur distant ne reçoit pas l'élément effacé. Soyez très prudent sur un réseau.

Tout commence par le bouton Démarrer

Le beau bouton bleu Démarrer se trouve dans le coin inférieur gauche du Bureau, où il est disponible en permanence. Cliquer dessus permet de démarrer des programmes, de paramétrer Windows, de trouver de l'aide en cas de problème et, fort heureusement, d'éteindre l'ordinateur et retrouver une vraie vie.

Cliquez une seule fois sur le bouton Démarrer et une pile de menu surgit, comme le montre la Figure 2.5.

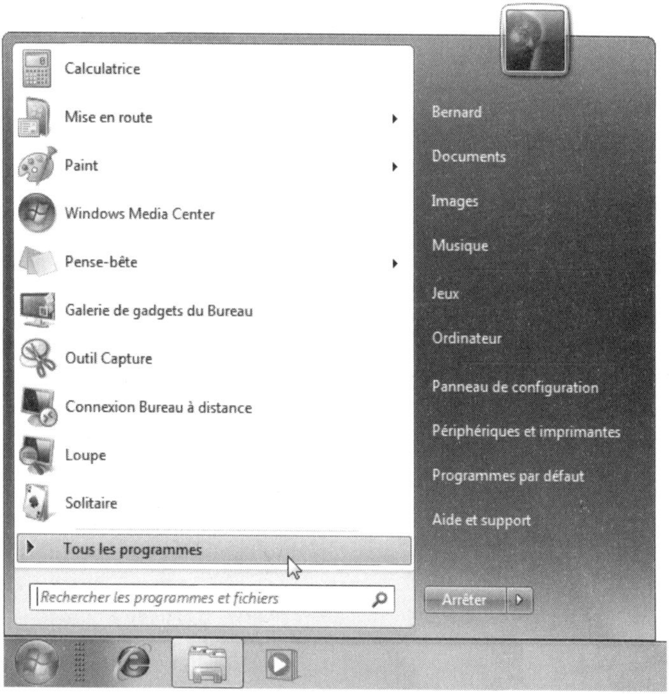

Figure 2.5 : Le menu Démarrer permet d'accéder à tous les programmes de l'ordinateur.

Le menu Démarrer change au fur et à mesure que vous installez des logiciels dans l'ordinateur. C'est pourquoi le menu Démarrer de quelqu'un d'autre sera probablement différent du vôtre.

N'OUBLIEZ PAS

- Les dossiers Documents, Images et Musique se trouvent à un clic de distance, dans le menu Démarrer. Ils ont été conçus en fonction de leur contenu. Par exemple, le menu Image affiche d'office des vignettes de vos photos numériques. Comme ces dossiers sont thématiques, ils facilitent le classement de vos fichiers et vous permettent de les retrouver plus facilement. L'organisation des fichiers est étudiée au Chapitre 4.

DE VISTA À 7

- Windows place systématiquement les programmes les plus utilisés dans le volet de gauche afin d'y accéder rapidement. Remarquez la petite flèche à droite de certains programmes, dans la Figure 2.5 : cliquez dessus déploie un volet contenant la liste des derniers fichiers utilisés avec ce programme.
- Remarquez aussi le bouton Tous les programmes, en bas à gauche du menu Démarrer. Cliquez dessus et vous accédez à tous les programmes – les logiciels, si vous préférez – installés dans l'ordinateur. Cliquez sur le bouton Précédent, qui vient de remplacer Tous les programmes, pour revenir à la première liste.

TRUC

- Un élément vous intrigue dans la partie droite du menu Démarrer ? Immobilisez le pointeur de la souris dessus, et Windows affiche une info-bulle explicative.

- Assez bizarrement, vous devez cliquer sur le bouton Démarrer pour arrêter l'ordinateur. Vous cliquez ensuite sur le menu Arrêter, comme expliqué à la fin de ce chapitre.

Les boutons du menu Démarrer

Le menu Démarrer est fort opportunément divisé en deux parties : l'une contenant des icônes, l'autre des mots. La partie gauche change constamment selon les programmes que vous utilisez. Les plus fréquemment utilisés se trouvent éventuellement en haut de la pile.

En revanche, la partie de droite est immuable. Chaque terme est en fait un bouton qui donne accès à un emplacement spécial de Windows :

TRUC

Si les menus Démarrer vous plaisent, vous adorerez la section "Personnaliser le menu Démarrer", un peu plus loin, qui explique comment redisposer la totalité des options de ce panneau.

- **Votre nom :** Le nom du compte d'utilisateur est mentionné en haut à droite du menu Démarrer. Cliquez dessus pour accéder aux dossiers que vous utilisez le plus : Favoris, Liens, Ma musique, Mes documents, Mes images, Mes vidéos et Téléchargements.
- **Documents :** Cette commande montre aussitôt le contenu de la Bibliothèque Documents. C'est dire combien il est important d'enregistrer votre travail à cet endroit.

- **Images :** C'est là que se trouvent vos photos numériques et vos images. Chacune est présentée sous la forme d'une miniature. Vous ne les voyez pas ? Appuyez sur la touche Alt pour faire apparaître la barre de menus, puis cliquez sur Affichage > Grandes icônes.
- **Musique :** Placez vos morceaux ici afin que le Lecteur Windows Media puisse les trouver.
- **Jeux :** Bon nombre des jeux vidéo de Vista se retrouvent dans Windows 7. InkBall a cependant été abandonné tandis qu'Atout Pique ainsi que Backgammon sur Internet, qui permettent tous deux de jouer avec des concurrents du monde entier, ont été ajoutés.
- **Ordinateur :** Cette option affiche les unités de stockage de l'ordinateur, à savoir les dossiers, disques durs, lecteurs de CD, appareils photo numériques, clés USB, ordinateurs du réseau et autres emplacements d'éléments très utilisés.
- **Panneau de configuration :** La tripotée de liens qu'il contient permet de régler quantité de paramètres pour le moment ésotériques.
- **Périphériques et imprimantes :** Vous trouverez ici les équipements – ou "périphériques", en jargon informatique – connectés à votre ordinateur. Ce sont essentiellement l'imprimante, la souris, le clavier et autres accessoires. Ceux signalés par un point d'exclamation jaune dans une icône ronde nécessitent un dépannage. Cliquez dessus du bouton droit et choisissez Résolution des problèmes.
- **Programmes par défaut :** Cliquez ici pour savoir quel programme est associé à tel ou tel fichier, et doit être démarré en double-cliquant sur le fichier en question. En informatique, ce qui est "par défaut" est ce que l'ordinateur prend l'initiative de choisir.
- **Aide et support :** Vous vous posez une question ? Cliquez sur ce bouton pour accéder à l'aide Windows.

- **Arrêter :** Cliquez sur ce bouton pour éteindre votre PC. Ou alors, cliquez sur le petit bouton fléché, juste à sa droite, pour changer d'utilisateur, fermer la session, verrouiller l'ordinateur, le redémarrer ou le mettre en veille.
- **Rechercher les programmes et fichiers :** Placé juste au-dessus du bouton Démarrer, ce champ permet de localiser un fichier en saisissant tout ou partie de son nom ou d'un mot qui se trouve

dans un fichier de texte, un courrier électronique, dans le titre d'un morceau, bref quasiment n'importe où. Appuyez sur Entrée et Windows 7, la truffe frétillante se lance sur la piste du fichier égaré. La recherche est décrite plus en détail au Chapitre 6.

Charger un programme depuis le menu Démarrer

C'est tout ce qu'il y a de plus facile : cliquez sur le bouton Démarrer. Le menu Démarrer apparaît. Si l'icône du programme s'y trouve, cliquez dessus et Windows charge le programme.

Mais si le programme ne s'y trouve pas, cliquez sur le bouton Tous les programmes, en bas du panneau. Un nouveau menu apparaît, contenant des noms de programmes et des dossiers contenant également des programmes. Vous avez trouvé votre programme ? Cliquez sur son nom et il s'ouvre à l'écran.

Comment ? Vous n'avez toujours pas trouvé le programme ? Cherchez-le dans les petits dossiers du menu Tous les programmes. Cliquez sur l'un d'eux pour déployer son contenu juste en dessous.

Quand vous aurez enfin trouvé le programme, cliquez sur son nom et vous pourrez l'utiliser.

- Si un programme n'est pas listé, saisissez son nom dans le champ Rechercher les programmes et fichiers. Tapez par exemple **Solitaire** et deux options apparaissent dans le menu Démarrer : Solitaire et Spider Solitaire. Cliquez sur celui auquel vous désirez jouer et il s'affichera aussitôt à l'écran.

- Vous ne trouvez toujours pas le programme ? Reportez-vous au Chapitre 6 pour savoir comment retrouver un élément perdu. Windows 7 est en effet capable de retrouver le programme.

- Il existe un autre moyen de démarrer un programme, si vous parvenez à retrouver un fichier qui a été créé ou modifié avec lui. Par exemple, si vous avez écrit quantité de lettres au percepteur avec Microsoft Word, double-cliquez sur l'une de ces missives hargneuses ou dégoulinante de lamentations et Word s'ouvrira immédiatement depuis sa tanière.

- Toujours pas de programme ? Plutôt que de faire appel à un radiesthésiste ou au Docteur Kissétou, au premier étage de l'immeuble près du métro Barbès, cliquez plutôt du bouton droit dans une partie vide du Bureau, choisissez Nouveau et sélectionnez le programme dans le menu déroulant.

- Si vous ne savez pas comment naviguer parmi les dossiers, reportez-vous au Chapitre 4. Vous apprendrez tout ce qu'il faut savoir pour être à l'aise avec les dossiers, et gagner ainsi beaucoup de temps quand vous recherchez un fichier.

Personnaliser le menu Démarrer

Comment procéder avec le menu Démarrer de Windows 7 quand vous voudrez trouver un élément qui ne s'y trouve pas, ou quand la présence d'un élément rarement utilisé vous semblera exaspérante ?

- **Pour ajouter l'icône d'un programme au menu Démarrer :** Cliquez du bouton droit sur l'icône du programme en question et, dans le menu contextuel, choisissez Épingler au menu Démarrer. Windows copie l'icône en haut de la colonne de gauche du menu Démarrer (de cet endroit, vous pouvez la faire glisser jusque dans la zone Tous les programmes, si vous le désirez).
- **Pour éliminer une icône indésirable dans la colonne de gauche du menu Démarrer :** cliquez dessus du bouton droit et, dans le menu contextuel choisissez, soit Détacher du menu Démarrer, soit Supprimer de cette liste. Notez qu'ôter une icône du menu Démarrer ne supprime le programme lui-même, mais seulement l'un des boutons qui pointent vers lui.

Quand vous installez un programme, son nom s'ajoute automatiquement au menu Démarrer. Le programme signale sa nouvelle présence par un fond de couleur, comme à la Figure 2.6.

Le menu Démarrer peut être personnalisé en accédant à ses propriétés : cliquez du bouton droit dans le menu et choisissez Propriétés. Cliquez ensuite sur l'onglet Menu Démarrer puis sur le bouton Personnaliser. Cochez les options à afficher et décochez celles qui ne vous intéressent pas. Vous avez semé la pagaille ? Vous ne savez plus où vous en êtes ? Cliquez sur le bouton Paramètres par défaut, puis sur OK, puis de nouveau sur OK pour tout recommencer à partir de zéro.

Utiliser la barre des tâches

L'une des nouveautés les plus appréciables de Windows 7 est peut-être sa barre des tâches entièrement revue. Chaque fois que vous ouvrez plusieurs fenêtres sur le Bureau, elles ont tendance à se recouvrir les unes les autres, ce qui les rend parfois difficiles à localiser. Ce qui n'arrange rien est que des programmes comme Internet Explorer ou

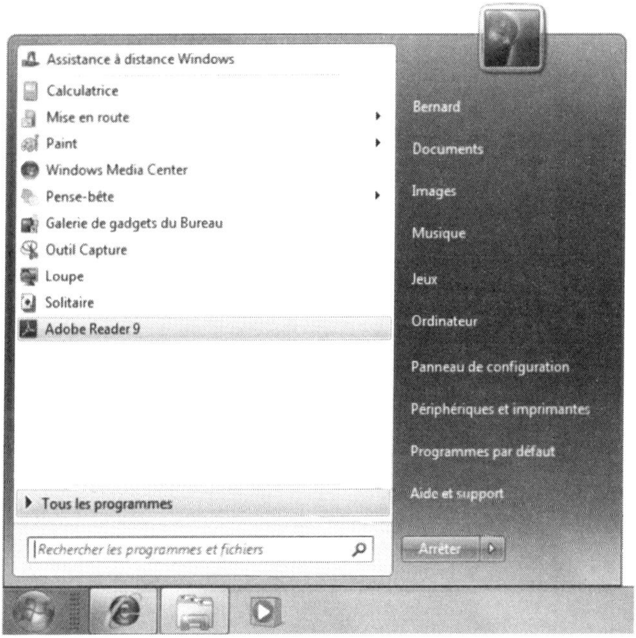

Figure 2.6 : Le programme Adobe Reader 9, qui vient d'être installé, signale sa présence toute nouvelle par un fond de couleur.

Microsoft Word peuvent ouvrir plusieurs fenêtres simultanément. Comment mettre un peu d'ordre dans ce déferlement ?

La solution réside dans la barre des tâches, une zone particulière qui conserve une trace de tous les programmes en cours et de leurs fenêtres. Elle se trouve en bas de l'écran et contient une miniature de chaque élément qui est stocké, comme le révèle la Figure 2.7. Son contenu est constamment à jour, et elle sert aussi de réceptacle pour les programmes auxquels vous désirez accéder d'un seul clic.

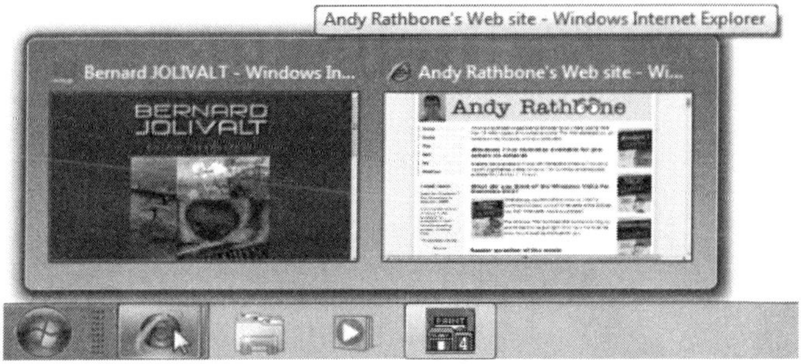

Figure 2.7 : Les programmes actifs sont affichés sous forme de miniatures.

Immobilisez le pointeur de la souris au-dessus d'un programme dans la barre des tâches pour afficher son nom et/ou une miniature montrant son contenu, comme à la Figure 2.7 Dans cette illustration, Internet Explorer affiche la page d'accueil de deux sites Web.

À partir de la barre des tâches, vous pouvez exécuter toutes les actions qui suivent :

- Pour activer un programme présent dans la barre des tâches, cliquez sur son icône. Sa fenêtre s'ouvre aussitôt à l'écran, par-dessus les autres fenêtres, prête à être utilisée.
- Chaque fois que vous démarrez un programme, son nom apparaît dans la barre des tâches. Si vous ne retrouvez plus une fenêtre à l'écran, cliquez sur son nom dans la barre des tâches pour la faire apparaître par-dessus toutes les autres.
- Pour fermer une fenêtre dans la barre des tâches, cliquez du bouton droit sur son icône et dans le menu, choisissez Fermer la fenêtre. Le programme s'arrête comme si vous aviez cliqué la commande Quitter (le cas échéant, il propose d'enregistrer le ou les fichiers qui ne l'ont pas encore été).
- La barre des tâches se trouve habituellement en bas du Bureau, mais vous pouvez l'ancrer contre n'importe quel bord de l'écran. Il suffit de cliquer dessus puis tirer le pointeur de la souris jusqu'à un autre bord ; la barre se déplace en un clin d'œil. Si cela ne fonctionne pas, cliquez du bouton droit sur la barre et assurez-vous que l'option Verrouiller la barre des tâches n'est pas cochée.
- Si la barre a disparu en bas de l'écran, approchez le pointeur de la souris jusqu'à ce qu'elle refasse surface. Puis cliquez dessus du bouton droit, choisissez Propriétés et décochez la case Masquer automatiquement la Barre des tâches.

Réduire des fenêtres dans la barre des tâches et les rouvrir

Les fenêtres engendrent des fenêtres. Vous commencez avec une seule pour écrire votre lettre à la Mère Noël dont le mari est ailleurs, et vous ouvrez une autre fenêtre pour trouver l'adresse de M. et Mme Noël, puis une autre pour savoir à combien il faut affranchir le pli... En un rien de temps, l'écran est encombré de plus de fenêtres qu'il y en a sur une tour de La Défense.

Pour éviter l'encombrement, Windows 7 permet de transformer chacune des grandes fenêtres en petite icône rangée dans la barre des tâches. Il suffit pour cela de cliquer sur le bouton Réduire.

Le bouton Réduire est un petit rectangle orné d'un trait, situé dans le coin supérieur droit de toute fenêtre. Il devient tout bleu lorsque le pointeur de la souris le survole. Cliquez et aussitôt la fenêtre se niche en bas de l'écran.

Pour qu'une fenêtre réduite dans la barre des tâches réapparaisse de nouveau à l'écran, il suffit de cliquer sur son icône. On ne fait pas plus simple.

- Pas moyen de trouver l'icône de la fenêtre à réduire ou à ouvrir dans la barre des tâches ? Chacun des boutons qui s'y trouvent arbore l'icône d'un programme. Immobilisez le pointeur de la souris dessus et Windows 7 affichera une miniature du programme, ou au moins son nom.
- Quand vous réduisez une fenêtre, vous ne perdez rien de son contenu et le programme n'est pas fermé. Quand vous rétablissez la fenêtre, elle apparaît exactement telle qu'elle était, avec le même contenu.

Passer d'une tâche à une autre avec les Jump Lists

La nouvelle barre des tâches améliorée de Windows 7 ne se contente pas de démarrer des programmes ou de passer d'une fenêtre à une autre. Elle permet aussi de passer à d'autres tâches, en cliquant du bouton droit sur une icône.

Comme le montre la Figure 2.8, cliquer du bouton droit sur l'icône d'Internet Explorer affiche une liste des sites récemment visités. Cliquez sur l'un d'eux pour y accéder immédiatement.

Appelés Jump Lists, ces menus contextuels ajoutent une nouvelle fonctionnalité à la barre des tâches : la possibilité de passer rapidement d'une tâche à une autre, tout comme d'une fenêtre à une autre.

Dans les versions précédentes de Windows, le clic droit sur la barre des tâches déployait un austère menu n'offrant que trois options : Restaurer, Agrandir ou Fermer. Ce menu peut encore être affiché, s'il vous manque, en maintenant la touche Maj enfoncée pendant le clic du bouton droit.

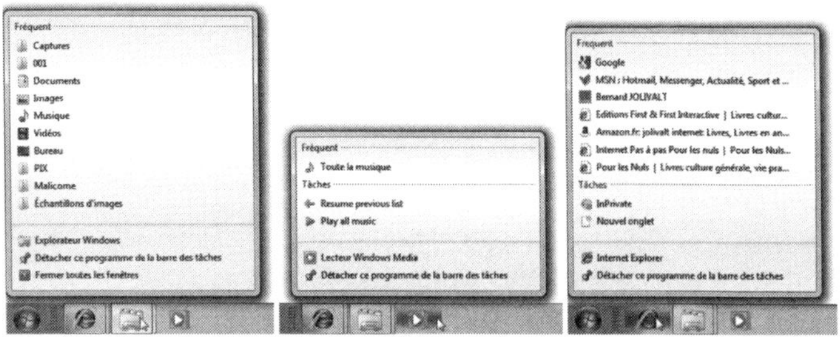

Figure 2.8 : De gauche à droite, les Jump Lists de Windows Explorer (dossiers récemment ouverts), du Lecteur Windows Media (morceaux récemment joués) et Internet Explorer (sites Web récemment visités).

Les zones sensibles de barre des tâches

À l'instar d'un bon joueur de cartes, la barre des tâches cache quelques trucs et astuces. Par exemple, nous examinerons ici les icônes regroupées dans la partie droite de la barre des tâches (voir Figure 2.9), appelée *zone de notification.* Différents éléments y apparaissent, selon le PC que vous possédez et les programmes qu'il contient.

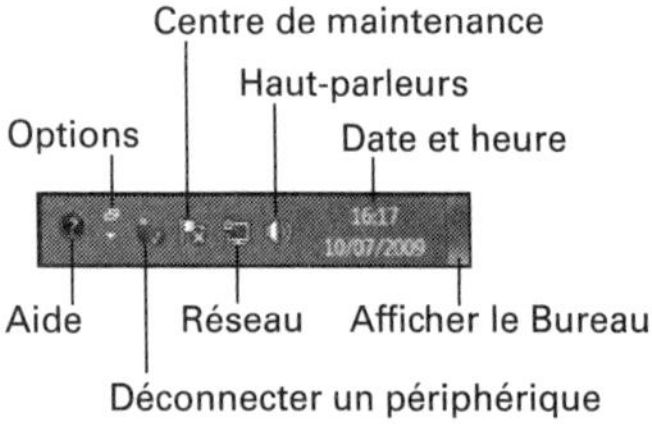

Figure 2.9 : La zone de notification, à droite dans la barre des tâches, contient les icônes des programmes tournant en tâche de fond.

- **Aide :** Donne accès à l'aide en ligne de Windows 7. Un autre moyen d'y accéder consiste à appuyer sur la touche de fonction F1.

- **Options :** Donne accès aux options de configuration de la barre de notification.

- **Retirer le périphérique en toute sécurité :** Cliquez sur cette icône si vous insérez une clé USB dans l'ordinateur. Windows 7 s'assurera qu'aucune opération de lecture ou d'écriture n'est en cours, évitant ainsi un risque de perte de données.

- **Centre maintenance :** Contient des messages vous informant que Windows 7 doit procéder à des opérations de sécurité : rechercher un programme antivirus si vous n'en avez pas encore installé un, analyser l'ordinateur à la recherche de programmes malveillants, mettre Windows Defender à jour...

- **Réseau :** Si cette icône n'est pas barrée d'une croix rouge, elle indique à quel(s) réseau(x) vous êtes connecté et permet d'accéder au Centre Réseau et partage.

- **Haut-parleurs :** Cliquez sur cette icône pour régler le volume sonore des enceintes, comme le montre la Figure 2.10. Cliquer sur le mot Mélangeur ouvre une fenêtre permettant de régler séparément le volume pour chaque programme. Par exemple, vous réduirez le volume des affreux sons du système mais monterez celui du morceau que vous écoutez.

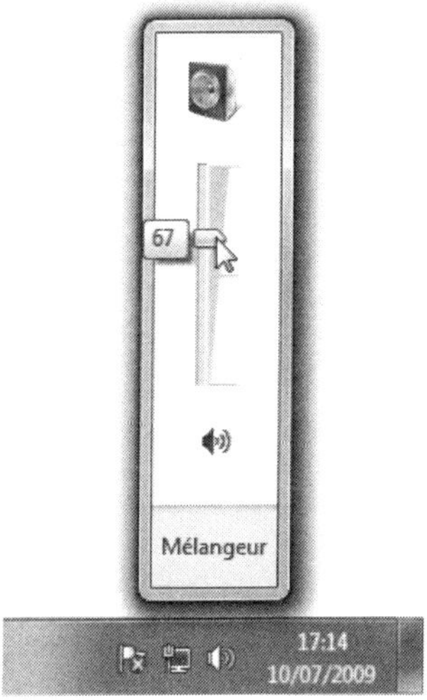

Figure 2.10 : Réglez le volume du son directement depuis Windows 7.

- **Date et heure :** Cliquer dessus affiche un calendrier et une horloge analogique. Vous pouvez régler l'heure et même ajouter deux autres horloges réglées sur d'autres fuseaux horaires.

- **Afficher le Bureau :** Cliquer sur cette petite zone rectangulaire, à l'extrême droite de la zone de notification, réduit d'un seul coup toutes les fenêtres ouvertes sur le Bureau, ou les rétablit. Mieux encore : immobiliser le pointeur dessus rend toutes les fenêtres transparentes ; seul leur contour reste visible.

D'autres icônes peuvent apparaître dans la zone de notification. Immobilisez le pointeur de la souris dessus pour savoir à quoi elles correspondent, et/ou cliquez dessus du bouton droit pour accéder à leurs diverses options.

Personnaliser la barre des tâches

Windows 7 apporte une kyrielle d'options permettant de façonner la barre des tâches à votre goût.

Par défaut, la barre des tâches contient trois icônes situées près du bouton Démarrer : Internet Explorer pour naviguer sur le Web, Windows Explorer pour parcourir vos dossiers et le Lecteur Windows Media pour – entre autres – écouter de la musique ou visionner des vidéos. Comme tout ce qui se trouve dans la barre des tâches, elles sont repositionnables. N'hésitez pas à les redisposer dans l'ordre que vous voulez.

Pour ajouter d'autres programmes à la barre des tâches, tirez leur icône sur la barre et déposez-la. Ou alors, si vous avez remarqué une icône d'un programme que vous aimez bien, dans le menu Démarrer, cliquez dessus du bouton droit et dans le menu contextuel, choisissez Épingler à la barre des tâches.

Pour une personnalisation encore plus poussée, cliquez du bouton droit dans une partie vide de la barre des tâches et choisissez Propriétés. Cette action a pour effet de faire apparaître la fenêtre Propriétés de la barre des tâches et du menu Démarrer (Figure 2.11).

Le Tableau 2.1 explique les options de la fenêtre, avec en prime quelques recommandations. Notez que la case Verrouiller la Barre des tâches doit être décochée pour que certaines options fonctionnent.

Ne vous privez pas d'essayer toutes ces options jusqu'à ce que la barre des tâches vous plaise. Après avoir changé une option, vous pouvez la tester immédiatement en cliquant sur le bouton Appliquer.

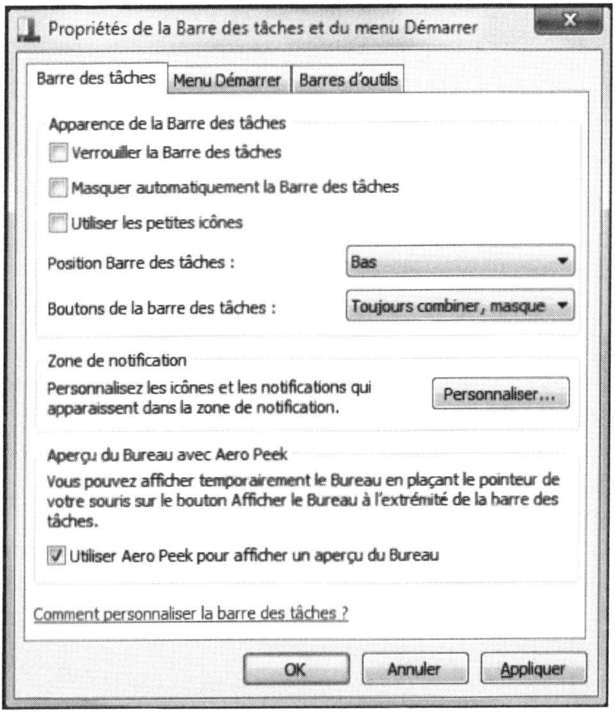

Figure 2.11 : Ce panneau permet notamment de personnaliser la barre des tâches.

Tableau 2.1 : Personnaliser la barre des tâches.

Paramètres	Recommandations
Verrouiller la Barre des tâches	Lorsque cette case est cochée, la barre des tâches reste en place et son apparence n'est pas modifiable. Il n'est par exemple pas possible de tirer son bord supérieur vers le haut pour l'élargir.
Masquer automatiquement la Barre des tâches	Lorsque cette option est sélectionnée, la barre des tâches disparaît en bas de l'écran lorsque le curseur n'est pas à proximité. Rapprochez-le pour la voir réapparaître. Personnellement, je ne coche pas cette case car je préfère voir la barre des tâches en permanence.
Utiliser les petites icônes	La barre devient plus mince. Les icônes étant plus petites – presque moitié moins que leur taille habituelle – la barre des tâches peut en montrer davantage.

Paramètres	Recommandations
Position Barre des tâches	La barre des tâches peut être ancrée à n'importe quel bord de l'écran. Choisissez ici un autre emplacement, si vous le désirez.
Boutons de la barre des tâches	Quand vous ouvrez quantité de fenêtres et de programmes, Windows regroupe les icônes par affinité. Par exemple, toutes les fenêtres de texte seront regroupées dans une seule icône Word. Choisissez l'option Toujours combiner, masquer les étiquettes. Vous éviterez ainsi d'encombrer la barre des tâches.
Zone de notification	Le bouton Personnaliser permet de sélectionner les icônes qui doivent apparaître dans la zone de notification. Dans le panneau qui apparaît, je coche la case Toujours afficher toutes les icônes et les notifications sur la barre des tâches.
Utiliser Aero Peek pour afficher un aperçu du Bureau	Normalement, immobiliser le pointeur sur le petit rectangle à l'extrême droite de la barre des tâches rend les fenêtres transparentes.Décocher cette case désactive cet effet.

L'effet ne vous satisfait pas ? Corrigez puis cliquez sur Appliquer pour revenir à la normale.

Après avoir configuré la barre des tâches à votre goût, cochez la case Verrouiller la Barre des tâches.

Les barres d'outils de la barre des tâches

La barre des tâches pourra parfois se montrer rétive. Microsoft permet en effet de la personnaliser considérablement, parfois même au point de la rendre méconnaissable. Certains utilisateurs apprécient de pouvoir ajouter des barres d'outils, qui ajoutent des boutons et des menus supplémentaires à la barre des tâches. Mais d'autres ne parviennent plus à la débarrasser de ces satanés ajouts.

Pour afficher ou masquer une barre d'outils, cliquez du bouton droit sur une partie vide de la barre des tâches – y compris sur l'horloge – et choisissez Barres d'outils puis l'une de ces cinq options dans le menu :

- **Adresse :** Cette barre d'outils insère dans la barre des tâches un champ de saisie pour des adresses Web. C'est pratique, mais vous en ferez autant à partir d'Internet Explorer.
- **Liens :** Fournit un accès rapide à vos sites Web préférés. Elle contient les favoris créés avec Internet Explorer.

- **Panneau de saisie Tablet PC :** Destiné uniquement aux possesseurs d'un mini ordinateur de type Tablet PC, il transforme l'écriture manuscrite en caractères typographiques. Il n'est utile que si cet appareil est connecté à l'ordinateur.
- **Bureau :** Ceux trouvent le menu Démarrer pesant placent cette barre d'outil dans la barre des tâches car elle offre un accès direct à tous les éléments comme Ordinateur, Réseau, Panneau de configuration, Corbeille, ainsi qu'aux bibliothèques et aux dossiers.
- **Nouvelle barre d'outils :** Cliquez ici pour ajouter une barre d'outils dans laquelle vous placerez les dossiers auxquels vous désirez accéder rapidement.

Les barres d'outils font partie des éléments que l'on adore ou que l'on déteste. Certaines personnes estiment qu'elles font gagner du temps alors que d'autres les trouvent plutôt encombrantes.

La longueur des barres d'outils est réglable avec la souris à condition que la barre des tâches ne soit pas verrouillée. Cliquez sur la petite partie bosselée, à gauche de la barre et tirez-la vers la gauche ou vers la droite.

Quels sont les programmes actuellement en cours ?

Dans les versions précédentes de Windows, les icônes des programmes disponibles se trouvaient à gauche de la barre des tâches, dans la barre Lancement rapide, tandis que les programmes en cours se trouvaient plutôt à droite, et leur icône était la même, que le programme soit affiché à l'écran ou réduit dans la barre des tâches.

Dans la barre des tâches de Windows 7, icônes des programmes en attente et icônes des programmes en cours d'utilisation se mélangent allègrement. Comment les différencier ? L'icône d'un programme en cours est affichée sur un bouton clair à contour noir, que n'a pas l'icône d'un programme en attente.

Vous ne serez pas long à faire intuitivement la différence. Vous pouvez aussi savoir quels sont les programmes ouverts en appuyant sur la touche Windows (entre les touches Alt et Ctrl) et en appuyant à plusieurs reprises sur la touche Tab pour les faire défiler en 3D.

Des gadgets qui n'en sont pas

DE VISTA À 7

Les utilisateurs de Windows Vista connaissent le volet Windows, ce bandeau le long du bord droit de l'écran dans lequel il était possible de placer des mini programmes appelés "gadgets" : horloge, météo, calendrier, actualités, cours de la Bourse, *etc.*

Dans Windows 7, le volet Windows n'existe plus, mais les gadgets sont restés et surtout, ils peuvent désormais être disposés n'importe où. Pour en ajouter un sur le Bureau, cliquez du bouton droit sur une partie vide du Bureau et choisissez Gadgets. La fenêtre de la Figure 2.12 apparaît, avec sa collection de gadgets : Actions (en fait, les cours de la Bourse), Calendrier, Compteur processeur (deux cadrans indiquant l'usage du processeur et de la mémoire vive, en pourcentage), et d'autres encore.

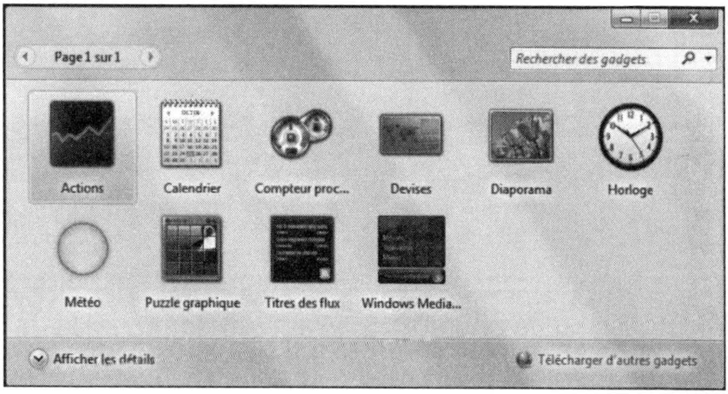

Figure 2.12 : Choisissez ici les gadgets, des mini programmes que vous laisserez en permanence sur votre Bureau.

Faites glisser un gadget de la fenêtre sur le Bureau. Celui qui vous intéresserait n'est pas affiché ? Cliquez sur le bouton Télécharger d'autres gadgets et vous accéderez à un site Web proposant des centaines de gadgets gratuits. Parmi ceux qui valent la peine d'être installés : Sytadin, qui montre en temps réel l'état du trafic routier autour de Paris et Trafic en France, qui montre le trafic dans tout le pays, ou les flux RSS de nombreux journaux et magazines. D'autres, comme le sourimètre indiquant la longueur parcourue par la souris, sont de véritables gadgets. Les gadgets doivent être téléchargés et installés comme n'importe quel programme.

- Placez les gadgets où vous voulez sur l'écran. Ou n'en utilisez aucun, car ils ne sont pas obligatoires.
- Pour modifier un gadget – choisir un autre modèle d'horloge, un autre dossier de photos pour le Diaporama... –, amenez le poin-

teur jusque sur le gadget, puis cliquez sur la petite clé à molette qui apparaît en haut à droite.

- Certains gadgets peuvent être agrandis (Compteur processeur, Titres des flux, Diaporama...), ou afficher des données supplémentaires (Calendrier, Météo...). Amenez le pointeur jusque sur le gadget, puis cliquez sur la petite flèche en haut à droite.
- Pour ôter un gadget du Bureau, amenez le pointeur jusque sur le gadget, puis cliquez sur la croix blanche, en haut à droite.

Fermer Windows

La plus plaisante de toutes les choses que l'on peut faire avec Windows 7, c'est l'éteindre quand on en a plus besoin. Vous cliquez pour cela sur le bouton Démarrer – eh oui... – ou, si la barre des tâches est masquée, appuyez sur les touches Ctrl + Echap, et cliquez sur le bouton Arrêter.

Cliquez sur le bouton Arrêter si plus personne ne compte utiliser l'ordinateur. Windows 7 enregistre tout et éteint la machine.

Si vous n'avez pas l'intention d'éteindre l'ordinateur, le petit bouton fléché à droite du bouton Arrêter propose les actions suivantes :

- **Changer d'utilisateur :** Choisissez cette option si quelqu'un d'autre compte emprunter l'ordinateur pendant quelques minutes. L'écran d'accueil réapparaît, mais vos programmes ouverts sont conservés en coulisse. Quand vous reprendrez l'ordinateur, vous retrouverez tout comme vous l'aviez laissé.
- **Fermer la session :** Si vous avez fini votre travail et que quelqu'un veut utiliser l'ordinateur, cette option demande à Windows d'enregistrer vos fichiers et vos paramètres. L'écran d'accueil est réaffiché, prêt à ouvrir une session pour un autre utilisateur.
- **Verrouiller :** Choisissez cette option lorsque vous abandonnez le PC pour peu de temps (pause café à la photocopieuse...). L'image de votre compte d'utilisateur est affichée, avec le champ de saisie du mot de passe. Personne ne profitera ainsi de votre absence pour intervenir dans votre travail en cours ou examiner vos fichiers. Après avoir rentré le mot de passe, vous retrouvez le Bureau comme avant.
- **Redémarrer :** Choisissez cette option si Windows 7 fait des siennes : blocage d'un programme, lenteur anormale... L'ordi-

nateur est réinitialisé et Windows redémarre. L'installation de certains programmes exige un redémarrage de l'ordinateur

- **Mettre en veille prolongée :** Cette option enregistre votre travail dans la mémoire vive du PC et aussi sur le disque dur, puis il plonge le PC dans une profonde léthargie, en mode d'économie, où il fonctionne au ralenti. Quand vous appuyez sur une touche, Windows 7 réaffiche aussitôt le Bureau, les programmes et Windows comme si rien ne s'était passé. Sur un ordinateur portable, la mise en veille prolongée n'enregistre le travail que dans la mémoire. Si la charge de la batterie baisse dangereusement, Windows recopie le contenu de la mémoire sur le disque dur et éteint l'ordinateur.
- **Mettre en veille :** Présente sur quelques portables, cette option copie le travail en cours sur le disque dur puis elle éteint le PC. Ce processus est plus gourmand en énergie que le mode Mettre en veille prolongée. Il est aussi plus lent à réafficher votre travail tel qu'il était au moment de la mise en veille.

Quand vous indiquez à Windows 7 que vous allez quitter, il vérifie dans chaque fenêtre ouverte si le contenu a été enregistré. S'il trouve un fichier non enregistré, il vous propose de le faire en cliquant sur OK. Pas de risque, donc, de perdre un travail en cours.

Chapitre 3

Les rouages de Windows

Dans ce chapitre

- Les différents éléments de Windows
- Boutons, barres et ascenseurs
- Les nouveaux volets de navigation et de visualisation
- Parcourir un document dans une fenêtre
- Déplacer des fenêtres et modifier leur taille

Ce chapitre s'adresse à ceux qui aiment bien décortiquer le fonctionnement de ce qu'ils utilisent. Vous apprendrez ici ce qui se passe derrière tous les boutons, fenêtres, barres et bordures de Windows 7 et ce qui se produit lorsque vous cliquez dessus.

Dissection d'une fenêtre typique

La Figure 3.1 place une fenêtre typique sur la table de dissection. Il s'agit de celle du dossier Documents – le lieu de stockage de la majeure partie de votre travail –, dont tous les éléments sont étiquetés.

La barre de titre d'une fenêtre

Située en haut de presque chaque fenêtre, la barre de titre mentionne le nom du programme et celui du fichier en cours. La Figure 3.2 montre celles de deux traitements de texte : WordPad (en haut) et le Bloc-notes (en bas). Dans les deux cas, les fichiers n'ont pas encore été enregistrés, d'où leur nom respectif Sans-titre et Document.

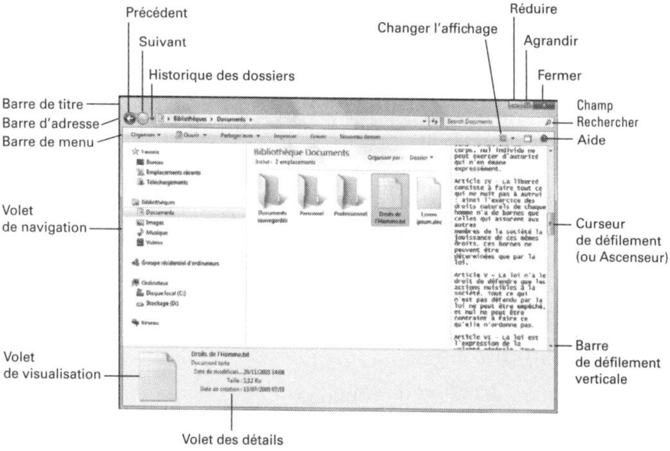

Figure 3.1 : Voici une fenêtre type de Windows.

Figure 3.2 : La barre de titre de WordPad (en haut) et du Bloc-notes (en bas).

TRUC

En dépit de son aspect anodin, la barre de titre contient bon nombre de fonctionnalités intéressantes :

- La barre de titre permet de déplacer une fenêtre sur le Bureau. Cliquez sur une partie vide de la barre de titre puis, bouton de la souris enfoncé, tirez-la. La fenêtre suit le mouvement de la souris. Relâchez le bouton pour la déposer.
- Double-cliquez dans une partie vide de la barre de titre, et la fenêtre emplit tout l'écran. Double-cliquez de nouveau dessus, et elle reprend ses dimensions d'origine.

DE VISTA À 7

- Remarquez les petites icônes à gauche, dans la barre de titre de WordPad. Elles forment la barre d'outils Accès rapide et appartiennent à ce que Microsoft appelle *l'interface Ruban*. Elle vous gêne à cet emplacement ? Cliquez du bouton droit sur l'une des icônes et choisissez Afficher la barre d'outils Accès rapide au-dessous du ruban.

- Dans Windows XP, chaque barre de titre affichait le nom du dossier ouvert. Mais ce n'est pas le cas dans Windows Vista et dans Windows 7, où la barre ne mentionne plus rien (reportez-vous à la Figure 3.1). Mais cela n'empêche pas la barre de titre de fonctionner comme d'habitude. Vous pouvez la repositionner exactement comme dans Windows XP.
- Trois boutons rectangulaires se trouvent à droite, dans la barre de titre. Ce sont, de gauche à droite, les boutons Réduire, Agrandir et Fermer. Nous y reviendrons à la section "Déplacer les fenêtres sur le Bureau", un peu plus loin dans ce chapitre.
- Parmi plusieurs fenêtres, celle sur laquelle vous travaillez actuellement est reconnaissable à sa bordure colorée et au bouton Fermer rouge, en haut à droite (reportez-vous à la Figure 3.2, en haut) tandis que les bordures et boutons des autres sont incolores (Figure 3.2, en bas). Sachant cela, vous pouvez identifier d'un coup d'œil la fenêtre dans laquelle vous travaillez actuellement (contrairement à Vista, Windows 7 assombrit la totalité de la barre de titre).

Naviguer parmi les dossiers avec la barre d'adresse de la fenêtre

Juste sous la barre de titre se trouve la *barre d'adresse* (voir Figure 3.3). Elle semblera familière à ceux qui connaissent déjà Internet Explorer, car elle rappelle furieusement à la barre d'adresse du navigateur Web. Elle se trouve en haut de la fenêtre de n'importe quel dossier.

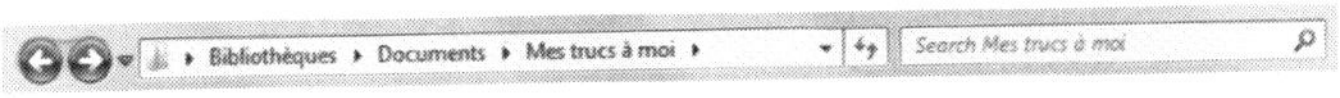

Figure 3.3 : Une barre d'adresse.

Les trois parties principales de la barre d'adresse – de gauche à droite dans les paragraphes qui suivent – ont chacune une fonction bien définie :

- **Bouton Précédent et Suivant :** Ces deux boutons mémorisent votre itinéraire parmi les dossiers du PC. Le bouton Précédent vous ramène au dossier que vous venez de visiter (en amont). Le bouton Suivant vous ramène au dernier dossier (en aval). Cliquez sur la minuscule flèche à droite des deux boutons pour accéder à une liste des emplacements que vous avez visités. Cliquez sur l'un d'eux pour y accéder aussitôt.

- **Barre d'adresse :** Elle contient l'adresse du dossier actuellement ouvert. Cette adresse correspond plus exactement au *chemin* dans le disque dur : par exemple, à la Figure 3.3, l'adresse est *Bibliothèques, Documents, Mes trucs à moi.* Elle indique que vous vous trouvez dans le dossier Mes trucs à moi, qui se trouve dans le dossier Documents, lequel se trouve dans le dossier Bibliothèques de votre compte d'utilisateur. Eh oui, ces histoires de dossiers sont suffisamment compliquées pour qu'un chapitre entier – le prochain – leur soit consacré.
- **Le champ Rechercher :** Toutes les fenêtres de Windows 7 sont dotées d'un champ Rechercher, capable d'explorer le dossier et ses sous-dossiers à la recherche d'une donnée ou d'une information. Par exemple, si vous recherchez le mot **carotte**, Windows montrera tous les fichiers contenant ce mot.

Trouver la barre de menus cachée

Windows 7 contient autant de menus que la carte d'un restaurant chinois. Mais pour ne pas encombrer l'écran, il les cache dans la *barre de menus* illustrée à la Figure 3.4

Figure 3.4 : La barre de menus.

Chaque mot de la barre de menus contient une entrée spécifique correspondant à un menu. Cliquez sur Édition, par exemple, et le menu approprié se déploie, comme à la Figure 3.5, qui présente les options d'édition d'un fichier.

Quand une commande n'est pas exécutable (parce que les conditions requises ne sont pas réunies), elle apparaît en grisé sur le menu, comme Couper, Copier, Coller, Supprimer et Atteindre, à la Figure 3.5.

TRUC

Si vous avez cliqué par mégarde sur une entrée erronée, dans la barre de menus, déployant ainsi des commandes dont vous n'avez pas besoin, faites simplement glisser le pointeur de la souris jusqu'à l'entrée correcte. Windows rétracte le menu que vous quittez et déploie le suivant.

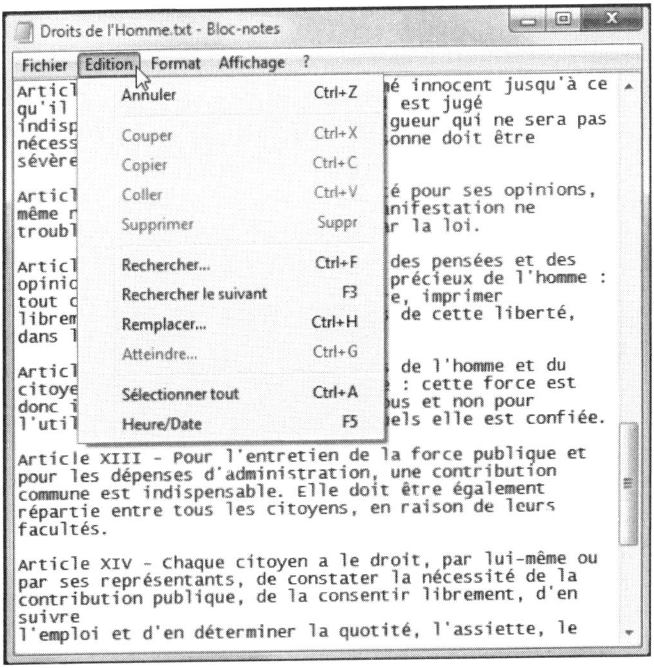

Figure 3.5 : Cliquez sur un menu pour accéder à ses commandes.

Où est passée la barre de menus ?

Si vous migrez de Windows XP, vous aurez sans doute remarqué qu'un élément fait défaut en haut de vos dossiers : la barre comportant les familiers termes Fichier, Édition, Affichage et autres menus a disparu. Microsoft les a placés hors de vue dans Vista, et en a fait autant pour Windows 7. Pour afficher la barre de menus, appuyez sur la touche Alt, et elle réapparaîtra dans la plupart des programmes.

Par commodité pour les amateurs de raccourcis clavier, Windows 7 souligne le caractère d'un raccourci pendant que la touche Alt est enfoncée. C'est ainsi que Alt + F déploie le menu Fichier et Alt + O le menu Format. Dans la foulée, Alt + F + Q fait quitter l'application tandis que dans un dossier Alt + F + F + F (fichier, modifier, fermer) ferme la fenêtre.

Pour afficher la barre de menus en permanence, choisissez Organiser > Disposition > Barre de menus.

Pour mettre fin à cette exploration des menus, cliquez dans l'*espace de travail* de la fenêtre.

Choisir le bon bouton pour la bonne tâche

Les vieux de la vieille – les anciens d'XP, si vous préférez – se souviennent du *volet d'exploration,* un bien utile panneau affiché à gauche d'un dossier, qui contenait de fort commodes commandes pour les tâches les plus communes. Dans Windows 7, ce volet a été remplacé par un ensemble de boutons réunis sur une *barre de commandes.* La Figure 3.6 montre celle de la bibliothèque Documents.

Figure 3.6 : La barre de commandes de la bibliothèque Documents.

Vous n'avez pas besoin d'étudier spécifiquement la barre de commandes, car Windows 7 affiche les boutons appropriés en haut du dossier. Ouvrez le dossier Musique, par exemple, et Windows 7 affiche un bouton Lire tout pour écouter en non-stop les heures et les heures de musique qui s'y trouvent. Ouvrez le dossier Images, et le bouton Diaporama affichera les photos du dossier les unes après les autres, en plein écran.

Si la signification d'un bouton ne vous paraît pas évidente, immobilisez le pointeur de la souris dessus. Un petit message expliquera de quoi il s'agit. Voici une description de ces boutons :

- **Organiser :** Présent dans toutes les barres de commandes, le bouton Organiser sert à couper, copier ou coller un ou plusieurs éléments sélectionnés. L'option Disposition permet d'afficher ou non des volets du dossier. Vous pouvez par exemple ne plus afficher le *volet de navigation,* à gauche de la fenêtre, ou le *volet des détails* en bas.

  Vous avez remarqué les bandes bleues en bordure d'icône dans Disposition ? Elles indiquent où se trouvent ces éléments.

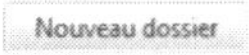

- **Nouveau dossier :** Vous désirez créer un sous-dossier ? Cliquez sur ce bouton puis tapez aussitôt le nom du nouveau dossier.

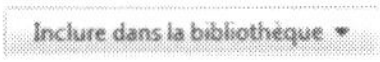

- **Inclure dans la bibliothèque :** Nouvelles dans Windows 7 et décrites au Chapitre 4, les bibliothèques sont des ensembles de fichiers provenant de divers dossiers. Cliquez sur le bouton Inclure dans la bibliothèque pour déployer un menu déroulant contenant les icônes des quatre dossiers principaux : Documents, Images, Musique et Vidéos. C'est un moyen commode pour rationaliser l'archivage, lorsque vous tombez sur un dossier de photos que vous n'être pas très sûr de pouvoir retrouver ultérieurement.

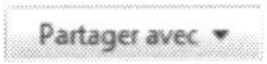

- **Partager avec :** Cliquez sur ce bouton pour partager un ou plusieurs fichiers sélectionnés avec un autre utilisateur de l'ordinateur, ou avec un ordinateur distant, à condition que ces destinataires aient déjà un compte d'utilisateur et un mot de passe sur votre PC. Ce bouton n'est pas visible tant qu'un réseau informatique n'a pas été configuré.

- **Graver :** Cliquez ici pour graver les éléments sélectionnés sur un CD ou un DVD vierge. Si rien n'est sélectionné, tout le contenu du dossier est gravé. C'est un moyen commode pour procéder à des sauvegardes rapides.

- **Changer l'affichage :** Cette icône uniquement graphique (sans texte) en haut à droite de chaque dossier, permet de choisir la présentation de son contenu. Cliquez à plusieurs reprises sur l'icône jusqu'à ce qu'une présentation vous convienne. Cliquer sur le bouton fléché adjacent permet de choisir différents affichages, comme Détails qui fournit de nombreuses informations sur les fichiers : Nom, Date de modification, Type, Taille ainsi que, sur demande, des dizaines d'autres données. Pour des photos, choisissez Grandes icônes ou Très grandes icônes pour les voir sous forme de vignettes.

  La taille des icônes ne vous convient pas ? La touche Ctrl enfoncée, cliquez dans le dossier puis actionnez la molette de la souris dans un sens ou dans l'autre.

- **Volet de visualisation :** Cette icône affiche ou masque le volet, à droite de la fenêtre, qui affiche un aperçu du contenu du fichier sélectionné. Pratique pour jeter rapidement un coup d'œil dans un fichier sans être obligé de l'ouvrir avec son application.

- **Aide :** Cliquez sur le petit bouton bleu orné d'un point d'interrogation pour obtenir une réponse au sujet duquel vous vous interrogez.

Les accès rapides du volet de navigation

Examinez un bureau – un vrai – et vous constaterez que les objets les plus couramment utilisés sont à portée de main : le pot à crayons, l'agrafeuse, les tampons, la tasse de café et peut-être quelques miettes du sandwich de midi... C'est pareil dans Windows 7 : tous les éléments les plus fréquemment utilisés (hormis le café et les miettes) sont placés dans le volet de navigation illustré à la Figure 3.7.

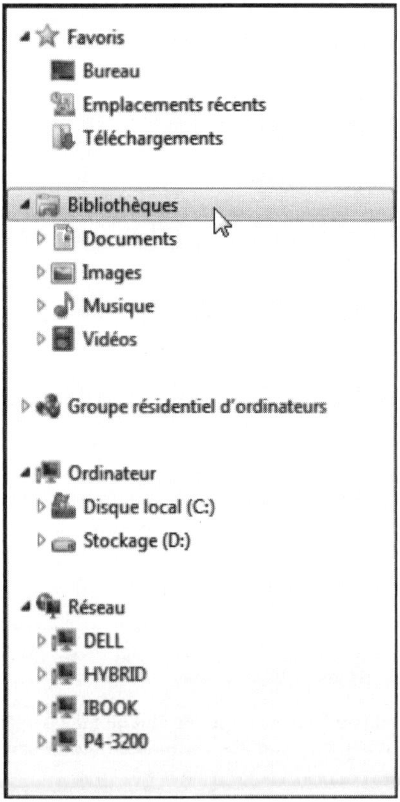

Figure 3.7 : Le volet de navigation contient des accès vers les emplacements les plus visités.

Situé à gauche de chaque dossier, le volet de navigation est divisé en cinq rubriques : Favoris, Bibliothèques, Groupe résidentiel d'ordinateurs, Ordinateur et Réseau. Cliquez sur l'une de ces rubriques, Favoris par exemple, et son contenu apparaît dans le volet de droite.

Voici quelques détails supplémentaires à propos des différentes rubriques du volet de navigation :

- **Favoris :** Les Favoris, ne pas confondre avec ceux d'Internet Explorer qui pointent vers vos sites Web préférés, sont des raccourcis vers les emplacements les plus usités de Windows :
    - **Bureau :** Vous ne vous en doutiez peut-être pas, mais le Bureau est en réalité un dossier dont le contenu apparaît en permanence sur l'écran. Cliquer sur Bureau, à la rubrique Favoris, montre tout ce qui s'y trouve. Windows ajoute quelques éléments utiles, comme la Corbeille, le Panneau de configuration et votre dossier d'utilisateur (à votre nom).
    - **Emplacements récents :** Vous y trouverez tous les dossiers et fichiers récemment ouverts.
    - **Téléchargements :** Cliquez ici pour accéder aux fichiers téléchargés avec Internet Explorer lors de vos pérégrinations sur le Web. C'est en effet là qu'ils se retrouvent.
- **Bibliothèques :** Contrairement aux dossiers conventionnels, les bibliothèques affichent le contenu de plusieurs dossiers, réunis en un seul endroit afin de les voir facilement. Une bibliothèque Windows commence par afficher le contenu de deux dossiers : celui qui vous est propre, et aussi son équivalent public, accessible par quiconque possédant un compte sur le PC.
    - **Documents :** Accède à la bibliothèque Documents qui comprend deux emplacements : le dossier Mes documents et le dossier Documents publics.
    - **Images :** Ce bouton donne accès à votre photothèque numérique.
    - **Musique :** Cliquez sur Musique, puis double-cliquez sur un morceau pour l'écouter aussitôt.
    - **Vidéos :** Un double-clic sur les séquences hébergées dans ce dossier vous permettra de les visionner avec le Lecteur Windows Media.
- **Groupe résidentiel d'ordinateurs :** Nouveauté de Windows 7, un groupe résidentiel d'ordinateurs est un ensemble de plu-

sieurs PC partageant des fichiers et des imprimantes. Cliquez sur ce bouton pour voir quels ordinateurs se partagent quoi.

- **Ordinateur :** Ce bouton qu'affectionnent les férus de technique permet de parcourir tous les dossiers et fichiers de l'ordinateur. Hormis pour accéder rapidement au contenu d'une clé USB ou d'un disque dur externe, vous ne cliquerez sans doute pas souvent ici.

- **Réseau :** Bien que Windows 7 soit doté du génial Groupe résidentiel d'ordinateurs, la notion de réseau informatique existe toujours. C'est à cet endroit que s'affiche le nom des autres ordinateurs reliés au vôtre.

Le volet des détails

Le volet des détails que montre la Figure 3.8 s'étire langoureusement au pied de chaque dossier. Comme le laisse entendre son nom, ce petit panneau fournit quantité de détails sur ce que vous avez ouvert ou sélectionné.

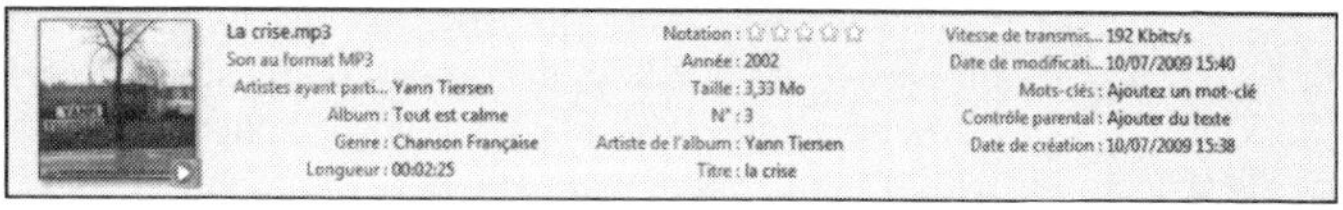

Figure 3.8 : Le volet des détails fournit quantité d'informations sur un fichier, comme ici un morceau de musique.

Ouvrez un dossier, et le volet des détails indiquera le nombre d'éléments – fichiers ou dossiers – qu'il contient. Il indique même si les fichiers se trouvent dans votre ordinateur ou sur le réseau.

Le volet des détails mérite bien son nom, notamment en ce qui concerne les fichiers. Par exemple, cliquez sur un fichier de musique et le volet des détails affichera une vignette de sa pochette, le nom du morceau, celui de l'interprète, la durée, la taille du fichier et même sa notation si vous l'attribuez au travers du Lecteur Windows Media (NdT : La notation peut aussi être attribuée en cliquant directement sur les étoiles, dans le volet des détails). Cliquez sur une photo, et le volet indique la date de prise de vue, la marque de l'appareil photo, les dimensions de l'image en pixels et de nombreuses données techniques comme la focale, la vitesse, la sensibilité ISO, *etc*. Vous pourrez aussi noter les photos et leur attribuer des mots-clés.

- Le volet des détails affiche beaucoup plus d'informations qu'il y paraît à première vue. Comme il est redimensionnable, tirez le bord supérieur vers le haut pour révéler quantité d'informations supplémentaires.

- Si vous estimez que le volet des détails occupe trop de place, tirez sa bordure supérieure vers le bas. Ou alors, masquez-le en cliquant sur le bouton Organiser, à gauche dans la barre de commandes, et choisissez Disposition > Volet des détails (procédez de même pour le réafficher).

Se déplacer dans une fenêtre avec la barre de défilement

La barre de défilement, qui fait penser à une cage d'ascenseur (voir Figure 3.9), apparaît au bord droit et/ou inférieur d'une fenêtre dès qu'elle est trop petite pour afficher tout son contenu. À l'intérieur de la barre, un petit ascenseur – techniquement, un *curseur de défilement* – monte et descend selon la partie de la page affichée. D'un seul coup d'œil sur l'ascenseur, vous savez si vous êtes plutôt en haut, au milieu ou en bas du contenu d'une fenêtre.

Vous pouvez voir l'ascenseur monter et descendre lorsque vous appuyez sur les touches PageHaut et PageBas. Mais l'actionner à la souris est plus plaisant. Cliquer en différents endroits de la barre de défilement permet de se déplacer rapidement dans un document. Par exemple :

- Cliquer dans la barre au-dessus de l'ascenseur déplace d'une page vers le haut, comme si vous aviez appuyé sur la touche PageHaut. De même, cliquer sur la barre sous l'ascenseur fait descendre d'une page. Plus l'écran est grand – à résolution égale –, plus vous pouvez voir d'informations sur une page.
- Pour remonter la vue d'une seule ligne, cliquez sur la petite flèche (la *flèche de défilement*) en haut de la barre de défilement. Cliquer sur la flèche inférieure fait descendre d'une ligne.
- Une barre de défilement peut se trouver sur le bord inférieur de la fenêtre. Elle sert alors à visionner des documents larges, comme une feuille de calcul. Le déplacement s'effectue alors

Figure 3.9 : Une barre de défilement et son ascenseur.

horizontalement, permettant par exemple d'examiner les diverses colonnes de chiffres.

- Pas d'ascenseur dans la barre de défilement, ou pas de barre du tout ? Cela signifie que l'ensemble de la fenêtre est affiché. Il n'y a donc pas lieu de la faire défiler.

- Vous voulez parcourir rapidement le contenu d'une fenêtre ? Cliquez sur l'ascenseur et tirez-le, et vous verrez le contenu de la fenêtre défiler à toute vitesse. Arrivé là où vous le vouliez, relâchez le bouton de la souris.

Du côté des bordures

Une *bordure* est le cadre qui entoure une fenêtre.

Pour changer la taille d'une fenêtre, cliquez sur une bordure – le pointeur de la souris prend la forme d'une flèche à deux pointes – et tirez dans la direction désirée. Redimensionner une fenêtre en cliquant et tirant un coin est le plus commode. Notez que certaines fenêtres ne sont pas redimensionnables.

Remplir des champs

À un moment ou à un autre, Windows vous obligera à jouer les gratte-papier : vous devrez remplir des champs contenant vos requêtes. Pour cette paperasserie informatique, Windows ouvre des *boîtes de dialogue*.

Une boîte de dialogue est une fenêtre contenant une sorte de formulaire ou de liste que vous devez remplir ou cocher. Elle peut se présenter de diverses manières, comme vous le découvrirez par la suite.

Cliquer sur le bouton de commande adéquat

Les boutons de commande sont les éléments les plus faciles à utiliser car marqués de leur nom, on sait de suite à quoi ils servent. Ils sont généralement utilisés après avoir fini de remplir la boîte de dialogue. En fonction de celui sur lequel vous avez cliqué, Windows exécute votre demande ou affiche une autre boîte de dialogue.

Le Tableau 3.1 montre les boutons que vous rencontrerez le plus souvent.

Tableau 3.1 : Les boutons de commande courants de Windows 7.

Bouton de commande	Description
	Cliquer sur le bouton OK signifie que vous en avez fini avec la boîte de dialogue et que Windows peut valider vos saisies. Windows 7 les prend en compte et les applique.
	Si vous estimez qu'il ne fallait pas ouvrir cette fenêtre et/ou ne rien changer dans les champs, cliquez sur ce bouton pour annuler vos saisies, et tout redevient comme si de rien n'était. Cliquer sur le bouton X, en haut à droite de la fenêtre, équivaut à annuler.
	Cliquez sur ce bouton pour passer à la prochaine fenêtre d'une série de plusieurs à remplir. Vous voulez revenir en arrière pour modifier une saisie effectuée auparavant ? Cliquez sur le bouton fléché Précédent, en haut à gauche de la fenêtre.
	Quand des points de suspension suivent du texte, cela signifie qu'une boîte de dialogue va s'ouvrir.
	Si vous vous êtes complètement fourvoyé dans vos paramétrages, ce bouton restaure les options par défaut : le contenu de la boîte de dialogue redevient celui de Windows sorti d'usine.

- Le bouton OK se distingue souvent des autres par une bordure plus foncée, indiquant qu'il est en surbrillance (ou sélectionné). Appuyer sur la touche Entrée équivaut à cliquer sur la touche en surbrillance.
- Si vous avez cliqué sur le bouton erroné *et que vous n'avez pas encore relâché le bouton de la souris,* ne faites plus rien, car un bouton de commande n'agit qu'au moment où vous ôtez le doigt du bouton. Le doigt toujours sur le bouton, faites glisser le pointeur hors du bouton. Le relâcher n'a alors plus aucun effet.
- Vous vous demandez à quoi sert telle ou telle option dans la boîte de dialogue ? Cliquez sur le bouton marqué d'un point d'interrogation, en haut à droite de la fenêtre. Cliquez ensuite sur la commande qui vous intrigue pour obtenir un bref descriptif de son usage. Parfois, le seul fait d'immobiliser le pointeur au-dessus d'une option affiche une bulle contenant l'information désirée. Windows est trop bon pour vous !

Les boutons d'option

Parfois, Windows vous oblige à choisir une seule option parmi plusieurs. Par exemple, dans le jeu Démineur, vous désirez sélectionner le niveau Débutant, Intermédiaire ou Avancé ? Vous ne pouvez pas être les trois à la fois. C'est pourquoi, vous ne pouvez choisir qu'une seule de ces options.

Windows affiche pour cela des *boutons d'option* comme ceux de la Figure 3.10. Vous ne pouvez en sélectionner qu'un seul dans un groupe. Sélectionnez une autre option, et le point qui marque l'option sélectionnée apparaît sur le nouveau bouton.

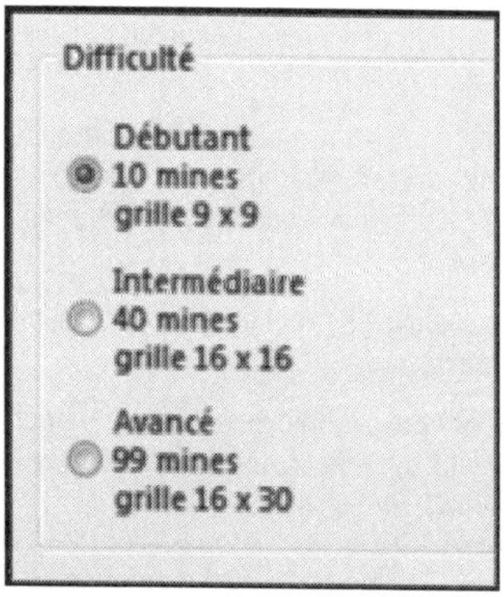

Figure 3.10 : Une seule option peut être sélectionnée.

Saisir du texte dans des champs

Un *champ de texte* est un petit rectangle dans lequel vous pouvez saisir – c'est-à-dire taper – des mots et/ou des chiffres. La Figure 3.11 montre la boîte de dialogue qui apparaît lors de la recherche d'un mot dans certains programmes. Elle contient un champ de texte dans lequel vous saisissez ce mot.

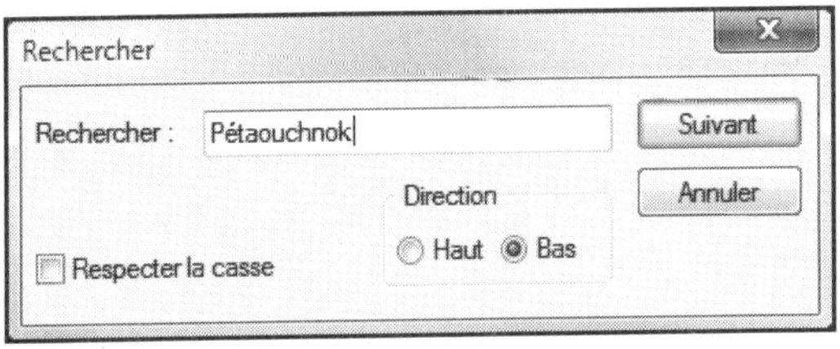

Figure 3.11 : Cette boîte de dialogue contient un champ de texte.

- Quand un champ de texte est *actif,* c'est-à-dire prêt à recevoir ce que vous tapez, il est, soit entouré d'un contour plus épais indiquant qu'il est sélectionné, soit signalé par le clignotement d'une barre d'insertion.
- Si le champ de texte n'est pas sélectionné ou ne contient pas de curseur clignotant, il n'est pas prêt à recevoir du texte. Pour l'activer, cliquez dedans.
- Quand vous cliquez dans un champ contenant déjà du texte, supprimez-le avant de saisir votre texte. Double-cliquer dans le champ sélectionne tout ce qui s'y trouve ; le nouveau texte remplace alors aussitôt l'ancien.

Choisir une option dans une zone de liste

Certains champs n'autorisent pas la saisie. Ils se contentent d'afficher une liste dans laquelle vous sélectionnez l'élément désiré. Ces champs qui n'en sont pas véritablement sont appelés *zones de liste.* Par exemple, un traitement de texte affichera une zone de liste contenant les polices – les typographies – installées dans l'ordinateur (Figure 3.12).

- La police Lucida Console est surlignée dans la liste de la Figure 3.12, indiquant qu'il s'agit de l'élément sélectionné. Appuyez sur Entrée – ou cliquez sur OK – et le programme utilise la police choisie.
- La barre de défilement, sur le bord droit, fonctionne comme n'importe quelle autre barre de ce type : cliquez sur une flèche

Figure 3.12 : Sélectionnez une police dans la liste.

de défilement pour descendre ou monter dans la liste, ou utilisez les touches fléchées Haut et Bas.

- Certaines zones de liste son surmontées d'un champ de texte. Quand vous cliquez sur un élément dans la liste, il est aussitôt transféré dans le champ. Vous pourriez taper le texte vous-même, mais c'est bien moins drôle.

TRUC

- Quand une liste est interminable, saisissez la première lettre du mot recherché. La liste affichera le premier mot commençant par cette lettre.

Quand il en faut plusieurs…

Normalement, le clic ne sélectionne qu'un seul élément dans Windows. Quand vous cliquez sur un autre, l'élément sélectionné ne l'est plus et c'est le nouveau qui l'est. Voici comment sélectionner plusieurs éléments à la fois :

- Pour sélectionner plusieurs éléments épars, maintenez la touche Ctrl enfoncée et cliquez sur chacun d'eux. Ils restent ainsi tous sélectionnés.
- Pour sélectionner une série d'éléments adjacents, dans une liste, cliquez d'abord sur le premier de la série. Ensuite, la touche Maj enfoncée, cliquez sur le dernier de la série. Toute la série est ainsi sélectionnée (notez que un ou plusieurs éléments indésirables peuvent être désélectionnés en cliquant dessus, touche Ctrl enfoncée).
- Enfin, pour sélectionner un ensemble d'éléments, il reste la technique du "lasso" : cliquez à proximité d'un élément puis, bouton de la souris enfoncé, tirez une zone rectangulaire tout autour de l'ensemble d'éléments à sélectionner. Relâchez le bouton et la sélection est faite.

Les listes déroulantes

Les zones de liste sont commodes, mais elles occupent beaucoup de place. C'est pourquoi Windows les masque parfois, tout comme il le fait pour les menus déroulants. Quand vous cliquez au bon endroit, la liste déroulante se déploie, prête à être parcourue.

Mais c'est où, le bon endroit ? C'est le petit bouton comportant une flèche triangulaire, à droite du bouton principal. On en voit un à la Figure 3.13 (notez qu'il n'est pas indispensable de cliquer exactement sur la flèche ; vous pouvez cliquer n'importe où sur le bouton).

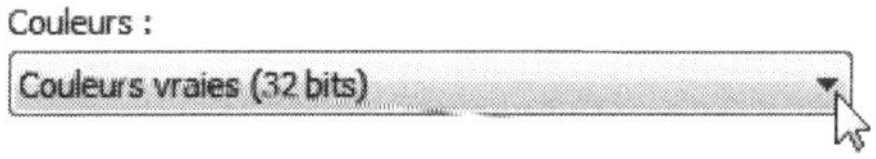

Figure 3.13 : Cliquez sur le bouton d'une liste déroulante (signalée par le petit triangle noir, à droite) pour accéder aux options.

La Figure 3.14 montre la liste déployée, après avoir cliqué dessus. Pour faire votre choix, cliquez sur l'option désirée, dans le menu.

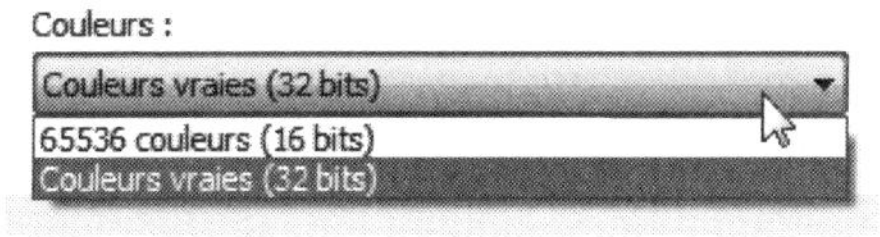

Figure 3.14 : La liste déroulante est déployée. Il ne vous reste plus qu'à choisir l'option.

- Quand une liste déroulante est longue, saisissez la première lettre du mot recherché. La liste affichera ainsi le premier mot commençant par cette lettre. Appuyez sur la touche fléchée Haut ou Bas pour passer à l'option voisine.
- Un autre moyen de parcourir rapidement une longue liste déroulante consiste à cliquer dans la barre de défilement ou d'utiliser l'ascenseur qui s'y trouve.

- Vous ne pouvez choisir qu'un seul élément dans une liste déroulante.

Les cases à cocher

Vous aurez parfois la possibilité de choisir plusieurs options en cliquant dans des petites cases à côté des options. Par exemple, celles de la Figure 3.15 correspondent aux options du jeu FreeCell.

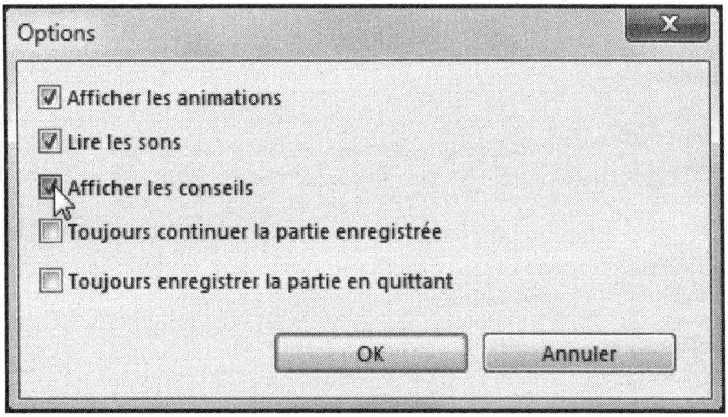

Figure 3.15 : Cochez les cases des options désirées.

Cliquer dans une case vide sélectionne l'option correspondante. Si une coche s'y trouve déjà, la case est décochée.

Contrairement aux boutons d'option, dont un seul seulement peut être sélectionné dans un même groupe, vous pouvez cocher ou décocher autant de cases que vous le désirez.

Les glissières

C'est sans doute un variateur de lumière qui donna un jour à un programmeur l'idée des glissières (pour glisser des deux mains...) afin de régler certains paramètres de Windows 7.

Certaines glissières sont horizontales, d'autres verticales, mais aucune pour le moment n'est de travers. La Figure 3.16 montre celle qui sert à régler la vitesse de la souris dans le Panneau de configuration, de Lente (ça se traîne) à Rapide (Speedy Gonzales).

Une glissière est facile à régler : cliquez sur le curseur et, bouton de la souris enfoncé, tirez-le dans la direction voulue. Relâchez le bouton pour laisser le pointeur à la graduation choisie.

Figure 3.16 : La glissière des propriétés de la souris.

Déplacer les fenêtres sur le Bureau

Avec Windows 7, vous pouvez déplacer les fenêtres sur le Bureau avec la dextérité d'un joueur de cartes. Lorsqu'elles sont nombreuses, elles finissent par se recouvrir plus ou moins les unes les autres. Cette section vous explique comment les empiler proprement, en plaçant celle que vous préférez en haut du tas. Vous pouvez aussi les étaler, comme une main au poker. Et, cerise sur le gâteau, elles peuvent être redimensionnées et s'ouvrir automatiquement à n'importe quelle taille.

Placer une fenêtre au-dessus des autres

Pour Windows 7, la fenêtre au-dessus de toutes les autres, qui attire l'attention, est la *fenêtre active*. C'est celle qui reçoit tout ce que vous ou votre chat tapez sur le clavier.

Une fenêtre peut être placée au-dessus des autres de diverses manières. Voici comment :

- Amenez le pointeur de la souris jusqu'au-dessus d'une partie de la fenêtre, dans un empilement, puis cliquez. La fenêtre en question est aussitôt placée au premier plan.
- Dans la barre des tâches, cliquez sur le bouton de la fenêtre désirée.
- La touche Alt enfoncée continûment, appuyez sur la touche Tab. Un petit panneau montre une miniature de chacune des fenêtres ouvertes sur le Bureau. Appuyez autant de fois que nécessaire sur la touche Tab pour sélectionner la fenêtre voulue, puis relâchez les deux touches Alt et Tab. La fenêtre sélectionnée est au premier plan.
- Maintenez la touche Windows – celle entre les touches Ctrl et Alt – continûment enfoncée. Un spectaculaire affichage en 3D montre les fenêtres ouvertes. Appuyez sur la touche Tab pour faire défiler les fenêtres du fond de l'écran vers l'avant. Lorsque celle qui vous intéresse apparaît, relâchez les deux touches Alt

et Tab. La fenêtre voulue est à présent au-dessus des autres, sur le Bureau.

Déplacer une fenêtre de-ci de-là

Pour une raison ou pour une autre, vous voudrez déplacer une fenêtre. Peut-être parce qu'elle est décentrée, ou pour faire de la place et voir tout ou partie d'une autre fenêtre.

Bref et quoi qu'il en soit, vous déplacerez une fenêtre en la tirant par sa barre de titre. La fenêtre repositionnée reste sélectionnée et donc active.

Afficher une fenêtre en plein écran

Pour certaines tâches, agrandir une fenêtre afin qu'elle exploite au maximum la surface de l'écran est une bonne chose. Pour cela, double-cliquez sur la barre de titre : la fenêtre s'étale instantanément sur tout le Bureau, recouvrant toutes les autres.

Pour la ramener à sa taille d'origine, double-cliquez de nouveau sur sa barre de titre. On ne s'en lasse pas...

- Si double-cliquer sur la barre de titre vous paraît vraiment ringard, cliquez sur le bouton Agrandir. C'est celui du milieu, en haut à droite.

- Quand une fenêtre est en plein écran, le bouton Agrandir est remplacé par le bouton Niveau inférieur. Cliquez dessus pour qu'elle redevienne plus petite.
- Windows 7 propose une nouvelle manière d'agrandir une fenêtre : tirez-la par la barre de titre jusqu'en haut de l'écran ; l'ombre de la fenêtre s'étend à présent tout autour de l'écran. Relâchez le bouton de la souris, et la fenêtre est en plein écran. Bon d'accord, le double-clic dans la barre de titres est plus rapide (mais c'est d'un ringard...).
- Trop fatigué pour attraper la souris ? La touche Windows enfoncée, appuyez sur la touche fléchée Haut pour agrandir la fenêtre en plein écran. NdT : Trop fatigué pour expliquer la fin de cette manip ? Alors voilà, les touches Windows + Flèche bas rétablissent la fenêtre à sa taille d'origine, mais vous l'avez sans doute deviné.

Fermer une fenêtre

Quand vous avez fini de travailler dans une fenêtre, fermez-la en cliquant sur le petit bouton X, en haut à droite.

Si le travail en cours n'a pas été enregistré, Windows vous demande s'il doit le faire. Confirmez en cliquant sur le bouton Oui – vous devrez peut-être nommer le fichier que vous avez créé et choisir un dossier de stockage –, ou en cliquant sur Non si vous estimez qu'il n'est pas nécessaire de l'enregistrer. D'autres fenêtres – comme celles propres à Windows – se ferment sans formalité supplémentaire.

Redimensionner une fenêtre

Comme le chantait Serge Gainsbourg en son temps à propos de la pauvre Lola, il faut s'avoir s'étendre sans se répandre. Fort heureusement, une fenêtre de Windows ne s'étend ni ne se répand, elle se redimensionne. Voici comment :

1. **Immobilisez le pointeur de la souris au-dessus d'un bord ou d'un coin de la fenêtre. Lorsqu'elle se transforme en flèche à deux pointes, cliquez et tirez pour changer la taille de la fenêtre.**
2. **Le redimensionnement terminé, relâchez le bouton de la souris.**

Redimensionner en tirant un coin est plus souple que de ne tirer qu'un seul côté, mais c'est à vous de voir.

Placer deux fenêtres côte à côte

Quand vous voudrez copier un élément dans une fenêtre pour le coller dans une autre, pouvoir juxtaposer les deux fenêtres vous facilitera la tâche.

Au lieu de redimensionner laborieusement les fenêtres, cliquez dans une partie vide de la barre des tâches – y compris sur l'horloge – et choisissez Afficher les fenêtres côte à côte. Windows dispose aussitôt toutes les fenêtres les unes à côté des autres. Si vous préférez les voir les unes sur les autres, choisissez Afficher les fenêtres empilées. Si les fenêtres sont nombreuses, l'option Cascade les empile toutes, légèrement décalées en diagonale les unes par rapport aux autres.

Quand plus de deux fenêtres sont ouvertes, cliquez sur le bouton Réduire de celle que vous ne voulez pas afficher puis choisissez de nouveau la commande Afficher les fenêtres côte à côte pour ne voir que celles qui restent.

Windows 7 propose une nouvelle manière de juxtaposer deux fenêtres : tirez-en une vers un bord latéral de l'écran et, dès que son ombre emplit la moitié du Bureau, relâchez le bouton. Faites de même avec l'autre fenêtre, mais de l'autre côté.

Les touches Windows + Flèche gauche agrandissent la fenêtre sur la moitié gauche de l'écran et les touches Windows + Flèche droite sur la moitié droite de l'écran (NdT : appuyez plusieurs fois sur la touche fléchée pour permuter de côté et rétablir l'affichage à la taille normale de l'une des deux fenêtres).

Chapitre 4

Fichiers, dossiers, clé USB, bibliothèques et CD

Dans ce chapitre

- L'icône Ordinateur
- Les nouvelles bibliothèques de Windows 7
- Créer et nommer des dossiers
- Sélectionner et désélectionner des éléments
- Copier et déplacer des fichiers et des dossiers

Ce chapitre explique par le menu – si l'on peut dire... – comment utiliser le programme d'archivage nommé Ordinateur (dans l'antique Windows XP, c'était le Poste de travail). Windows ressuscite certes ce classique classeur que l'on croyait oublié, mais au moins, les tiroirs ne coincent plus et les dossiers ne tombent plus derrière le bureau.

Parcourir le classeur à tiroirs informatisé

Pour ouvrir vos tiroirs virtuels, appelés "lecteur" ou "disque" en jargon informatique, cliquez sur le menu Démarrer puis sur Ordinateur. Bien que la fenêtre Ordinateur différera sans doute quelque peu de celle de la Figure 4.1, les éléments de base – décrits dans les prochaines sections – sont les mêmes.

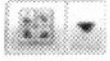

Windows peut afficher la fenêtre Ordinateur sous diverses formes. Pour obtenir la même présentation que dans la Figure 4.1, cliquez sur

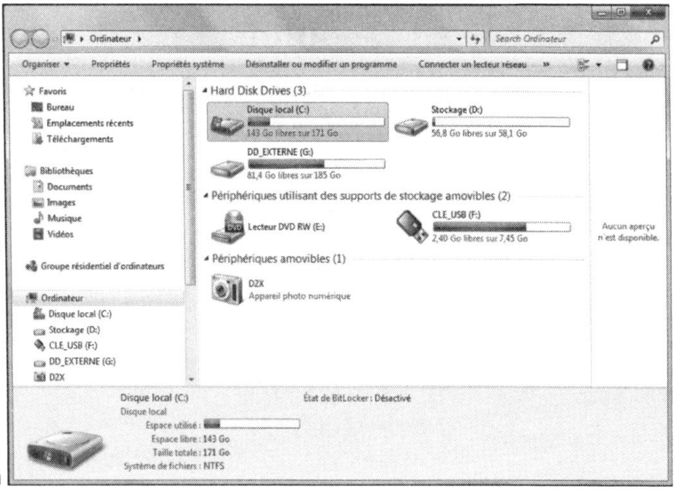

Figure 4.1 : La fenêtre Ordinateur affiche les zones de stockage contenant vos fichiers.

le bouton Affichage, dans la barre de menus et, dans la liste, choisissez Mosaïques. Enfin, cliquez dans une partie vide de la fenêtre, puis choisissez Trier par, puis sélectionnez Nom.

Voici les éléments de base de la fenêtre Ordinateur :

- **Le volet de navigation :** Situé à gauche de la plupart des fenêtres, l'appréciable volet de navigation contient la liste des dossiers contenant vos biens virtuels les plus précieux, nommés Documents, Images et Musique (ces dossiers sont décrits au Chapitre 3).

- **Lecteurs de disques durs :** Visible à la Figure 4.1, cette zone montre le ou les disques durs, c'est-à-dire les mémoires de masse les plus importantes de votre PC. Tout ordinateur en possède au moins un. Double-cliquer sur l'icône d'un disque dur affiche ses dossiers et ses fichiers, mais vous trouverez rarement des informations utiles ; au lieu d'explorer le disque dur, ouvrez le menu Démarrer et lancez des programmes.

  Vous avez remarqué le petit logo Windows sur l'icône d'un disque dur ? Il indique que Windows 7 est installé sur ce disque. La jauge bleue permet d'évaluer l'espace occupé et l'espace restant. Si elle devient rouge, cela signifie que le disque dur est proche de la saturation. Le moment est alors venu, soit de faire le ménage, soit de remplacer le disque dur par un plus volumineux.

- **Périphériques utilisant des supports de stockage amovibles :** Cette zone montre tous les équipements amovibles connectés à votre ordinateur. Voici les plus courants :

  • **Lecteur de disquettes :** En voie d'obsolescence, ces périphériques équipent encore les PC anciens. Comme seuls des fichiers de petite taille peuvent être stockés sur ce support vieux de plus de 20 ans, la plupart des utilisateurs lui préfèrent les CD et les DVD.

  • **CD et DVD :** Comme le révèle la Figure 4.1, Windows 7 indique si un lecteur ne peut que lire, ou lire et écrire, sur l'un de ce type de support. Par exemple, si un graveur de DVD porte la mention DVD-RW, cela signifie qu'il peut à la fois lire (*Read* en anglais) et écrire (*Write*). Un lecteur qui ne peut que graver des CD porte la mention CD RW.

  • **Clé USB et lecteurs de cartes mémoire :** La clé USB s'insère dans un connecteur USB. Si l'ordinateur possède une ou plusieurs fentes permettant d'introduire des cartes mémoire d'appareil photo numérique, de lecteur MP3, de téléphone mobile ou autres appareils du même acabit (l'icône correspondante est montrée dans la marge).

  Contrairement à Windows XP et Vista, Windows 7 n'affiche pas d'icône de lecteur de cartes mémoire tant qu'une carte mémoire n'est pas insérée dedans. Pour l'afficher en permanence, ouvrez la fenêtre Ordinateur, cliquez sur Organiser > Options des dossiers et de recherche, puis cliquez sur l'onglet Affichage. Dans la liste des paramètres avancés, décochez la case Masquer les lecteurs vides dans le dossier Ordinateur.

  • **Lecteurs MP3 :** Bien que Windows 7 affiche une jolie icône pour quelques lecteurs MP3, il arbore une icône de carte USB générique ou de disque dur pour le populaire iPod.

  • **Appareils photo :** Dans la fenêtre Ordinateur, un appareil photo numérique apparaît généralement sous la forme d'une icône. Pour accéder aux photos, double-cliquez sur l'icône de l'appareil. Après avoir procédé au transfert, Windows 7 place les photos dans le dossier Images.

  • **Réseau :** Cette icône n'est visible que si l'ordinateur est relié à un réseau informatique.

Tout (ou presque) sur les dossiers et les bibliothèques

Un *dossier* est une zone de stockage sur le disque dur. On peut le comparer à un véritable dossier en carton. Windows 7 divise le ou les disques durs de votre ordinateur en autant de dossiers thématiques que vous le désirez. Par exemple, les morceaux de musique sont stockés dans le dossier Musique, et les photos dans le dossier Images. Vous et vos programmes les retrouvez ainsi facilement.

Windows 7 dispose de quatre bibliothèques pour vos fichiers et dossiers, visibles à la Figure 4.2 : Documents, Images, Musique et Vidéos. Afin d'y accéder rapidement, ils se trouvent dans le volet de navigation de tout dossier.

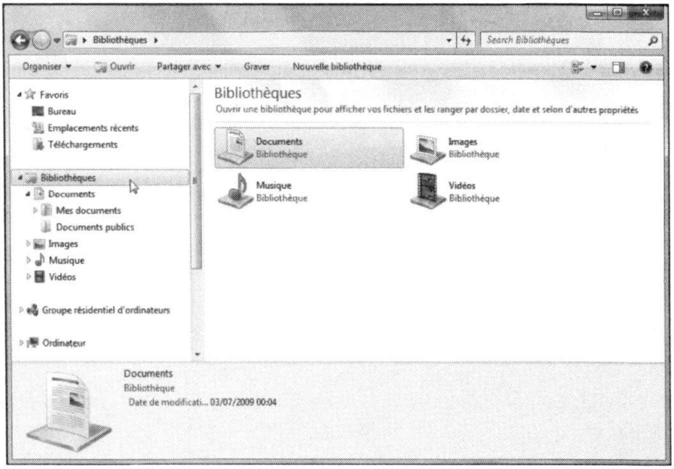

Figure 4.2 : Ces quatre dossiers se trouvent dans tous les comptes d'utilisateurs, mais séparément pour chaque compte.

Gardez ces informations à l'esprit quand vous manipulez des fichiers dans Windows 7 :

- Vous pouvez ignorer la notion de dossier et stocker tous vos fichiers sur le Bureau de Windows 7. Mais cela équivaut à jeter toutes ses affaires sur le siège arrière de la voiture et se demander, un mois plus tard, où peut bien se trouver le tee-shirt mauve. Quand les affaires sont bien rangées, on s'y retrouve mieux.
- Si vous brûlez d'impatience de créer un dossier, ce qui est très facile (d'où l'expression "j'ai tout un dossier sur vous" proférée

> sur un ton menaçant), reportez-vous à la section "Créer un nouveau dossier (d'où l'expression "le mien sur vous n'est pas mal non plus", lâchée d'un ton détaché) plus loin dans ce chapitre.

Les dossiers d'un ordinateur sont organisés en arborescence, de la racine du disque dur jusqu'au dossiers, sous-dossiers et sous-sous-dossiers (non, ce ne sont pas des dossiers où l'on range ses sous) les plus profondément enfouis, comme le montre la Figure 4.3.

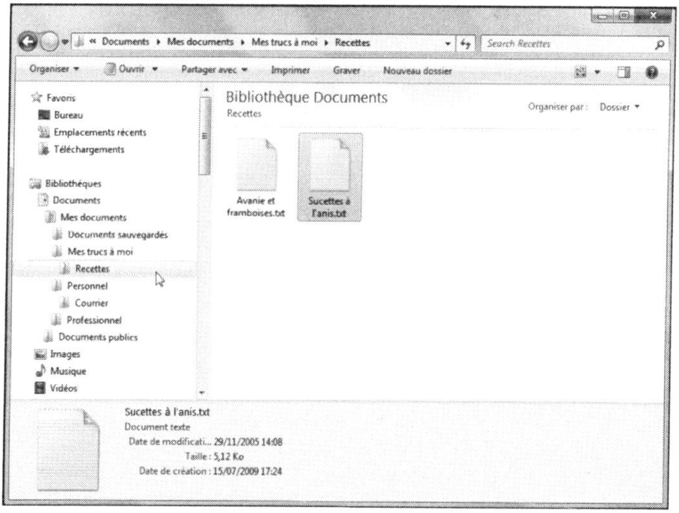

Figure 4.3 : Les dossiers de Windows sont arborescents.

Lorgner dans les lecteurs et les dossiers

Savoir ce que sont les lecteurs et les dossiers, c'est certes génial pour impressionner la vendeuse de petits pains au chocolat, mais c'est surtout utile pour trouver un fichier (reportez-vous à la section précédente pour savoir quel dossier contient quoi). Coiffez votre casque de chantier, empoignez la clé à molette et parcourez les lecteurs et les dossiers de votre ordinateur en vous servant de cette section comme guide.

Voir les fichiers d'un lecteur

À l'instar de presque tout dans Windows 7, les lecteurs de disques sont représentés par des boutons, ou icônes. L'icône Ordinateur affiche aussi des informations sur d'autres zones, comme un lecteur

MP3, un appareil photo numérique ou un scanner (ces icônes ont été expliquées à la section "Parcourir le classeur à tiroirs informatisé", précédemment dans ce chapitre.

Ouvrir ces icônes donne généralement accès à leur contenu et permet de gérer les fichiers, comme dans n'importe quel autre dossier de Windows 7.

Quand vous double-cliquez sur une icône dans Ordinateur, Windows 7 devine ce que vous comptez faire avec et entreprend une action : double-cliquez sur un disque dur, par exemple, et Windows 7 l'ouvre promptement afin de vous dévoiler ce qui s'y trouve.

En revanche, si vous double-cliquez sur l'icône d'un CD après avoir introduit un CD audio, Windows 7 ne l'ouvre pas forcément pour montrer les pistes. À la place, il démarre généralement le Lecteur Windows Media et commence à jouer le premier morceau. Pour modifier l'action de Windows 7 lorsque vous insérez un CD, un DVD ou une clé USB, cliquez sur son icône et, dans le menu, sélectionnez Exécution automatique. Windows 7 répertorie tout ce que vous pouvez faire et vous demande de choisir l'action à entreprendre.

Le paramétrage de l'exécution automatique est particulièrement commode pour les clés USB. Si elle contient quelques morceaux, Windows 7 démarrera le Lecteur Windows Media pour les jouer – effet garanti sur le lieu de travail –, ce qui ralentira l'accès aux autres fichiers.

N'OUBLIEZ PAS

- Si vous ne savez pas à quoi sert une icône dans Ordinateur, cliquez dessus du bouton droit et Windows 7 présente un menu de toutes les possibilités. Vous pourrez par exemple choisir Ouvrir pour voir tous les fichiers d'un CD que Windows 7 veut lire avec le Lecteur Windows Media.
- Si vous cliquez sur l'icône d'un CD, d'un DVD ou d'une disquette alors que le lecteur est vide, Windows 7 vous invite gentiment à insérer un disque avant de continuer.
- Vous avez remarqué l'icône sous l'en-tête d'Emplacement réseau ? C'est une porte dérobée permettant de lorgner, le cas échéant, dans les autres ordinateurs du réseau.

Voir ce que contient un dossier

Les dossiers étant en quelque sorte des chemises à documents, Windows 7 s'en tient à cette représentation.

Pour voir ce que contient un dossier, qu'il soit dans Ordinateur ou sur le Bureau, double-cliquez sur son icône en forme de chemise. Une nouvelle fenêtre surgit, montrant ce qu'il y a dedans. Un autre dossier se trouve dedans ? Double-cliquez sur ce sous-dossier pour découvrir ce qu'il recèle. Cliquez ainsi jusqu'à ce que vous trouviez le fichier désiré ou arriviez dans un cul-de-sac.

Vous êtes au fond du cul-de-sac ? Si vous avez malencontreusement cherché dans le mauvais dossier, revenez en arrière comme vous le feriez sur le Web : cliquez sur la flèche Précédent, en haut à gauche de la fenêtre. Vous reculez ainsi d'un dossier. En continuant à cliquer sur la flèche Précédent, vous finissez par revenir au point de départ (NdT : L'info-bulle de la flèche Suivant porte la mention "Suivant", mais celle de la flèche Précédent indique le nom du dossier dans lequel vous vous apprêtez à retourner. Exemple : "Retour à Bibliothèques").

La Barre d'adresse est un autre moyen d'aller rapidement en divers endroits du PC. Tandis que vous naviguez de dossier en dossier, la Barre d'adresse du dossier – la petite zone de texte en haut de la fenêtre – conserve scrupuleusement une trace de vos pérégrinations. La Figure 4.4 montre celle qui apparaît quand vous êtes dans un dossier que vous avez créé, Courrier personnel en l'occurrence.

Figure 4.4 : Les petites flèches entre les noms de dossiers sont autant de raccourcis vers d'autres dossiers.

Vous avez remarqué les petites flèches entre chaque nom de dossier ? Ce sont des raccourcis vers d'autres dossiers et fenêtres. Cliquez sur l'une d'elles : le menu qui apparaît propose des emplacements où aller depuis ce point. Par exemple, cliquez sur la flèche après Bibliothèques, comme à la Figure 4.5, pour atteindre rapidement le dossier Musique.

TRUC

Voici quelques astuces pour trouver votre chemin dans et hors des dossiers :

- Un dossier contient parfois trop de sous-dossiers et de fichiers pour tenir dans la fenêtre. Cliquez dans la barre de défilement pour voir les autres. Cette commande est expliquée au Chapitre 3.

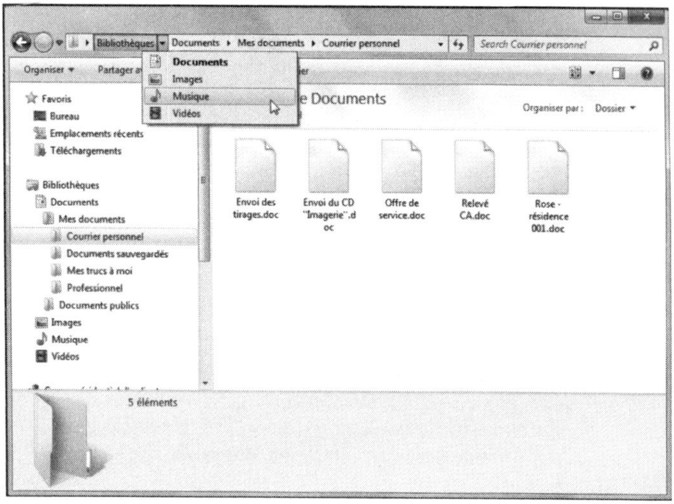

Figure 4.5 : Cliquez sur la flèche après Bibliothèques pour aller vers n'importe quel emplacement présent dans le dossier Bibliothèques.

- Quand vous farfouillez profondément dans vos dossiers, la flèche Pages récentes est un moyen de retourner rapidement dans n'importe quel dossier que vous venez de visiter : cliquez sur la petite flèche pointant vers le bas, à côté de la flèche Suivant en haut à gauche de la fenêtre. Le menu déroulant mémorise tous les dossiers que vous avez parcourus. Cliquez sur le nom de celui où vous désirez retourner.

TRUC

- Impossible de retrouver un dossier ou un fichier ? Au lieu d'errer comme une âme en peine dans l'arborescence, utilisez la commande Rechercher, dans le menu Démarrer, décrite au Chapitre 6. Windows sait retrouver vos dossiers et vos fichiers égarés.
- Face à une interminable liste de fichiers triés alphabétiquement, cliquez n'importe où dans la liste puis tapez rapidement une ou deux lettres du début du nom de fichier. Windows se positionne aussitôt sur le premier nom de fichier commençant par cette ou ces lettres.

Gérer les dossiers d'une bibliothèque

DE VISTA À 7

Le nouveau système de bibliothèques de Windows 7 peut paraître déroutant, mais vous pouvez sans aucun risque vous dispenser de savoir comment il fonctionne. Contentez-vous de traiter une bibliothèque au même titre que n'importe quel autre dossier : un emplacement où stocker et ouvrir des types de fichiers d'un même genre. Mais si vous tenez à savoir ce qui se passe en coulisse, cette section vous éclairera.

Les bibliothèques surveillent constamment plusieurs dossiers, affichant leur contenu dans une seule fenêtre. Ce qui nous amène à cette judicieuse question : comment savoir quels sont les dossiers qui apparaissent dans une bibliothèque ? Vous trouverez la réponse en double-cliquant sur le nom de la bibliothèque.

Par exemple, double-cliquez sur la bibliothèque Documents, dans le volet de navigation, et vous verrez qu'elle contient deux dossiers : Mes documents et Documents publics, ainsi que le révèle la Figure 4.6.

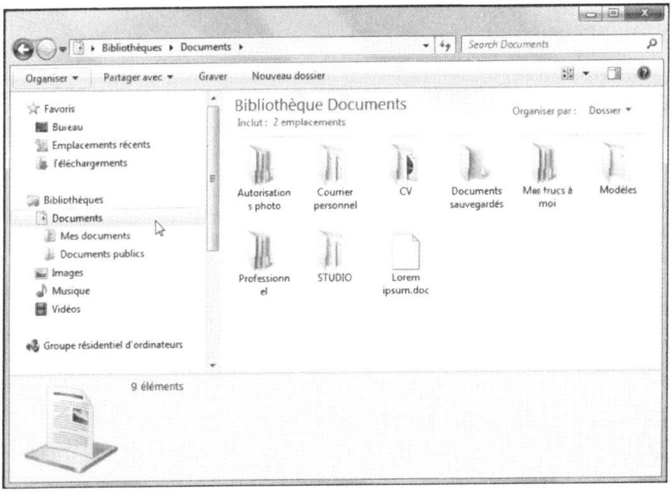

Figure 4.6 : Cette bibliothèque Documents affiche le contenu de deux dossiers : Mes documents et Documents publics.

Quand vous stockez des fichiers dans d'autres emplacements, dans un disque dur portable par exemple, voire dans un autre ordinateur du réseau, ajoutez ces emplacements externes à la bibliothèque de votre choix en procédant comme suit :

1. **Cliquez sur le mot Emplacements, en haut à gauche du volet contenant les dossiers.**

   Le chiffre précédant le mot Emplacements varie selon le nombre de dossiers appartenant à la bibliothèque. Cliquez sur ce mot affiche la fenêtre Emplacement de bibliothèque Documents que montre la Figure 4.7

2. **Cliquez sur le bouton Ajouter.**

   La fenêtre Inclure dans le dossier Documents apparaît.

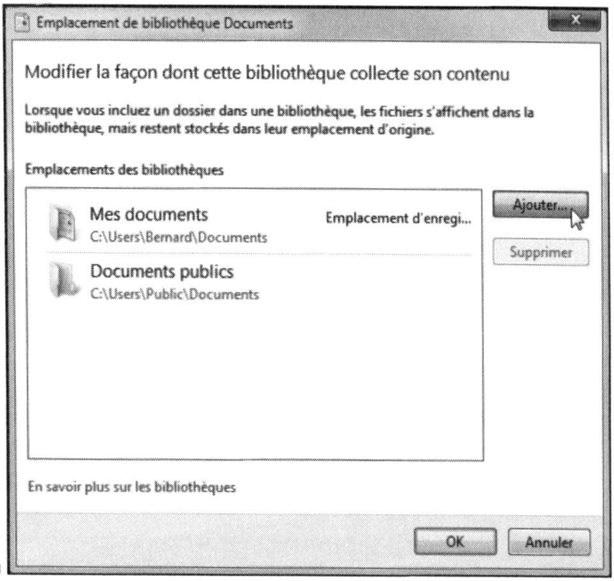

Figure 4.7 : La fenêtre Emplacement de bibliothèque Documents liste tous les dossiers appartenant à la bibliothèque Documents.

3. **Naviguez jusqu'au dossier à ajouter, cliquez dessus puis cliquez sur le bouton Inclure le dossier.**

   La bibliothèque se met automatiquement à jour et affiche le nouveau dossier avec les autres.

- Vous pouvez ajouter autant de dossiers que vous le désirez à une bibliothèque. C'est commode lorsque vos morceaux de musique, par exemple, sont dispersés dans différents emplacements. La bibliothèque montrera toujours le contenu à jour de l'ensemble de vos morceaux.
- Pour ôter un dossier d'une bibliothèque, répétez la première étape, puis cliquez sur le dossier à éliminer. Cliquez ensuite sur le bouton Supprimer.
- Vous pouvez créer d'autres bibliothèques en fonction de vos nécessités : cliquez du bouton droit sur le bouton Bibliothèques, dans le volet de navigation, et dans le menu contextuel, choisissez Nouveau > Bibliothèque. Une nouvelle bibliothèque est créée, prête à être renommée. Placez-y des dossiers à surveiller en procédant comme expliqué précédemment aux Étapes 1 à 3.
- Les bibliothèques de Windows 7 vous prennent la tête ? Éliminez-les toutes. Pour ce faire, cliquez du bouton droit sur l'une

d'elles dans le volet de navigation et choisissez Supprimer. Tous vos fichiers restent intacts car vous ne supprimez que la bibliothèque, mais pas son contenu. Pour récupérer toutes les bibliothèques de Windows 7, cliquez du bouton droit sur Bibliothèques et dans le menu contextuel, choisissez Restaurer les bibliothèques par défaut.

Créer un nouveau dossier

Pour créer rapidement un nouveau fichier, cliquez sur Organiser, parmi les boutons de la barre de commandes du dossier, et choisissez Nouveau dossier, dans le menu contextuel. Si la barre n'est pas visible, voici une technique sûre et éprouvée :

1. **Cliquez du bouton droit dans le dossier et choisissez Nouveau.**

   Le tout-puissant menu contextuel apparaît sur le côté.

2. **Sélectionnez Dossier.**

   Choisissez Dossier, comme le montre la Figure 4.8, et un sous-dossier apparaît dans le dossier où vous avez cliqué, prêt à être nommé.

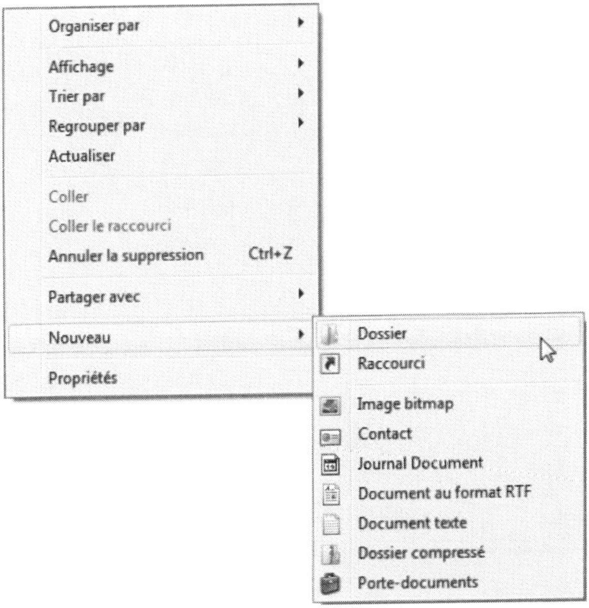

Figure 4.8 : Cliquez du bouton droit là où vous désirez créer un sous-dossier. Dans le menu, choisissez Nouveau, puis Dossier.

3. **Tapez le nom du nouveau dossier.**

   Tout dossier venant d'être créé porte le nom peu attrayant de Nouveau dossier. Dès que vous tapez au clavier, Windows 7 l'efface et le remplace par le nom que vous avez choisi. C'est fait ? Validez le nouveau nom, soit en appuyant sur Entrée, soit en cliquant ailleurs.

   Si vous vous êtes fourvoyé et que vous désirez recommencer, cliquez du bouton droit sur le dossier, choisissez Renommer et recommencez.

- Certains caractères et symboles sont interdits. L'encadré "Les noms de dossiers et de fichiers admis" donne des détails. Vous n'aurez jamais de problème en vous en tenant aux bons vieux chiffres et lettres.

Les noms de dossiers et de fichiers admis

Windows est plus que pinailleur sur les caractères utilisables ou non pour des noms de fichier ou de dossier. Pas de problème si vous n'utilisez que des lettres, des chiffres et certains signes comme le tiret, le point d'exclamation, l'apostrophe, le signe de soulignement, *etc.* En revanche, les caractères que voici sont interdits :

: / \ * | < > ? "

Si vous tentez de les utiliser, Windows 7 affichera un message d'erreur et vous devrez modifier le nom que vous comptiez attribuer. Voici quelques noms de fichiers inutilisables :

1/2 camembert

Travail : fini !

UN>DEUX

Pas de "gros mots" ici

En revanche ces noms sont admis :

La moitié d'un camembert

Travail = OK

Deux est plus grand qu'un

#@$% de !!! et j'en dis pas plus !

Renommer un fichier ou un dossier

Un nom de fichier ou de dossier ne convient plus ? Modifiez-le. Pour ce faire, cliquez du bouton droit sur l'icône incriminée puis, dans le menu, choisissez Renommer.

Windows sélectionne l'ancien nom du fichier, qui disparaît aussitôt que vous commencez à taper le nouveau. Appuyez sur Entrée ou cliquez dans le Bureau pour le valider.

Ou alors, vous pouvez cliquer sur le nom du fichier ou du dossier afin de le sélectionner, attendre une seconde puis cliquez de nouveau dans le nom afin de modifier tel ou tel caractère. Sélectionner le nom et appuyer sur la touche F2 est une autre technique de renommage.

Sélectionner des lots de fichiers ou de dossiers

La sélection d'un fichier, d'un dossier ou de tout autre élément peut sembler particulièrement ennuyeuse, mais c'est le point de passage obligé pour une foule d'autres actions : supprimer, renommer, déplacer, copier et bien d'autres bons plans que nous aborderons d'ici peu.

Pour sélectionner un seul élément, cliquez dessus. Pour sélectionner plusieurs fichiers et dossiers épars, maintenez la touche Ctrl enfoncée tout en cliquant sur les noms ou sur les icônes. Chacun reste en surbrillance.

Pour sélectionner une plage de fichiers ou de dossiers, cliquez sur le premier puis, la touche Majuscule enfoncée, cliquez sur le dernier. Ces deux éléments ainsi que tous ceux qui se trouvent entre sont sélectionnés (en surbrillance, dans le jargon informatique).

TRUC

Windows 7 permet aussi de sélectionner des fichiers et des dossiers avec le lasso. Cliquez à proximité d'un fichier ou d'un dossier à sélectionner puis, bouton de la souris enfoncé, tirez de manière à englober les fichiers et/ou dossiers à sélectionner. Un rectangle coloré montre l'aire de sélection. Relâchez le bouton de la souris. Le lasso disparaît, mais les fichiers englobés restent sélectionnés.

- Il est possible de glisser et déposer de gros ensembles de fichiers aussi facilement que vous en déplacez un seul.
- Vous pouvez simultanément couper, copier ou coller ces gros ensembles à n'importe quel autre emplacement, par n'importe laquelle des techniques décrites dans la section "Copier ou déplacer des fichiers et des dossiers", plus loin dans ce chapitre.

- Ces gros ensembles de fichiers et de dossiers peuvent être supprimés d'un seul appui sur la touche Suppr.

Se débarrasser d'un fichier ou d'un dossier

Pour supprimer rapidement, cliquez sur l'élément condamné et appuyez sur la touche Suppr. Le glisser et le déposer dans la Corbeille produit le même effet.

L'option Supprimer supprime la totalité d'un dossier, y compris tous les fichiers et sous-dossiers qui s'y trouvent. Assurez-vous d'avoir choisi le bon dossier à jeter avant d'appuyer sur Suppr.

- Après avoir choisi Supprimer, Windows demande confirmation. Si vous êtes sûr, cliquez sur Oui. Si vous êtes lassé de cette sempiternelle question, cliquez du bouton droit sur la Corbeille, choisissez Propriétés puis décochez la case Afficher la demande de confirmation de la suppression. Windows supprime désormais sans autre forme de procès.

- Assurez-vous plutôt deux fois qu'une de ce que vous faites lorsque vous supprimez une icône arborant une petite roue dentée. Ces fichiers sont généralement des fichiers techniques sensibles, cachés, que vous n'êtes pas censé bidouiller.

- Les icônes avec une petite flèche dans un coin sont des raccourcis, autrement dit des boutons qui se contentent de pointer vers des fichiers à ouvrir. Les supprimer n'élimine en aucun cas le fichier ou le programme, qui ne sont en rien affectés.
- Maintenant que vous savez supprimer des fichiers, assurez-vous d'avoir lu le Chapitre 2 qui explique différentes manières de les récupérer au besoin. Un conseil en cas d'urgence : ouvrez la Corbeille, cliquez du bouton droit sur le fichier et choisissez Restaurer (c'est ça, la restauration rapide...).

Copier ou déplacer des fichiers et des dossiers

Pour copier ou déplacer des fichiers vers d'autres dossiers du disque dur, il est parfois plus facile d'effectuer un glisser-déposer avec la souris. Par exemple, voici comment déplacer le fichier Voyageur.txt du dossier Maison vers le dossier Maroc (la juxtaposition des fenêtres est expliquée au Chapitre 3).

1. **Positionnez le pointeur de la souris sur le fichier ou le dossier à déplacer.**

Il s'agit en l'occurrence du fichier Voyageur.

2. **Le bouton droit de la souris enfoncé, déplacez l'élément jusqu'à ce qu'il se trouve sur le dossier de destination.**

   Comme le révèle la Figure 4.9, le fichier Voyageur est glissé du dossier Maison jusque dans le dossier Maroc (la juxtaposition des dossiers est expliquée au Chapitre 3).

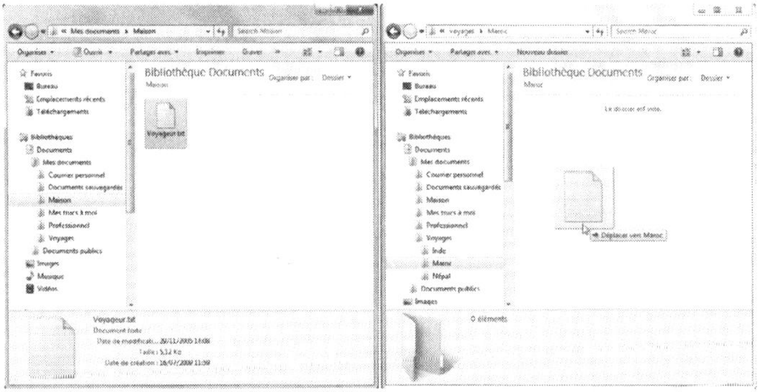

Figure 4.9 : Faites glisser un fichier ou un dossier d'une fenêtre à une autre.

   Le fichier suit le pointeur de la souris, tandis que Windows 7 indique que vous déplacez un fichier (Figure 4.9). Veillez à ce que le bouton droit reste enfoncé pendant toute la manœuvre.

   Faites toujours glisser l'icône avec le bouton droit de la souris. Windows 7 présentera ainsi un menu contextuel proposant des options lorsque vous positionnerez l'icône, et vous pourrez choisir de copier, déplacer ou créer un raccourci. Lorsque vous utilisez le bouton gauche, Windows 7 ne sait parfois pas si vous désirez copier ou déplacer.

3. **Relâchez le bouton de la souris et, dans le menu, choisissez Copier ici, Déplacer ici ou Créer les raccourcis ici.**

À vrai dire, glisser et déposer un dossier est très facile. Le plus dur est d'afficher à la fois le dossier d'origine et le dossier de destination, notamment quand l'un d'eux est profondément enfoui dans l'ordinateur.

Si le glisser-déposer prend trop de temps, Windows propose quelques autres manières de copier ou déplacer des fichiers. Certains des outils qui suivent seront plus ou moins appropriés selon l'arrangement de l'écran :

- **Les menus contextuels :** Cliquez du bouton droit sur un fichier ou sur un dossier et choisissez Couper ou Copier. Cliquez ensuite du bouton droit dans le dossier de destination et choisissez Coller. C'est simple, ça fonctionne à tous les coups et il n'est pas nécessaire d'afficher deux fenêtres à l'écran.

- **Les commandes de la barre de menus :** Cliquez sur le fichier et appuyez sur Alt pour révéler les menus cachés du dossier. Dans le menu, cliquez sur Édition et choisissez Copier dans un dossier ou Déplacer vers un dossier. Une nouvelle fenêtre apparaît, répertoriant tous les lecteurs de l'ordinateur. Cliquez dans un lecteur et dans ses dossiers pour atteindre le dossier de destination, et Windows se charge d'exécuter la commande Copier ou Déplacer. Un peu laborieuse, cette technique convient si vous connaissez l'emplacement exact du dossier de destination.
- **L'affichage des dossiers dans le Volet de navigation :** Décrit à la section "Le Volet de navigation", au Chapitre 3, le bouton Dossiers affiche la liste des dossiers dans le Volet de navigation, ce qui permet d'y déposer facilement des fichiers, sans la corvée de devoir ouvrir le dossier de destination.

Graver des CD et des DVD

La plupart des ordinateurs actuels savent graver des CD ou des DVD. Pour savoir si votre lecteur de CD et aussi un graveur, ôtez tout disque se trouvant dans le tiroir, puis ouvrez Ordinateur à partir du menu Démarrer et examinez l'icône du lecteur. Si les lettres RW sont indiquées, c'est un graveur.

Lecteur DVD CD-RW (E:)

Si le lecteur porte la mention DVD/CD-RW, comme sur l'icône en marge, cela signifie qu'il est capable de lire et de graver des CD, mais seulement de lire – et non graver – des DVD.

Lecteur DVD RW (E:)

Si le lecteur porte la mention Lecteur DVD-RW, il peut lire et graver des CD et aussi des DVD.

Acheter des CD et DVD vierges pour la gravure

Il existe deux types de CD : les CD-R (comme *Recordable,* "enregistrable", en anglais) et CD-RW (comme *ReWritable,* "réinscriptible"). Voici la différence :

- **CD-R :** La plupart des gens achètent des CD-R car ils sont bon marché et sont parfaits pour stocker de la musique ou des fichiers. Vous pouvez graver les données jusqu'à ce qu'ils soient pleins, mais c'est tout. Il est impossible de modifier le contenu.

Ce n'est pas un problème car ceux qui utilisent ce support évitent ainsi le risque que leurs CD soient effacés. Ils sont aussi utilisés pour les sauvegardes.

- **CD-RW :** Les CD réinscriptibles servent notamment à faire des sauvegardes temporaires. Vous pouvez les graver tout comme un CD-R, à la différence près que le CD-RW peut être entièrement effacé – l'effacement partiel est impossible – et réutilisé. Ce type de CD est cependant plus onéreux.

À l'instar des CD, les DVD existent eux aussi en versions enregistrables et réinscriptibles. Hormis cela, c'est la pagaille : les fabricants multiplient les formats, semant la confusion parmi les consommateurs. Avant d'acheter des DVD vierges, vérifiez les formats acceptés par votre lecteur : DVD-R, DVD-RW, DVD+R, DVD+RW et/ou DVD-RAM. La plupart des lecteurs récents reconnaissent les quatre premiers formats, ce qui facilite votre choix.

- La vitesse de rotation du disque, indiquée par l'opérateur × (comme dans 8×, 40×...) indique la rapidité de la gravure : généralement 52× pour un CD et 16× pour un DVD.
- Les CD vierges sont bon marché. Pour un essai, demandez-en un à un ami : si la gravure s'effectue sans problème, achetez-en d'autres du même type. En revanche, les DVD vierges étant plus chers, il vous sera plus difficile d'en obtenir un pour un test.
- Bien que Windows 7 gère parfaitement les tâches de gravure de CD simples, il est extraordinairement compliqué lorsqu'il s'agit de copier des CD audio. La plupart des utilisateurs renoncent rapidement et préfèrent s'en remettre à des logiciels de gravure tiers, comme ceux édités par Roxio ou Nero.
- La copie des CD audio et des DVD est soumise aux lois protégeant les droits d'auteur.

Copier des fichiers depuis ou vers un CD ou un DVD

Voici les règles régissant la création d'un disque :

- **Musique :** Vous utiliserez le Lecteur Windows Media pour gérer tous vos fichiers musiques.
- **Films et diaporamas :** Vous utiliserez pour cela le nouveau programme DVD Maker.

Mais il en va différemment si vous désirez seulement copier des fichiers informatiques sur un CD ou un DVD, à des fins de sauvegarde ou pour les envoyer à quelqu'un.

Suivez ces étapes pour graver des fichiers sur un CD ou un DVD vierge (si vous ajoutez les données à un disque qui en contient déjà, passez à l'Étape 4).

Remarque : Si vous avez installé un logiciel de gravure tiers dans votre PC, il risque de démarrer automatiquement dès l'insertion du CD, outrepassant toutes les étapes. Vous devrez le désactiver si vous désirez graver avec Windows 7 ou tout autre programme. Cliquez ensuite sur l'icône du lecteur et choisissez Ouvrir la lecture automatique. Vous pourrez ainsi indiquer à Windows comment il doit réagir à l'insertion d'un CD vierge.

1. **Insérez le disque vierge dans le graveur et choisissez Graver les fichiers sur un disque.**

   Windows 7 réagit différemment selon que vous insérez un CD ou un DVD.

   CD : Windows 7 propose deux options :

   - **Graver un CD audio :** Cette option demande au Lecteur Windows Media de créer un CD audio lisible par la plupart des lecteurs de CD.
   - **Graver les fichiers sur un disque :** Choisissez cette option pour copier des fichiers sur un CD.

   DVD : Windows 7 offre une seule option :

   - **Graver les fichiers sur un disque :** Choisissez cette option pour copier des fichiers informatiques sur le DVD.

2. **Saisissez le nom à attribuer au disque puis cliquez sur Suivant.**

   Après avoir inséré le disque et choisi Graver les fichiers sur un disque, à l'Étape 1, Windows 7 affiche la boîte de dialogue Graver un disque et vous demande de trouver un titre pour le disque.

   Hélas, Windows 7 limite la longueur des titres des CD et DVD à 16 caractères. Au lieu de taper **Pique-nique familial à Trifouilly-les-Oies en 2009**, vous devrez vous limiter à **Trifouilly 2009**. Ou vous contenter de cliquer sur Suivant et accepter le nom par défaut imposé par Windows 7 : la date du jour.

   Windows peut graver le disque afin de l'utiliser de deux manières :

- **Comme un lecteur flash USB :** Un lecteur flash USB est en réalité une clé USB. Cette méthode permet d'écrire et de lire des fichiers plusieurs fois sur le disque. C'est une manière commode de transporter des fichiers. Le disque est malheureusement illisible par les lecteurs de CD et de DVD de salon.
- **Avec un lecteur de CD/DVD :** Choisissez cette méthode si le disque doit pouvoir être lu par votre chaîne stéréo.

Après avoir entré un nom, Windows 7 se prépare à recevoir les fichiers qu'il devra graver. Pour le moment, la fenêtre du disque est vide.

3. **Indiquez à Windows 7 les fichiers qu'il doit graver.**

Le disque étant prêt à recevoir des données, il indique à Windows 7 où il les trouvera. Vous pouvez le faire de diverses manières :

- Cliquez du bouton droit sur l'élément à copier, qu'il s'agisse d'un seul fichier, d'un dossier, ou d'un ensemble de fichiers et de dossiers sélectionnés. Dans le menu contextuel qui apparaît, choisissez Envoyer vers puis sélectionnez le graveur.
- Faites glisser les fichiers et/ou les dossiers et déposez-les sur la fenêtre du graveur, ou sur l'icône du graveur, dans la fenêtre Ordinateur.

- Choisissez le bouton Graver, dans la barre de commandes de n'importe quel dossier du dossier Musique. Tous les dossiers de musique – ou les fichiers audio sélectionnés – seront copiés sur le disque en tant que fichiers informatiques, lisibles par les chaînes stéréo et autoradio capables de lire des fichiers aux formats WMA ou MP3.

- Choisissez le bouton Graver, dans la barre de commandes de n'importe quel dossier du dossier Images. Toutes les photos du dossier Images – ou celles que vous avez sélectionnées – seront copiées sur le disque, à des fins de sauvegarde ou pour les diffuser autour de vous.

- Choisissez le bouton Graver, dans la barre de commandes de n'importe quel dossier du dossier Documents. Les fichiers qui s'y trouvent seront copiés sur le disque.
- Demandez au logiciel que vous utilisez actuellement d'enregistrer le fichier sur le disque compact plutôt que sur le disque dur.

Quelle que soit la technique choisie, Windows 7 examine scrupuleusement les données puis les grave sur le disque.

4. **Fermez la session de gravure en éjectant le disque.**

Quand vous avez fini de copier des fichiers sur un disque, indiquez-le à Windows 7 en fermant la fenêtre Ordinateur : double-cliquez sur le petit X dans le coin supérieur droit de la fenêtre.

Appuyez ensuite sur le bouton d'éjection du disque, ou cliquez du bouton droit sur l'icône du lecteur, dans Ordinateur, et choisissez Éjecter. Windows 7 ferme la session en veillant à ce que le disque soit lisible par d'autres PC.

Par la suite, vous pouvez graver d'autres fichiers sur le même disque jusqu'à ce que Windows vous informe qu'il est plein. Vous devrez alors mettre fin à la gravure, comme à l'Étape 4 précédemment, insérer un disque vierge puis tout recommencer à partir de l'Étape 1.

TRUC

Si vous tentez de copier un ensemble de fichiers plus volumineux que ce que peut héberger le disque, Windows 7 le signalera aussitôt. Réduisez le nombre de fichiers à copier sur un disque en les répartissant sur plusieurs.

Dupliquer un CD ou un DVD

Windows 7 ne possède pas de commande de duplication de disque compact. Il n'est pas capable de copier un CD audio, ce qui explique pourquoi beaucoup de gens achètent des logiciels de gravure.

Il est cependant possible de copier tous les fichiers d'un CD ou d'un DVD dans un disque vierge en procédant en deux étapes :

1. **Copiez les fichiers et dossiers du CD ou du DVD dans un dossier de votre PC.**

2. **Copiez le contenu de ce dossier sur un CD ou un DVD vierge.**

Vous obtenez ainsi une copie du CD ou du DVD, commode lorsque vous tenez à conserver deux sauvegardes essentielles.

Ce procédé ne fonctionne pas avec un CD audio ou un film sur DVD (j'ai essayé). Seuls les disques contenant des programmes ou des données informatiques peuvent être dupliqués.

La plupart des programmes permettent d'enregistrer directement sur un CD. Choisissez Fichier, puis Enregistrer, et sélectionnez le graveur. Insérez un disque dans le lecteur – de préférence pas trop plein – pour démarrer le processus.

Deuxième partie

Travailler avec les programmes et les fichiers

Dans cette partie...

Vous venez de faire connaissance avec Windows 7 et d'apprendre les bases de son utilisation, notamment cliquer çà et là.

Dans cette partie du livre, vous vous mettez vraiment au travail. C'est ici que vous apprendrez à démarrer des programmes, à ouvrir des fichiers, à créer et enregistrer les vôtres, et imprimer vos œuvres. Vous saurez aussi tout sur les incontournables commandes couper, copier et coller.

Et si des fichiers prennent soudainement la clé des champs – c'est dans leur nature –, le Chapitre 6 vous expliquera comment lancer des chiens policiers virtuels à leur recherche pour les ramener au bercail.

Chapitre 5

Programmes et documents

Dans ce chapitre

- Ouvrir un programme ou un document
- Changer le programme qui ouvre un document
- Créer un raccourci
- Couper ou copier, et coller

Dans Windows, les *programmes* – ou logiciels – sont vos outils. Ils vous permettent de calculer, d'écrire et d'abattre des vaisseaux spatiaux. En revanche, les documents sont ce que vous créez à l'aide d'un programme : une feuille de calcul révélant que vous vivez au-dessus de vos moyens, une lettre à l'eau de rose, les scores de vos jeux.

Démarrer un programme

Cliquer sur le bouton Démarrer déploie le menu Démarrer, qui est la rampe de lancement de vos programmes. Ce menu est remarquablement intuitif. Par exemple, si Windows 7 s'aperçoit que vous gravez beaucoup de DVD, le menu Démarrer place l'icône du programme DVD Maker en bonne place dans la liste, comme l'illustre la Figure 5.1.

Votre programme favori n'est pas visible dans le menu Démarrer ? Cliquez sur Tous les programmes, en bas du menu. Il propose une liste exhaustive de tous les programmes installés dans l'ordinateur, dûment répertoriés. Le programme n'est toujours pas visible ? Il se trouve sans aucun doute dans l'un des dossiers de Tous les programmes. Cliquez sur l'un ou l'autre de ces dossiers pour le découvrir (NdT : Ces dossiers portent souvent le nom de l'éditeur du programme).

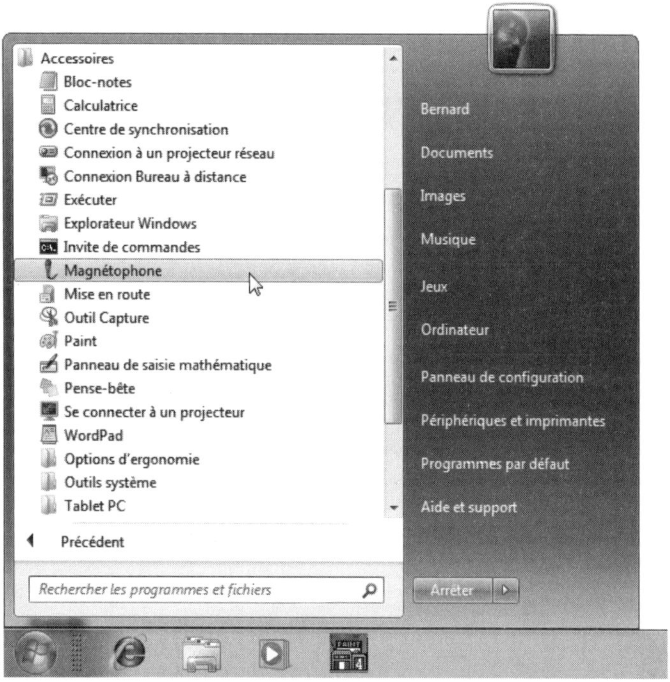

Figure 5.1 : Cliquez sur le bouton Démarrer puis sur le programme à ouvrir.

Après avoir repéré le programme, cliquez sur son nom. Il s'ouvre sur le Bureau, prêt à l'emploi.

Si le programme ne figure pas dans le menu Démarrer, Windows propose plusieurs moyens de l'ouvrir, dont ceux-ci :

- Ouvrez le dossier Documents dans le menu Démarrer, et double-cliquez sur le fichier sur lequel vous comptez travailler. Le programme approprié démarre et ouvre le fichier en question.
- Double-cliquez sur un *raccourci* du programme. Les raccourcis, souvent créés sur le Bureau, sont des boutons très commodes pour démarrer des programmes ou ouvrir des fichiers. Ils sont décrits en détail à la section "Prendre un raccourci", plus loin dans ce chapitre.
- Si l'icône du programme se trouve dans la barre d'outils Lancement rapide – elle jouxte le menu Démarrer –, cliquez dessus et le programme entre en action (la barre d'outils Lancement rapide est décrite au Chapitre 2).

- Cliquez du bouton droit sur le Bureau, choisissez Nouveau et sélectionnez le type de document à créer. Windows démarrera le programme approprié.
- Tapez le nom du programme dans le champ Rechercher, en bas du menu Démarrer, et appuyez sur Entrée.

Il existe encore d'autres moyens de démarrer un programme, mais ceux-ci sont les plus pratiques. Le menu Démarrer est décrit plus en détail au Chapitre 2.

Ouvrir un document

Windows 7 adore tout ce qui est normalisé. La preuve ? Tous les programmes chargent les documents – souvent appelés "fichiers" – et les ouvrent de la même manière :

1. **Cliquez sur l'option Fichier, dans la barre de menus située en haut de n'importe quel programme.**

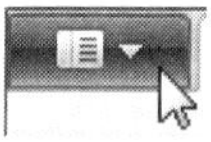

   Pas de barre de menus ? Appuyez sur Alt pour la faire apparaître. Toujours pas de barre de menus ? Dans ce cas, c'est sûrement parce que ce programme est doté de la nouvelle présentation des commandes appelée *ruban,* autrement dit un épais bandeau contenant des icônes réunies par groupes. Si c'est le cas, cliquez sur le bouton Office, dans la marge, pour accéder au menu Fichier.

2. **Dans le menu Fichier, choisissez Ouvrir.**

   La boîte de dialogue Ouvrir (Figure 5.2), suscite une impression de déjà-vu, et pour cause : elle ressemble et se comporte comme le dossier Documents décrit au Chapitre 4.

   Il y a cependant une grande différence : cette fois, le dossier ne montre que les fichiers que le programme est capable d'ouvrir. Il exclut tous les autres.

3. **Vous avez vu la liste de documents dans la boîte de dialogue Ouvrir, à la Figure 5.2 ? Cliquez sur le document désiré puis cliquez sur le bouton Ouvrir.**

   Le programme ouvre le fichier et affiche son contenu.

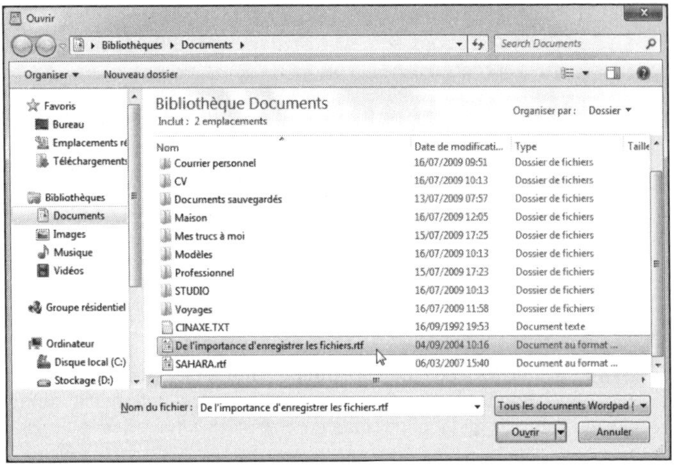

Figure 5.2 : Double-cliquez sur le nom du fichier à ouvrir.

Enregistrer un document

Enregistrer signifie que vous inscrivez votre travail sur la surface magnétique d'un disque dur ou sur tout autre support afin de le conserver. Tant qu'un travail n'est pas enregistré, il réside dans la mémoire vive de l'ordinateur, qui est vidée dès que l'ordinateur est éteint. Vous devez spécifiquement demander à l'ordinateur d'enregistrer votre travail en lieu sûr.

Fort heureusement, Microsoft a imposé que la même commande Enregistrer apparaisse dans tous les programmes de Windows 7, et cela quel qu'en soit le programmeur ou l'éditeur. Voici plusieurs moyens d'enregistrer un fichier :

- Cliquez sur Fichier, dans la barre de menus, puis choisissez Enregistrer. Windows propose toujours un emplacement par défaut pour stocker le fichier. Acceptez-le ou choisissez-en un autre, le Bureau par exemple. Appuyer sur la touche F puis sur la touche E produit le même résultat.

- Cliquez sur l'icône Enregistrer, dans la barre d'outils.
- Appuyez sur Ctrl + S (ici le S est celui du mot anglais *Save,* "enregistrer").

Quand vous enregistrez pour la première fois, Windows 7 demande d'indiquer le nom du fichier. Efforcez-vous d'être descriptif et de n'utiliser que des lettres, des chiffres et des espaces (NdT : Tiret, apostrophe, parenthèses et caractères accentués ou à cédille et signe de soulignement sont admis). N'essayez pas d'utiliser un des caractères interdits, décrits au Chapitre 4, car Windows 7 refuserait le nom.

- Choisissez toujours un nom descriptif pour vos fichiers. Windows 7 autorise 255 caractères, c'est-à-dire plus qu'il n'en faut. Un fichier nommé *Rapport de l'assemblée générale de 2010* ou *Prévisions des ventes* sera plus facile à retrouver qu'un fichier laconiquement nommé *Rapport* ou *Prévisions.*
- Vous pouvez enregistrer un fichier dans n'importe quel dossier, sur un CD voire sur une carte mémoire. Mais c'est en les enregistrant dans le dossier Documents que vous le retrouverez le plus facilement. Ne vous privez néanmoins pas d'enregistrer un deuxième exemplaire sur un CD, comme sauvegarde.
- La plupart des programmes peuvent enregistrer des fichiers directement sur un CD : choisissez Enregistrer, dans le menu Fichier puis, comme destination, sélectionnez le graveur de CD. Insérez un CD dans le lecteur, et c'est parti !
- Si vous travaillez sur quelque chose d'important – c'est presque toujours le cas –, utilisez la commande Enregistrer toutes les quelques minutes. Ou mieux, appuyez sur les touches Ctrl + S (touche Ctrl enfoncée, appuyez brièvement sur S). La première

Quelle est la différence entre Enregistrer et Enregistrer sous ?

Enregistrer sous quoi ? La table ? Le tapis ? Que nenni bonnes gens. La commande Enregistrer permet d'enregistrer un fichier sous un autre nom et/ou à un autre emplacement.

Supposons que le fichier *Ode à Tina* se trouve dans le dossier Documents et que vous désirez modifier quelques phrases. Vous désirez enregistrer cette modification, mais sans perdre la version originale. Pour conserver les deux versions de cette impérissable littérature, vous choisirez Enregistrer sous, et vous renommerez le fichier *Ode à Tina - Ajouts* (en plaçant le mot "ajouts" après le nom, vous préservez le classement en ordre alphabétique de vos fichiers).

Lors d'un premier enregistrement, les commandes Enregistrer et Enregistrer sous sont identiques : les deux vous invitent à nommer le fichier et à choisir son emplacement.

L'association (sans but lucratif) de fichiers

Tous les programmes ajoutent quelques caractères, appelés "extension de fichier", au nom des fichiers qu'ils créent. Cette extension identifie leur nature : quand vous double-cliquez sur un fichier, Windows s'enquiert de son extension pour savoir à quel programme il est lié. Par exemple, le Bloc-notes ajoute l'extension .txt (abrégé de "texte") à tous les fichiers qu'il crée : l'extension .txt est ainsi associée au Bloc-notes.

Normalement, Windows n'affiche pas les extensions, privant ainsi l'utilisateur lambda des subtilités de Windows, officiellement pour plus de sécurité. En effet, si l'extension est modifiée pour une raison ou pour une autre, Windows n'ouvrira plus le fichier comme prévu.

Procédez comme suit si vous tenez absolument à voir ces mystérieuses extensions :

1. **Dans un dossier, cliquez sur le bouton Organiser et, dans le menu déroulant, choisissez Options des dossiers et de recherche.**

   La boîte de dialogue Options des dossiers apparaît.

2. **Cliquez sur l'onglet Affichage, puis cliquez dans la case Masquer les extensions des fichiers dont le type est connu.**

   La case est décochée.

3. **Cliquez sur le bouton OK.**

   Les extensions de fichiers sont à présent affichées.

Notez que si deux fichiers de différentes origines ont la même extension, ils seront ouverts par le même programme. Maintenant que vous avez vu les extensions, masquez-les de nouveau en cochant la case Masquer les extensions des fichiers dont le type est connu.

Conclusion ? Ne modifiez jamais l'extension d'un fichier à moins de savoir exactement ce que vous faites. Autrement, Windows se tromperait de programme ou ne saurait plus lequel utiliser.

fois, le programme demandera d'indiquer le nom et l'emplacement du fichier, mais par la suite, le processus sera quasiment instantané.

Choisir le programme qui ouvre un fichier

Le plus souvent, Windows 7 sait quel programme utiliser pour ouvrir tel ou tel fichier. Double-cliquez sur un fichier, et Windows 7 démarre le programme, charge le fichier et l'ouvre. Mais quand il ne s'en sort plus, c'est à vous de jouer.

Les deux prochaines sections expliquent ce qu'il faut faire lorsqu'un fichier n'est pas ouvert par le programme prévu ou pire, si aucun programme n'est prévu pour l'ouvrir.

Si la notion d'association de fichiers – terme qui évoque l'association de malfaiteurs – vous intrigue, ne manquez pas de lire l'encadré qui aborde cet épineux sujet.

Mon fichier s'ouvre dans un autre programme !

Double-cliquer sur un fichier lance le programme approprié, généralement celui qui a servi à créer le document en question. Mais parfois, le programme qui apparaît n'est pas le bon. C'est fréquent avec les lecteurs de médias, qui s'approprient constamment et sans vergogne les associations avec les différents fichiers audio et vidéo.

Voici comment rétablir le bon programme lorsqu'un fichier s'ouvre dans un autre programme :

1. **Cliquez du bouton droit sur le fichier qui pose problème et, dans le menu contextuel, choisissez Ouvrir avec.**

   Comme le montre la Figure 5.3, Windows propose quelques-uns des programmes capables d'ouvrir ce type de fichier.

2. **Cliquez sur Choisir le programme par défaut et sélectionnez celui qui doit ouvrir le fichier.**

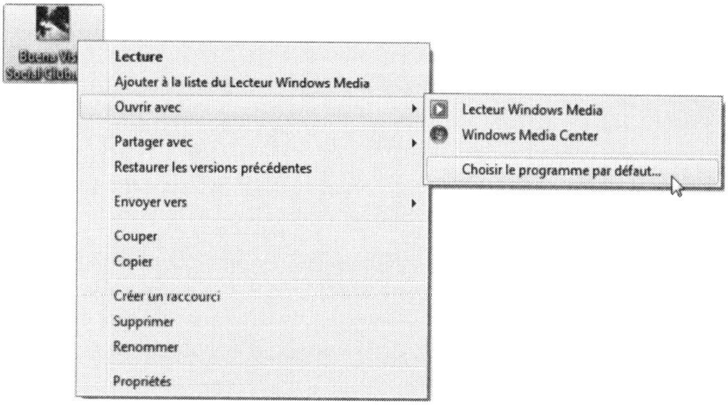

Figure 5.3 : Windows indique les programmes capables d'ouvrir ce type de fichier (ici, un fichier MP3).

La fenêtre Ouvrir avec, que montre la Figure 5.4, contient un autre programme capable d'ouvrir le fichier (selon le nombre de logiciels installés dans le l'ordinateur, cette liste peut être plus ou moins fournie). Vous pourriez dès à présent double-cliquer dessus pour ouvrir immédiatement le fichier. Mais cela n'empêcherait pas le problème de se reproduire la prochaine fois que vous ouvrirez le fichier. La prochaine étape règle cette difficulté.

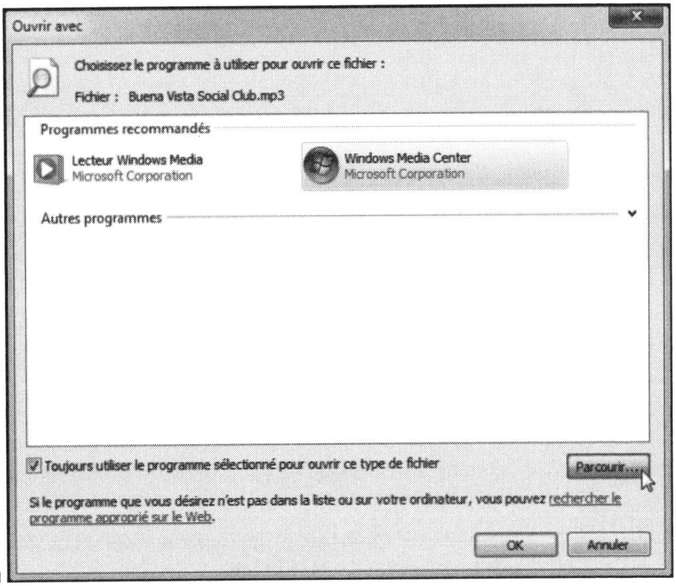

Figure 5.4 : Cliquez sur le bouton Parcourir si le programme à utiliser n'est pas affiché.

Si le programme à utiliser n'est pas affiché, vous devrez le chercher vous-même. Cliquez sur le bouton Parcourir et naviguez jusque dans le dossier où il se trouve (un conseil : immobilisez le pointeur de la souris sur les dossiers, et Windows listera quelques-uns des fichiers et programmes qui s'y trouvent).

3. **Cochez la case Toujours utiliser le programme sélectionné pour ouvrir ce type de fichier. Cliquez ensuite sur OK.**

   Cocher cette case crée une association. Par exemple, choisir Paint Shop Pro et cocher la case précitée oblige Windows à toujours ouvrir Paint Shop Pro chaque fois que vous double-cliquez sur le type de fichier associé à ce logiciel.

- Parfois, vous voudrez alterner entre deux programmes lorsque vous travaillez sur un même document. Pour ce faire, cliquez du bouton droit sur le document, choisissez Ouvrir avec puis sélectionnez le programme dont vous avez besoin à ce moment-là.

- Il est parfois impossible de faire en sorte que votre programme favori ouvre un fichier particulier tout simplement parce que le programme ne sait que faire. Par exemple, le Lecteur Windows Media lit les vidéos, sauf quand elles sont au format QuickTime, développé par Apple. La seule solution consiste alors à installer le logiciel QuickTime (www.apple.com/fr/quicktime/) et l'utiliser pour ouvrir ce type de vidéo.
- Pas moyen de trouver un programme pour ouvrir ce satané fichier ? Dans ce cas, vous lirez avec intérêt la prochaine section.

Aucun programme n'ouvre mon fichier !

Il est énervant de voir plusieurs programmes s'évincer les uns les autres pour ouvrir un type de fichier, mais c'est encore pire quand aucun programme ne parvient à le faire. Double-cliquer sur le fichier affiche l'ésotérique message d'erreur de la Figure 5.5.

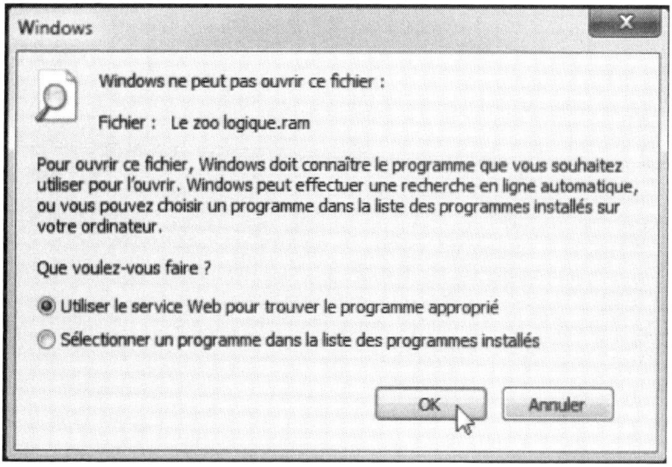

Figure 5.5 : Parfois, Windows est incapable d'ouvrir un fichier.

Si vous savez quel programme ouvre ce type de fichier, choisissez la seconde option, Sélectionner le programme dans la liste des programmes installés. Cette action fait apparaître la familière fenêtre de la Figure 5.4, permettant de choisir un programme et de cliquer sur OK pour ouvrir le fichier.

Mais si vous n'avez pas la moindre idée du programme susceptible d'ouvrir le mystérieux fichier, choisissez l'option Utiliser le service Web pour trouver le programme approprié, puis cliquez sur OK. Windows écume l'Internet à la recherche du programme idoine. Avec un peu de chance, Internet Explorer se rend sur le site Web de Microsoft et suggère un site d'où vous pourrez télécharger le programme approprié. Cette opération implique le téléchargement et l'installation du programme, après avoir vérifié son innocuité avec un logiciel antivirus. Le problème est alors résolu.

Parfois, Microsoft vous envoie directement vers un site Web, comme celui de la Figure 5.6, d'où vous pourrez télécharger le programme capable d'ouvrir votre fichier.

Figure 5.6 : Windows vous aide parfois à trouver le programme qui ouvrira un fichier orphelin.

- À la Figure 5.6, Microsoft a identifié un fichier *Real Video* et vous a envoyé directement sur le site permettant de télécharger et installer un lecteur gratuit, nommé RealPlayer, capable de lire les fichiers au format .ram.
- Quand vous visitez un site Web afin de télécharger un programme suggéré, comme QuickTime ou RealPlayer, deux versions sont parfois proposées : l'une gratuite, l'autre appelée

Professionnelle – car ça en jette – mais payante. La version gratuite répond souvent à vos besoins ; donc, commencez par elle.

- Quand vous essayez d'ouvrir une pièce jointe à un courrier électronique, vous risquez de recevoir un message du genre "Aucun programme associé à ce fichier ne parvient à exécuter l'action demandée". Ce message signifie simplement que le programme requis pour ouvrir ce fichier n'est pas installé dans l'ordinateur, ce qui nous amène au paragraphe ci-après.
- Si vous ne trouvez aucun programme capable d'ouvrir le fichier, vous êtes bien embêté... Il ne vous reste plus qu'à contacter la personne qui vous l'a remis en lui demandant avec quel programme il faut l'ouvrir. Dans le pire des cas, vous devrez l'acheter (NdT : Ou alors, demandez à l'expéditeur s'il lui est possible d'enregistrer le fichier dans un autre format, lisible par votre ordinateur).

Prendre un raccourci

Certains éléments sont profondément enfouis dans les dossiers de votre ordinateur. Si vous êtes lassé de parcourir l'arborescence des dossiers à la recherche d'un programme, d'un lecteur, d'un document, voire d'un site Web, créez un raccourci qui vous y mènera directement. C'est une petite icône qui pointe vers l'inavouable objet de votre désir, auquel vous accédez à présent d'un seul clic.

Un raccourci n'étant tout bonnement qu'un bouton indépendant qui démarre un élément, vous pouvez le déplacer, le supprimer ou le copier sans que l'original en pâtisse. Un raccourci est sûr, commode et facile à créer. Il est impossible de le confondre avec le programme lui-même à cause de la petite flèche dans son coin inférieur gauche, visible ici, dans la marge, sur le raccourci du jeu FreeCell.

Voici quelques instructions expliquant comment créer ces irremplaçables raccourcis :

- **Dossiers ou documents :** Cliquez du bouton droit sur le dossier ou le document, choisissez Envoyer vers et sélectionnez l'option Bureau (créer un raccourci). Après son apparition sur le Bureau, faites-le glisser et déposez-le où bon vous semble, y compris dans la zone Favoris du volet de navigation ou même dans le menu Démarrer.
- **Sites Web :** Vous avez remarqué la petite icône qui précède l'adresse du site Web dans la Barre d'adresse d'Internet Explorer ? Faites-la glisser et déposez-la sur le Bureau ou ailleurs (dé-

calez légèrement la fenêtre d'Internet Explorer vers l'extérieur afin d'avoir de la place pour votre manipulation). Vous pouvez aussi placer les sites Web intéressants parmi vos Favoris.

- **N'importe quel élément du menu Démarrer :** Cliquez du bouton droit sur une icône du menu Démarrer et choisissez Copier. Cliquez ensuite du bouton droit là où le raccourci doit apparaître et choisissez Coller le raccourci.
- **Presque n'importe quel élément :** Le bouton droit de la souris enfoncé, faites glisser un objet jusqu'à un autre emplacement. Le bouton relâché, choisissez l'option Créer les raccourcis ici.
- **Panneau de configuration :** Vous avez découvert un paramètre particulièrement intéressant dans le Panneau de configuration, qui est la plaque tournante de Windows 7 ? Tirez l'utile icône jusque sur le Bureau, jusque sur un dossier du Volet de navigation ou n'importe où ailleurs, et l'icône est aussitôt convertie en raccourci.
- **Lecteurs de disques :** Ouvrez Ordinateur, dans le menu Démarrer. Cliquez du bouton droit sur le lecteur désiré et choisissez Créer un raccourci. Windows le place sur le Bureau.

Le petit guide du Couper, Copier et Coller

Les programmes de Windows sont conçus pour travailler ensemble et partager des données, ce qui permet par exemple de placer très facilement le plan d'un quartier, préalablement numérisé avec un scanner, sur le carton d'invitation créé avec WordPad. Vous pouvez déplacer des fichiers en les coupant ou en les copiant, et en les collant ensuite à un autre emplacement. Rien n'est plus simple, dans un traitement de texte, que de couper un paragraphe et le coller ailleurs.

Avec Windows 7, toutes ces opérations s'effectuent sans peine parmi les fenêtres.

TRUC

Ne considérez pas le Copier et le Coller comme des broutilles. Copier le nom et l'adresse d'un contact est moins fastidieux que taper ces éléments dans la lettre. Et si quelqu'un vous envoie une adresse Internet à rallonges, il sera plus sûr – et là beaucoup moins fastidieux – de la copier et la coller dans la Barre d'adresse d'Internet Explorer. Il est aussi très facile de copier la plupart des images d'une page Web, au grand dam des photographes professionnels.

Le couper-coller facile

En accord avec le Département "Lâche-moi la grappe avec ces ennuyeux détails", voici, en trois étapes, comment couper, copier et coller :

1. **Sélectionnez l'élément à couper ou à coller : quelques mots, un fichier, une adresse Web ou n'importe quoi d'autre.**

2. **Cliquez du bouton droit dans la sélection et choisissez Couper ou Copier, dans le menu, selon vos besoins.**

   Utilisez *Couper* lorsque vous désirez déplacer un élément, et *Copier* lorsque vous voulez le dupliquer en laissant l'original intact.

   Les raccourcis clavier sont : Ctrl + X pour Couper, Ctrl + C pour Copier.

3. **Cliquez du bouton droit sur l'élément de destination et choisissez Coller.**

   Le raccourci clavier de Coller est Ctrl + V.

Les trois prochaines sections détaillent ces actions.

Sélectionner les éléments à couper ou à copier

Avant de trimballer des éléments ailleurs, vous devez indiquer à Windows 7 desquels il s'agit. Le meilleur moyen est de les sélectionner à la souris. Il suffit généralement de cliquer dessus, ce qui met les éléments en surbrillance.

- **Sélectionner du texte dans un document, un site Web ou une feuille de calcul :** Placez le pointeur de la souris au début des données à sélectionner puis cliquez et maintenez le bouton enfoncé. Tirez ensuite la souris jusqu'à l'autre bout des données. Cette action surligne – met en surbrillance – tout ce qui se trouvait entre le clic et l'endroit où vous avez libéré le bouton, comme l'illustre la Figure 5.7.

  Soyez prudent après avoir sélectionné du texte. Si vous appuyez accidentellement sur une touche, le *b* par exemple, Windows remplace toute la sélection par la lettre *b*. Pour corriger cette bourde, cliquez immédiatement sur Édition > Annuler, dans le menu, ou mieux, appuyez sur Ctrl + Z, le raccourci de cette commande.

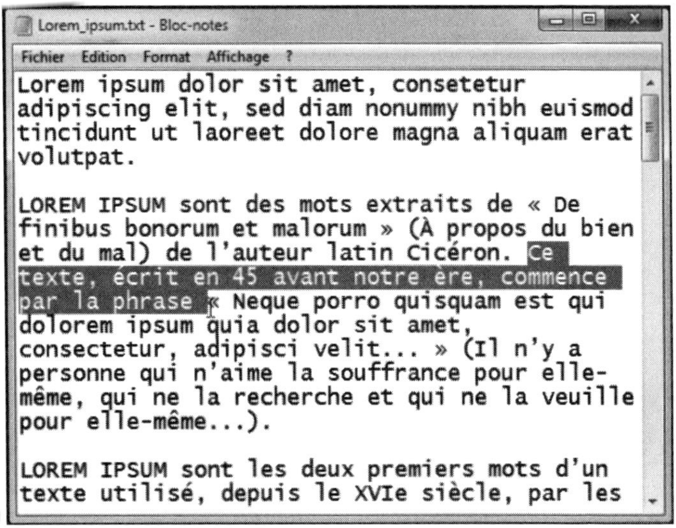

Figure 5.7 : Windows surligne le texte sélectionné – il le met en surbrillance – avec une autre couleur pour mieux le mettre en évidence.

- **Pour sélectionner un fichier ou un dossier :** Cliquez dessus pour le sélectionner. Procédez comme suit pour sélectionner plusieurs éléments :

  - **S'il s'agit d'une plage de fichiers :** Cliquez sur le premier de la série, maintenez la touche Majuscule enfoncée et cliquez sur le dernier. Windows sélectionne le premier élément, le dernier et tous ceux qui se trouvent entre.

  - **Si les fichiers sont éparpillés :** Maintenez la touche Ctrl enfoncée tout en cliquant sur les fichiers et les dossiers à sélectionner.

  Les éléments étant sélectionnés, la prochaine section explique comment les couper ou les copier.

- Après avoir sélectionné un élément, ne tardez pas à le couper ou à le copier. Car si vous cliquez distraitement ailleurs, votre sélection disparaît, vous obligeant à la refaire entièrement.

- Appuyez sur la touche Suppr pour supprimer un élément sélectionné, qu'il s'agisse d'un fichier, d'un paragraphe, d'une photo, *etc.*

Couper ou coller une sélection

Après avoir sélectionné des données, vous pouvez commencer à les manipuler, notamment les couper ou les copier, voire les supprimer en appuyant sur la touche Suppr.

N'OUBLIEZ PAS

Après avoir sélectionné un élément, cliquez dessus du bouton droit. Dans le menu contextuel, choisissez Couper ou Copier, selon vos besoins, comme le montre la Figure 5.8. Ensuite, cliquez dans la destination et choisissez Coller.

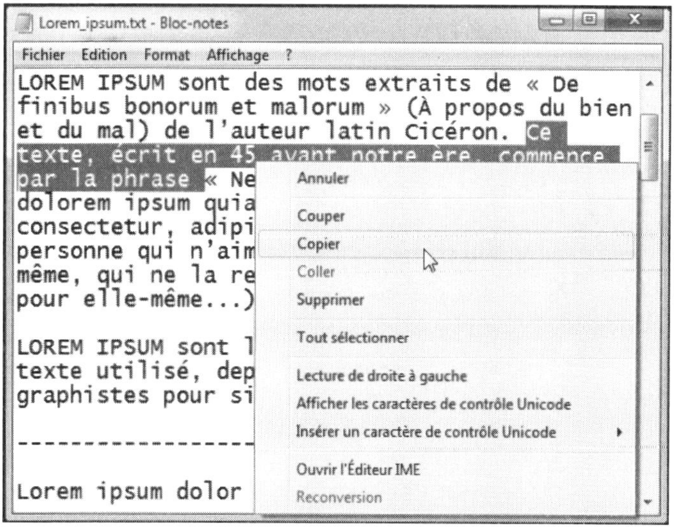

Figure 5.8 : Pour copier une sélection dans une autre fenêtre, cliquez du bouton droit dans la sélection et choisissez Copier.

Les options Couper et Coller sont fondamentalement différentes. Laquelle des deux faut-il choisir ?

- **Choisissez Couper pour déplacer des données.** Cette commande supprime les données sélectionnées, mais elles ne sont pas perdues. Windows les conserve en effet dans une fenêtre cachée de Windows, le Presse-papiers.

TRUC

Vous pouvez couper et coller des fichiers entiers dans différents dossiers. Quand vous coupez un fichier dans un dossier, l'icône du fichier s'assombrit jusqu'à ce que vous l'ayez collé (la faire disparaître serait trop stressant). Vous changez d'avis au cours de la manipulation ? Appuyez sur la touche Échap et l'icône redevient normale.

- **Choisissez Copier pour dupliquer des données.** Lorsque vous utilisez cette commande, rien ne semble se passer à l'écran, car les données originales subsistent. Elles n'en sont pas moins copiées dans le Presse-papiers.

Pour copier l'image du Bureau de Windows 7 dans le Presse-papiers, c'est-à-dire la totalité de l'écran, appuyez sur la touche Impr.écran (le nom peut parfois différer). Vous pourrez ensuite coller l'image où bon vous semble. NdT : Pour ne copier que la fenêtre active, appuyez sur Alt + Impr.écran.

Coller les données

Les données coupées ou copiées, qui résident à présent dans le Presse-papiers de Windows, sont prêtes à être collées à presque n'importe quel emplacement.

Coller est une opération relativement simple :

1. **Ouvrez la fenêtre de destination et cliquez là où les données doivent apparaître.**
2. **Cliquez du bouton droit et, dans le menu déroulant, choisissez Coller.**

   Et hop ! Les éléments que vous aviez coupés ou copiés apparaissent.

Ou alors, si vous voulez coller un fichier sur le Bureau, cliquez du bouton droit sur le Bureau et choisissez Coller. L'icône du fichier apparaît là où vous avez cliqué.

- La commande Coller insère une copie des données résidant dans le Presse-papiers. Elles y restent, prêtes à être collées ailleurs autant de fois que vous le désirez.
- La barre d'outils ou le ruban de nombreux programmes contient des boutons Couper, Copier et Coller, comme le montre la Figure 5.9.

Figure 5.9 : Les boutons Couper, Copier et Coller d'un ruban.

Annuler des actions

Windows propose une foule de manières d'exécuter une même action, mais quatre seulement pour accéder à la commande Annuler et corriger ainsi vos bourdes :

- La touche Ctrl enfoncée, appuyez sur Z. La dernière action est annulée. Si le programme comporte un bouton Rétablir, vous pouvez annuler une annulation.
- La touche Alt enfoncée, appuyez sur la touche Retour arrière. Windows fait marche arrière et récupère ce que vous venez de supprimer.
- Cliquez sur Édition et, dans le menu, choisissez Annuler. La dernière commande est aussitôt annulée.
- La touche Alt enfoncée, appuyez sur la touche E (comme Édition) puis A (comme Annuler). La dernière action est annulée.

Ne vous compliquez pas la vie à apprendre toutes ces techniques. Retenez Ctrl + Z et oubliez toutes les autres.

Chapitre 6

Vite perdu, plus vite retrouvé

Dans ce chapitre

- Retrouver des fenêtres et des fichiers égarés
- Retrouver des programmes, des courriers électroniques, et des documents

À un moment ou à un autre, Windows 7 vous laissera dans la perplexité : "Ce fichier était là il y a une seconde. Où a-t-il bien pu se cacher ?" Si Windows 7 se met à vous faire des cachotteries, ce chapitre vous expliquera où chercher ce qui semble avoir disparu et comment mettre fin à son jeu idiot.

Retrouver les fenêtres égarées sur le Bureau

Windows 7 ressemble plus à un pique-notes qu'à un bureau. Chaque fois que vous ouvrez une nouvelle fenêtre, c'est comme si vous placiez une autre note sur le pique. La fenêtre du dessus est facile à lire, mais atteindre l'une de celles d'en dessous est plus compliqué. Si une petite partie dépasse, il suffit de cliquer dessus pour la mettre au premier plan.

Quand une fenêtre est complètement recouverte par d'autres, recherchez-la dans la barre des tâches, en bas de l'écran (si elle ne veut pas se montrer, appuyez sur la touche Windows). Cliquez sur le nom de la fenêtre et la voilà qui émerge du tas. La barre des tâches est décrite au Chapitre 2.

Toujours introuvable ? Essayez la remarquable nouvelle vue en 3D de Windows 7 (voir Figure 6.1), où les fenêtres semblent léviter dans l'espace virtuel. La touche Windows enfoncée, appuyez plusieurs fois sur Tab, ou actionnez la molette de la souris pour placer tour à tour chaque fenêtre au premier plan (NdT : Pour faire défiler les fenêtres à rebours, maintenez aussi la touche Majuscule enfoncée). Lorsque la fenêtre désirée apparaît devant toutes les autres, relâchez la touche Windows.

Figure 6.1 : La touche Windows enfoncée, appuyez répétitivement sur Tab pour parcourir les fenêtres. Relâchez la touche Windows pour déposer la fenêtre au premier plan sur le Bureau.

Si votre PC n'est pas capable de gérer l'affichage en 3D de Windows 7, faute d'une carte graphique suffisamment puissante, maintenez la touche Alt enfoncée et appuyez sur Tab pour bénéficier de l'ancienne technique en deux dimensions, qui fonctionne tout aussi bien, voire mieux. Relâchez la touche Alt pour placer la fenêtre sélectionnée sur le Bureau.

Localiser un programme, un courrier électronique, un morceau de musique, un document...

Trouver une information sur l'Internet n'excède guère quelques minutes, même si la recherche doit porter sur des milliards de pages dispersées dans des milliers d'ordinateurs de par le monde. En revanche, retrouver un document dans votre PC peut s'avérer beaucoup plus ardu, voire vain.

Pour résoudre ces problèmes de recherche, Windows 7 s'est inspiré des moteurs de recherche comme celui de Google, et il a créé un index des principaux fichiers de votre PC. Pour trouver un fichier égaré, ouvrez le menu Démarrer et cliquez dans le champ Rechercher, en bas du panneau.

Tapez les premières lettres d'un mot, d'un nom ou d'une phrase figurant dans le fichier recherché. Dès que vous commencez à taper, le menu Démarrer propose une liste d'occurrences. Chaque lettre tapée affine la recherche. Après en avoir saisi suffisamment, le document perdu se retrouve en haut de la liste, d'où vous pouvez l'ouvrir d'un double-clic.

Par exemple, commencer à taper **Tiersen** dans le champ Rechercher du menu Démarrer affiche d'abord tous les fichiers commençant par la lettre "T" se trouvant dans l'ordinateur, puis par les lettres "Ti", "Tie", "Tier", "Tiers", comme à la Figure 6.2, et ainsi de suite.

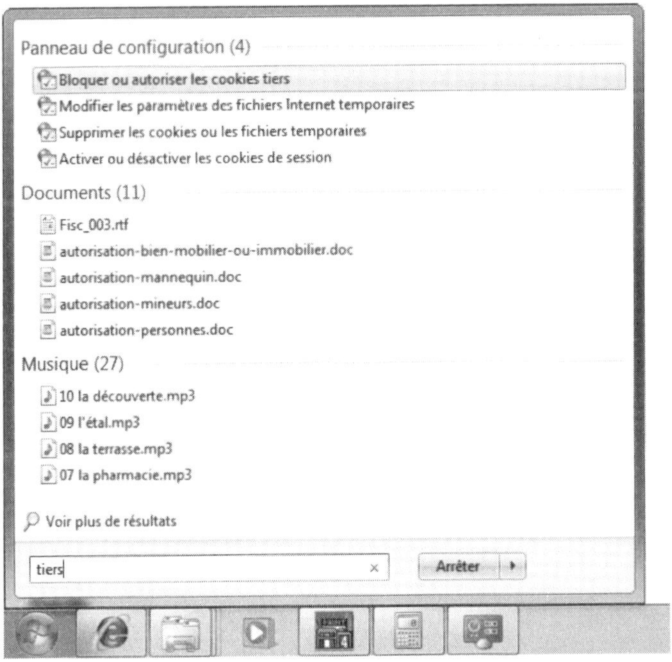

Figure 6.2 : Commencez à taper un mot, comme ici le début du mot "Tiersen", et Windows 7 localise tous les fichiers correspondants.

Après avoir appuyé sur la touche Entrée, la liste définitive des fichiers correspondant au critère de recherche est affichée (Figure 6.3).

- Windows 7 indexe tous les fichiers qui se trouvent dans les dossiers Documents, Images, Musique et Vidéos, d'où l'importance

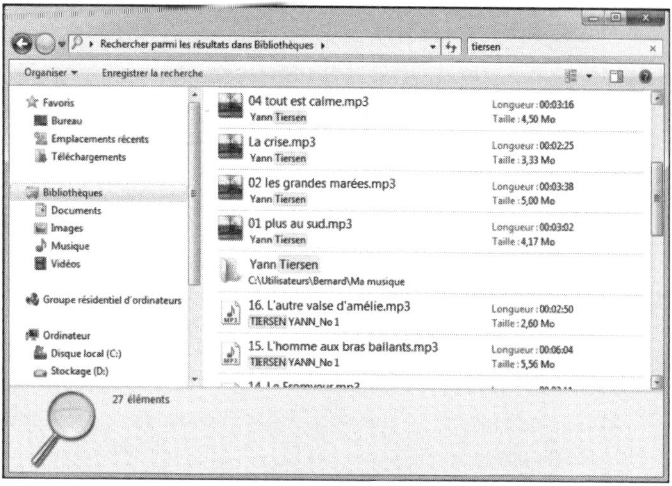

Figure 6.3 : Après avoir appuyé sur la touche Entrée, Windows 7 affiche la liste des fichiers trouvés.

de stocker vos fichiers dans ces emplacements. Notez qu'il n'autorise pas la recherche parmi les fichiers privés des autres comptes d'utilisateurs.

- L'indexation prend en compte tous les fichiers placés sur le Bureau, les fichiers récemment supprimés qui se morfondent dans la Corbeille, ainsi que tous les fichiers partagés du dossier Public, auquel d'autres PC du réseau ont accès.

- Si vous cherchez un mot très courant et que Windows 7 trouve de ce fait une énorme quantité de fichiers, restreignez la recherche en ajoutant un critère supplémentaire : **Tiersen Amélie**, par exemple, pour trouver *La valse d'Amélie* ainsi que *L'autre valse d'Amélie*. Plus vous tapez de mots, plus vous avez de chances de réduire la recherche à un fichier particulier.

- Lors d'une recherche de fichier, tapez toujours un mot à partir de la première lettre. Si vous tapez **pointe**, Windows 7 trouvera des occurrences comme "pointes", "pointer", "pointeur", mais pas "Lapointe" ni "appointements" même si la chaîne de caractères "pointe" fait partie de ces mots.

- Le champ Rechercher ignore les majuscules. Pour lui, les prénoms **Rose** ou **Pierre** et les mots **rose** et **pierre** sont identiques.

- Si Windows 7 découvre plus d'occurrences qu'il peut en afficher dans le petit menu Démarrer, cliquez sur le bouton Voir plus de résultats, juste au-dessus du champ Rechercher, visible à la

Figure 6.2. Vous accédez ainsi à la fenêtre de la Figure 6.3, dotée d'une barre défilante.

- Vous voulez rechercher sur l'Internet plutôt que sur le PC ? Après avoir tapé vos mots, cliquez sur le bouton Voir plus de résultats, juste au-dessus du champ Rechercher. En bas de la fenêtre de résultats se trouve un bouton Internet qui démarre la recherche avec Internet Explorer (l'affectation à Internet Explorer, d'un moteur de recherche comme Google.

Retrouver un fichier manquant dans un dossier

Pour trouver un fichier perdu dans un dossier, cliquez dans le champ Rechercher du dossier et tapez quelques lettres ou mots qui se trouvent dans le fichier. Le filtrage des fichiers commence dès la saisie de la première lettre. La recherche se restreint ensuite jusqu'à ce que ne soient affichés que les quelques dossiers parmi lesquels se trouve, avec un peu de chance, celui que vous recherchez.

Quand une recherche dans un dossier trouve de trop nombreuses occurrences, il reste un autre moyen de la réduire : les en-têtes de colonnes, lorsque l'affichage est en mode Détails, comme à la Figure 6.4. La première colonne, Nom, répertorie les noms de fichiers. Les autres colonnes fournissent des détails plus spécifiques.

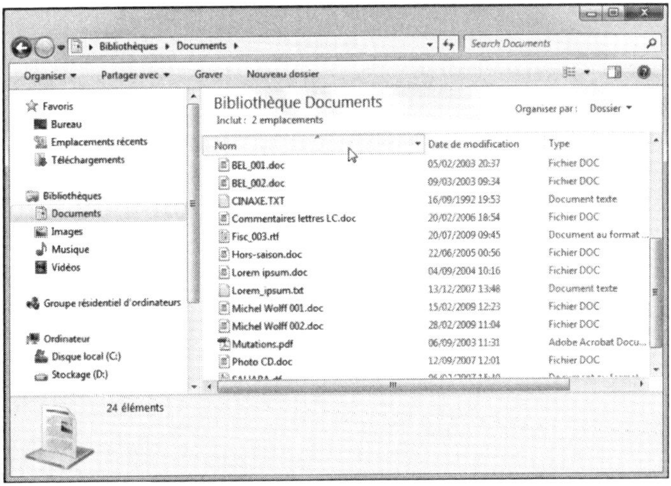

Figure 6.4 : L'affichage en mode Détails permet de trier les fichiers par nom ou par un autre critère, ce qui facilite les recherches.

Remarquez les en-têtes de colonnes Nom, Date de modification et Type. Cliquez sur l'un d'eux pour trier les fichiers selon les critères suivants :

- **Nom :** Vous connaissez les premières lettres du nom du fichier ? Cliquez sur cet en-tête pour trier les fichiers alphabétiquement, puis parcourez la liste. Cliquez de nouveau sur Nom pour inverser l'ordre du tri.
- **Date de modification :** Cliquez sur cet en-tête si vous vous souvenez vaguement de la date à laquelle vous avez modifié le document pour la dernière fois. Les fichiers les plus récents sont ainsi placés en haut de la liste. Cliquer de nouveau sur Date de modification inverse l'ordre, un bon moyen pour retrouver des fichiers anciens.
- **Type :** Cet en-tête trie les fichiers selon leur contenu. Toutes les photos sont regroupées, et aussi tous les documents textuels. Commode pour retrouver les quelques photos perdues parmi une quantité de fichiers de texte.
- **Auteur :** Microsoft Word, Excel et d'autres programmes intègrent votre nom d'utilisateur aux fichiers que vous créez. Cliquez sur cet en-tête pour trier les fichiers par auteurs.
- **Mot-clé :** Windows 7 permet souvent d'ajouter des mots-clés à des documents, comme vous le découvrirez plus loin dans ce chapitre. Ajouter un mot-clé "Fromage" à une série de photos qui fleurent bon le Munster coulant permettra de récupérer toutes ces photos, ainsi que d'autres (Chaource, Époisses, Camembert, Brie...), soit en tapant l'intitulé de leur mot-clé, "Fromage" en l'occurrence, soit en triant les fichiers d'un dossier par mots-clés.

Que les fichiers soient affichés sous forme de miniatures, d'icônes ou par leur nom, les en-têtes de colonne offrent toujours un moyen commode de les trier rapidement.

Trier, organiser et regrouper des fichiers

Pour beaucoup de gens, trier les fichiers par nom, date de modification ou type, comme nous venons de le voir, est largement suffisant. Mais à l'intention des pinailleurs, Windows 7 propose aussi deux autres moyens d'organiser les fichiers : les *organiser* ou les *regrouper*. Quelle est la différence ?

- **Organiser :** Cette fonction est comparable aux bacs à courrier des bureaux. Dans l'un, vous déposez les lettres du jour sur une pile, dans un autre s'empilent les lettres de la semaine précédente. Ou encore, l'un contient toutes les factures impayées, un autre des relevés bancaires.

  Windows 7 fait à peu près de même quand vous choisissez d'empiler les fichiers par date de modification, comme à la Figure 6.5. Le travail en cours est placé sur une pile, celui du mois précédent dans une autre. Ou encore, vous pouvez empiler par type afin de séparer, par exemple, les feuilles de calcul des courriers.

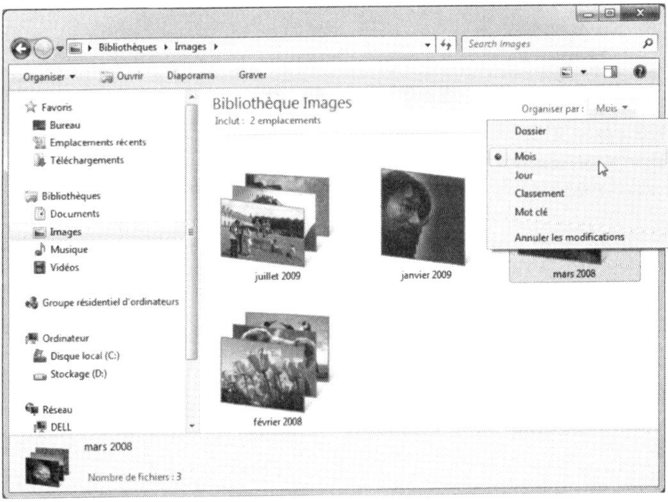

Figure 6.5 : Pour bien classer vos fichiers, organisez-les, comme ici des photos classées par mois.

- **Regrouper :** Cette fonction se charge elle aussi de réunir des éléments similaires. Mais, au lieu de les empiler, Windows 7 les répartit à plat, les éléments similaires se trouvant côte à côte. Regrouper des éléments par date de modification, comme à la Figure 6.6, réunit les fichiers par date, avec une étiquette pour chaque groupe : La semaine dernière, Plus tôt ce mois, Plus tôt cette année, *etc.*

TRUC

Il n'y a ni règle ni moment plus opportun qu'un autre pour organiser ou regrouper. C'est à vous de voir. Par exemple, vous pouvez fort bien étaler vos photos de vacances en grandes icônes pour jeter un coup d'œil rapide puis, une fois que vous les avez vues, les organiser en piles afin de mieux manipuler les lots de photos.

Pour ne plus organiser ni regrouper, procédez de même, mais en choisissant l'option Aucun.

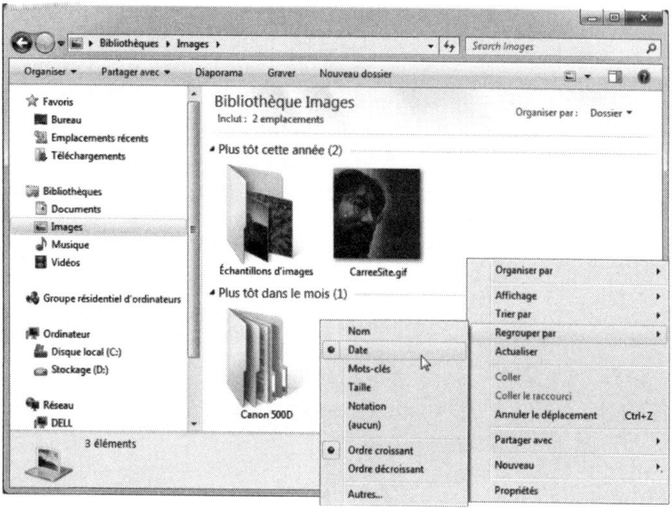

Figure 6.6 : Pour réunir des fichiers similaires, cliquez du bouton droit dans une partie vide d'un dossier et choisissez Regrouper par.

Il est aussi possible d'organiser ou de regrouper des fichiers en appuyant sur la touche Alt pour afficher la barre de menus, en cliquant sur le menu Affichage et en choisissant Organiser par ou Regrouper par.

Chapitre 7

Faire bonne impression

Dans ce chapitre

- Imprimer des fichiers, des enveloppes et des pages Web
- Adapter le document à la page
- Résoudre les problèmes d'impression

Il vous arrivera parfois d'extraire des données de leur univers virtuel afin de les coucher sur un support plus tangible : une feuille de papier.

Ce chapitre est consacré à l'impression (pas celle que vous produisez, mais celle que vous faites, ou inversement). Vous apprendrez comment faire tenir un document sur une feuille sans qu'il soit tronqué.

Imprimer vos œuvres

Windows 7 connaît une bonne demi-douzaine de façons d'envoyer votre travail à l'imprimante. Voici les plus connues :

- Choisir l'option Imprimer, dans le menu Fichier.
- Cliquer sur l'icône Imprimer (généralement ornée dune petite imprimante).
- Cliquez du bouton droit sur l'icône d'un document et choisir Imprimer.
- Cliquer sur le bouton Imprimer, dans la barre d'outils ou de commandes d'un programme.

- Faire glisser l'icône d'un document et la déposer sur l'icône de l'imprimante.

Si une boîte de dialogue apparaît, cliquez sur OK, et Windows 7 envoie aussitôt la page à l'imprimante. Pour peu que l'imprimante soit allumée et contienne de l'encre et du papier, Windows se charge de tout en tâche de fond, pendant que vous continuez à travailler.

Si la page n'est pas bien imprimée – texte tronqué, caractères grisâtres... –, vous devrez modifier les paramètres d'impression ou changer de qualité de papier, comme l'expliquent les sections qui suivent.

Configurer la mise en page

En théorie, Windows affiche toujours votre travail tel qu'il sera imprimé. C'est que les Anglo-saxons appellent WYSIWYG (*What You See Is What You Get,* "ce que vous voyez est ce que vous obtiendrez". Si ce que vous imprimez diffère sensiblement de ce qui était affiché, un petit tour dans la boîte de dialogue Mise en page s'impose (Figure 7.1).

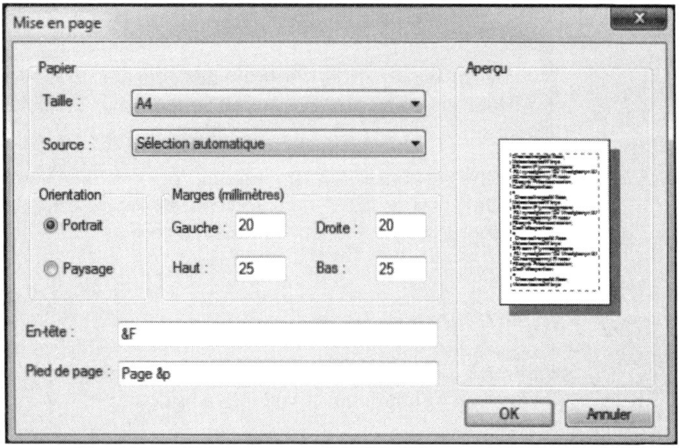

Figure 7.1 : Choisissez l'option Mise en page dans le menu Fichier d'un programme, pour peaufiner le positionnement de votre travail dans la feuille de papier.

L'option Mise en page, qui figure dans le menu Fichier de la plupart des programmes, sert à peaufiner le positionnement du document dans la page. La boîte de dialogue n'est pas la même d'un programme à un autre, mais le principe général ne change guère. Voici les paramètres les plus courants et à quoi ils servent :

- **Taille :** Indique au programme le format du papier actuellement utilisé. Laissez cette option sur A4 afin d'utiliser les feuilles normalisées, ou choisissez un autre format (A3, A5, Enveloppe...) le cas échéant. Reportez-vous éventuellement à l'encadré "Imprimer des enveloppes sans finir timbré".

- **Source :** Choisissez Sélection automatique ou Bac, à moins que vous possédiez une de ces imprimantes haut de gamme alimentées par plusieurs bacs de feuilles de divers formats. Quelques imprimantes proposent une option Feuille à feuille, où vous devez manuellement introduire chaque feuille.
- **En-tête** et **Pied de page :** Vous tapez un code spécial, dans ces zones, pour indiquer à l'imprimante ce qu'elle doit y placer : numéro de page, date et heure, nom et/ou chemin du fichier... Par exemple, à la Figure 7.1, le code `&F`, dans le champ En-tête et le code `Page &p`, dans le pied de page, impriment le nom du fichier en haut de chaque feuille, ainsi que le mot "Page" suivi de son numéro en bas de la feuille.
- **Orientation :** Laissez cette option sur Portrait pour imprimer des pages en hauteur, mais choisissez Paysage si vous préférez imprimer en largeur. Cette option est commode pour les tableaux (notez qu'il n'est pas nécessaire d'introduire le papier de côté, dans une imprimante à large laize).
- **Marges :** Réduisez les marges pour faire tenir plus de texte dans une feuille. Il faut parfois les régler lorsqu'un document a été créé sur un autre ordinateur.
- **Imprimante :** Si plusieurs imprimantes ont été installées dans l'ordinateur ou sur le réseau, cliquez sur ce bouton pour sélectionner celle que vous désirez utiliser. Cliquez aussi ici pour modifier ses paramètres, une tâche abordée à la prochaine section.

Après avoir configuré les paramètres utiles, cliquez sur OK pour les mémoriser. Et revoyez une dernière fois l'aperçu avant impression pour vous assurer que tout est correct.

TRUC

Pour trouver la boîte de dialogue Mise en page dans certains programmes, dont Internet Explorer, cliquez sur la petite flèche près de l'icône de l'imprimante et choisissez Mise en page, dans le menu.

Régler les paramètres d'impression

Quand vous choisissez Imprimer, dans le menu Fichier d'un programme, Windows vous offre une dernière chance de peaufiner la page. La boîte de dialogue de la Figure 7.2 permet de diriger l'impression vers n'importe quelle imprimante installée dans l'ordinateur ou sur le réseau. Pendant que vous y êtes, il est encore possible de régler

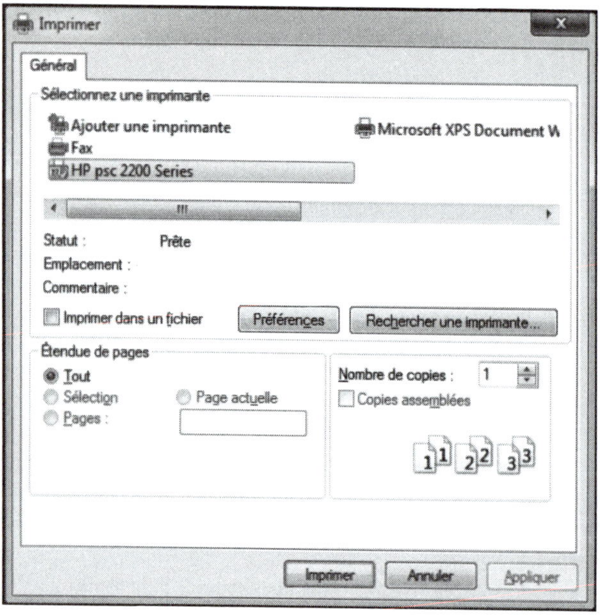

Figure 7.2 : La boîte de dialogue Imprimer permet de choisir l'imprimante et de la paramétrer.

les paramètres d'impression, choisir la qualité du papier et sélectionner les pages à imprimer.

Vous trouverez très certainement ces paramètres dans la boîte de dialogue :

- **Sélectionnez une imprimante :** Ignorez cette option si vous n'avez qu'une seule imprimante, car Windows la sélectionne automatiquement. Mais si l'ordinateur accède à plusieurs imprimantes, c'est ici que vous en choisirez une.

  L'imprimante que vous risquez de trouver dans Windows 7, nommée Microsoft XPS Document Writer, envoie votre travail dans un fichier au format particulier, généralement pour être utilisé par un imprimeur ou tout autre professionnel de la PAO (Publication Assistée par Ordinateur). Vous n'utiliserez probablement jamais cette imprimante virtuelle.

- **Étendue de pages :** Sélectionnez Tout, pour imprimer la totalité du document. Pour n'imprimer qu'une partie des pages, sélectionnez l'option Pages et indiquez celle(s) qu'il faut imprimer. Par exemple, si vous tapez **1-4, 6**, vous imprimez les quatre premières pages d'un document ainsi que la sixième, mais ni la cinquième, ni les autres. Si vous avez sélectionné un paragraphe, choisissez Sélection pour n'imprimer que lui. C'est un excellent moyen pour n'imprimer que les parties intéressantes d'une page Web, et non la totalité (qui peut être fort longue).

- **Nombre de copies :** Le plus souvent, les gens n'impriment qu'un exemplaire. Mais s'il vous en faut davantage, c'est ici que vous l'indiquerez. L'option Copies assemblées n'est utilisable que si l'imprimante dispose de cette fonctionnalité, ce qui est rare ; vous devrez trier les feuilles vous-même.

- **Préférences :** Cliquez sur ce bouton pour accéder à la boîte de dialogue de la Figure 7.3, où vous choisissez les options spécifiques à votre modèle d'imprimante. Elle permet notamment de sélectionner différents grammages de papier, de choisir entre l'impression en couleur ou en niveaux de gris, de régler la qualité de l'impression et de procéder à des corrections de dernière minute de la mise en page.

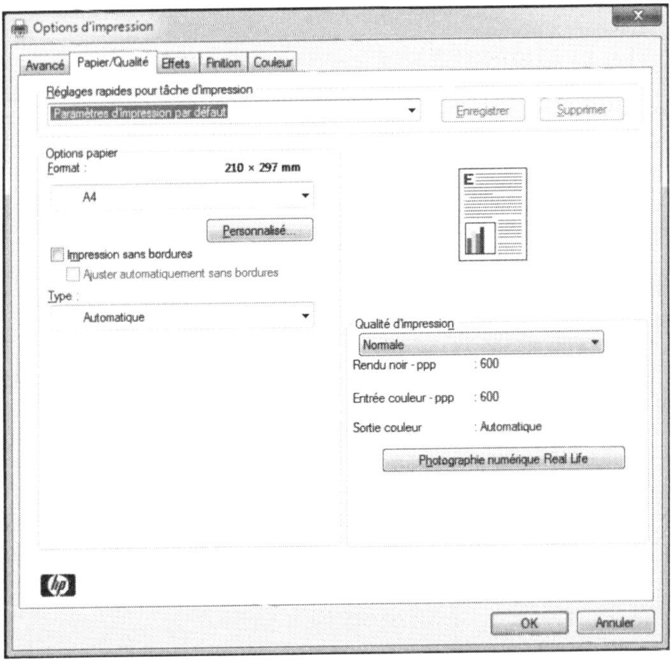

Figure 7.3 : La boîte de dialogue Préférences règle les paramètres spécifiques à votre imprimante, notamment le type de papier et la qualité d'impression.

Annuler une impression

Vous venez de réaliser qu'il ne fallait surtout pas envoyer le document de 26 pages vers l'imprimante ? Dans la panique, vous êtes tenté de l'éteindre tout de suite. Ce serait une erreur car après le rallumage, la plupart des imprimantes reprennent automatiquement l'impression.

Procédez comme pour purger le document de la mémoire de l'imprimante après l'avoir éteinte :

1. **Cliquez sur le bouton Démarrer puis sur le bouton Périphériques et imprimantes.**

2. **Cliquez du bouton droit sur le nom de l'imprimante ou sur son icône et dans le menu contextuel, choisissez Afficher les travaux d'impression en cours.**

   La boîte de dialogue de la Figure 7.4 apparaît. Elle contient la file d'attente des travaux à imprimer.

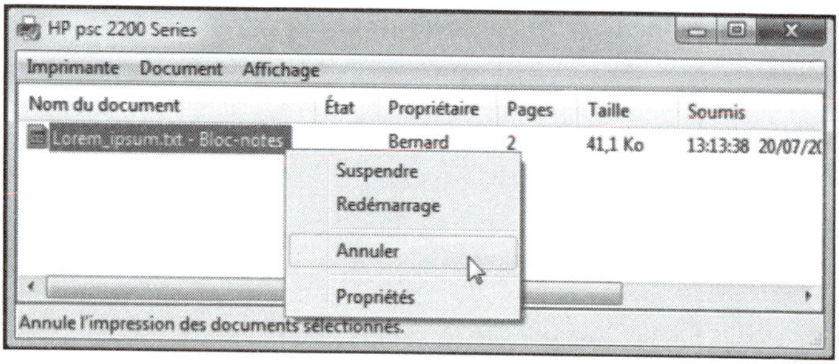

Figure 7.4 : Ôtez un document de la file d'attente pour annuler son impression.

3. **Cliquez du bouton droit sur le document incriminé et choisissez Annuler.**

   Faites-en éventuellement autant pour d'autres documents à ne pas imprimer.

Résoudre les problèmes d'impression

Si un document refuse d'être imprimé, assurez-vous que l'imprimante est allumée, son cordon branché à la prise, et qu'elle est connectée à l'ordinateur.

Si c'est le cas, branchez-la à différentes prises électriques en l'allumant et en vérifiant que le témoin d'allumage est éclairé. Si ce n'est pas le cas, l'alimentation de l'imprimante est sans doute morte.

Il est souvent moins cher de racheter une imprimante que de la faire réparer. Si vous tenez à la vôtre, faites établir un devis de réparation avant de vous en débarrasser.

Vérifiez ces points si le témoin d'allumage réagit :

- Assurez-vous qu'un papier n'a pas bourré le mécanisme d'entraînement. Une traction régulière vient généralement à bout d'un bourrage. Certaines imprimantes ont une trappe prévue à cette fin. Sinon, ouvrir et fermer le couvercle décoince parfois le papier.
- Y a-t-il encore de l'encre dans la cartouche, ou du toner dans l'imprimante Laser ? Essayez d'imprimer une page de test : ouvrez le menu Démarrer puis cliquez sur le bouton Périphériques et imprimantes. Cliquez du bouton droit sur l'icône de l'imprimante, choisissez Propriétés de l'imprimante (et non Propriétés tout court), puis cliquez sur le bouton Imprimer une page de test. Vous saurez si l'ordinateur et l'imprimante parviennent à communiquer.
- Procédez à la mise à jour du pilote de l'imprimante, un petit programme qui facilite la communication entre Windows 7 et les périphériques. Allez sur le site Web du fabricant, téléchargez le pilote le plus récent pour votre modèle d'imprimante, puis exécutez-le.

Voici pour finir deux conseils qui contribueront à protéger votre imprimante et ses cartouches :

- Éteignez l'imprimante quand vous ne l'utilisez pas. Autrement, la chaleur qu'elle dégage risque de dessécher l'encre de la cartouche, réduisant sa durée de vie.
- Ne débranchez jamais une imprimante par sa prise pour l'éteindre. Utilisez toujours le bouton marche/arrêt. L'imprimante peut ainsi ramener la ou les cartouches à leur position de repos, évitant qu'elles sèchent ou se bouchent.

Troisième partie

Adapter Windows 7 à ses besoins

Dans cette partie...

Quand votre vie change, vous voulez que Windows 7 change aussi. C'est de cela qu'il est question ici. Vous découvrirez le Panneau de configuration entièrement revu qui permet de modifier une kyrielle de paramètres.

Chapitre 8

Personnaliser Windows 7 avec le Panneau de configuration

Dans ce chapitre

- Personnaliser le Panneau de configuration.
- Modifier l'apparence de Windows 7.
- Changer de mode vidéo.
- Installer ou supprimer des programmes.
- Régler la souris.
- Régler automatiquement la date et l'heure de l'ordinateur.

Le Panneau de configuration de Windows 7 se trouve en toute logique dans le menu Démarrer.

Vous trouverez dans ce panneau des dizaines d'options, de boutons et de liens permettant de personnaliser l'apparence, l'utilisation et l'impression générale de Windows. Ce chapitre présente les boutons et glissières que vous pouvez régler si vous le désirez, et vous signale aussi ceux auxquels il vaut mieux ne pas toucher.

Trouver la bonne option dans le Panneau de configuration

Ouvrez le Panneau de configuration de Windows 7, et vous pourrez passer une bonne semaine à cliquer sur des icônes et des options. En affichage classique, il héberge plus d'une cinquantaine d'icônes, dont certaines donnent accès à des boîtes de dialogue contenant plus d'une vingtaine de paramètres et tâches.

Pour vous éviter une pénible errance à la recherche de la bonne option, le Panneau de configuration peut être affiché par catégories, comme le montre la Figure 8.1.

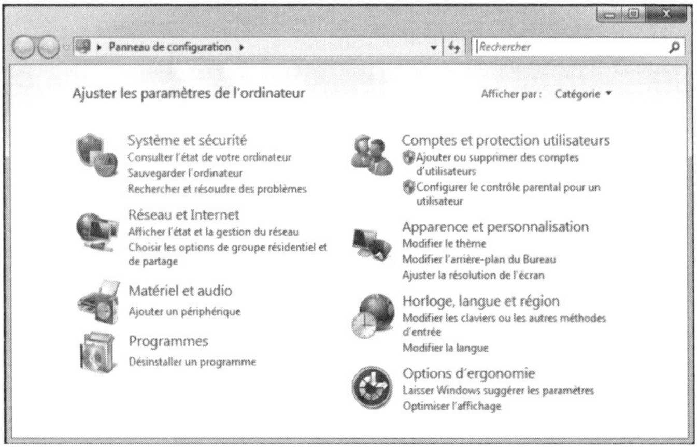

Figure 8.1 : Les paramètres sont plus faciles à localiser lorsqu'ils sont regroupés par catégories.

Sous chaque nom de catégorie se trouvent des liens vers les sujets principaux. Par exemple, après avoir cliqué sur l'icône de la catégorie Système et sécurité, vous accédez à d'autres liens permettant notamment de télécharger les dernières mises à jour de sécurité ou de vérifier l'état de la sécurité de Windows.

Certaines commandes ne correspondent pas exactement à une catégorie précise tandis que d'autres ne sont que des raccourcis accédant à des réglages situés ailleurs. Pour les voir, et surtout pour voir l'ensemble des icônes du Panneau de configuration, cliquez sur le bouton Afficher par, en haut à droite de la fenêtre, puis choisissez Grandes icônes ou Petites icônes – comme à la Figure 8.2 –, dans le menu déroulant.

Figure 8.2 : Conçu pour les utilisateurs expérimentés, l'affichage par icônes du Panneau de configuration montre la totalité des icônes.

Ne vous inquiétez pas si votre Panneau de configuration diffère quelque peu de celui de la Figure 8.2. Différents programmes, accessoires et modèles d'ordinateurs y ajoutent souvent leurs propres icônes. Les différentes versions de Windows 7 décrites au Chapitre 1 omettent ou ajoutent également des icônes.

Immobilisez le pointeur de la souris sur une catégorie ou une icône du Panneau de configuration, et Windows 7 explique longuement son usage.

Le reste de ce chapitre est consacré aux catégories du Panneau de configuration visibles dans la Figure 8.1, aux raisons pour lesquelles vous vous abstiendrez d'en visiter certaines, et aux raccourcis permettant d'accéder directement aux paramètres désirés.

Système et sécurité

Comme une Ford Mustang des années 1960, Windows 7 nécessite de l'entretien de temps en temps. À vrai dire, un peu de maintenance fait tourner Windows 7 de façon beaucoup plus fluide et rapide. Vous y découvrirez comment accélérer Windows, libérer de la place sur le disque dur, sauvegarder vos données et tendre un filet de sécurité nommé Point de restauration (non, un MacDo n'est pas un point de restauration Windows. C'est un simple bouff'room).

Comptes et protection utilisateurs

Vous pouvez créer des comptes séparés pour tous ceux qui utilisent l'ordinateur. Ceci permet de limiter les risques encourus par Windows et par vos fichiers.

Pour cela, choisissez le Panneau de configuration, dans le menu Démarrer puis, sous la catégorie Comptes et protection utilisateurs, cliquez sur Ajouter ou supprimer des comptes d'utilisateurs.

Vous accédez ainsi à la page des comptes d'utilisateurs où vous pouvez créer et modifier ceux qui existent, y compris leur mot de passe et leur image.

La catégorie Comptes et protection utilisateurs comporte aussi un lien vers le contrôle parental.

Réseau et Internet

Normalement, Windows 7 accède automatiquement à l'Internet et à d'autres ordinateurs, qu'il s'agisse de PC ou de Mac. Établissez une connexion à l'Internet, et Windows commence aussitôt à glaner des informations sur le Web. Reliez-le à un autre ordinateur, et il s'efforce de créer un réseau ou d'ajouter le PC à un groupe résidentiel d'ordinateurs.

Mais si Windows 7 ne parvient pas se débrouiller seul, vous devrez recourir à la catégorie Réseau et Internet du Panneau de configuration.

Apparence et personnalisation

L'une des catégories les plus populaires, Apparence et personnalisation, permet de modifier le *look* de Windows 7 de diverses manières. Ouvrez cette catégorie pour découvrir les sept icônes suivantes :

- **Personnalisation :** À l'instar d'un décorateur d'intérieur, cette icône relooke entièrement votre environnement de travail. Cliquez dessus pour placer une nouvelle image ou une photo numérique sur le Bureau, choisir l'écran de veille qui démarrera quand vous vous éloignez du PC, changer la couleur des cadres de Windows, etc. Pour accéder directement à ces options, cliquez du bouton droit sur une partie vide du Bureau et choisissez Personnaliser.

- **Affichage :** Tandis que la personnalisation permet de changer les couleurs, la rubrique Affichage agit au niveau de l'écran lui-même : changement de la résolution de l'écran, configuration d'un affichage s'étendant sur deux écrans...

- **Gadgets du Bureau :** Cette rubrique gère les mini-programmes appelés *gadgets,* présents sur le Bureau, et décrits au Chapitre 2. Pour accéder rapidement à cette rubrique, cliquez du bouton droit sur le Bureau et choisissez Gadgets.

- **Barre des tâches et menu Démarrer :** Vous voulez remplacer l'image en haut du menu Démarrer par un portrait de vous ? Vous voulez personnaliser la Barre des tâches en bas de l'écran ? Ces deux sujets ont été couverts au Chapitre 2. Pour accéder rapidement à cette rubrique, cliquez du bouton droit sur le Bureau et choisissez Propriétés.

- **Options d'ergonomie :** Conçues pour venir en aide aux handicapés, ces options facilitent l'usage de Windows par les malvoyants, les malentendants et les personnes souffrant d'autres handicaps physiques. Une section est consacrée plus loin à ces paramètres.

- **Options des dossiers :** Principalement mise en œuvre par les utilisateurs expérimentés, cette zone permet de configurer subtilement l'aspect et le comportement des dossiers. Pour accéder rapidement à cette rubrique, cliquez sur Organiser et choisissez Options des dossiers et de recherche.

- **Polices :** C'est ici que vous installez les nouvelles polices qui agrémenteront vos textes.

Dans les quelques sections à venir, nous verrons quelles sont, dans ces catégories, les tâches que vous effectuerez le plus souvent.

Changer l'arrière-plan du Bureau

L'arrière-plan, parfois appelé aussi "papier peint", est une image de fond couvrant le Bureau. Procédez comme suit pour la changer :

Cliquer du bouton droit sur le Bureau, choisir Personnaliser et cliquer sur le bouton Arrière-plan du Bureau vous mène directement à l'Étape 3.

1. **Cliquez sur le menu Démarrer, choisissez Panneau de configuration et trouvez la catégorie Apparence et personnalisation.**

Le panneau de la catégorie Apparence et personnalisation apparaît.

2. **Sous Personnalisation, cliquez sur le lien Modifier l'arrière-plan du Bureau.**

   La fenêtre de la Figure 8.3 apparaît.

Figure 8.3 : Cliquez sur le menu déroulant pour trouver d'autres images à utiliser comme arrière-plan du Bureau.

3. **Cliquez sur une nouvelle image pour l'utiliser comme arrière-plan.**

   Veillez à cliquer sur le menu déroulant, visible dans la Figure 8.3, pour découvrir toutes les photos, textures, peintures et atmosphères légères offertes par Windows 7. Cliquez sur Parcourir pour farfouiller dans des dossiers non répertoriés dans le menu déroulant. N'hésitez pas à chercher parmi vos propres photos.

   Quand vous cliquez sur une nouvelle image, Windows 7 la place aussitôt sur le Bureau. Si elle vous plaît, passez à l'Étape 5.

4. **Décidez si l'image doit être affichée en mode Remplissage, Ajuster, Étirer, Mosaïque ou Centrer.**

   Toutes les images ne sont pas forcément à la taille de l'écran. Une image de petites dimensions doit être, soit étirée pour remplir tout l'espace, soit répétée à la manière des timbres-poste sur une feuille de timbres neufs. Si l'étirement ou la répétition sont disgracieux, centrez l'image en laissant du vide autour

Il est possible de varier l'arrière-plan en changeant d'image à intervalles réguliers. Pour cela, cliquez, touche Ctrl enfoncée, sur chacune des photos à afficher tour à tour. Le changement d'image s'effectue toutes les 30 minutes, à moins que vous modifiiez la fréquence grâce au menu déroulant Changer d'image toutes les...

5. **Cliquez sur Enregistrer les modifications afin de conserver l'image actuellement affichée à l'arrière-plan.**

Vous avez remarqué une fabuleuse image lors de vos pérégrinations sur le Web avec Internet Explorer ? Cliquez dessus du bouton droit et sélectionnez Choisir comme image d'arrière-plan. Windows copie furtivement l'image et l'étale sur le Bureau, où elle devient un nouvel arrière-plan.

Choisir un écran de veille

À l'époque des premiers PC, les écrans cathodiques avaient une fâcheuse tendance à conserver une image fantôme de ce qui s'y affichait longuement à la même place, comme des cadres par exemple. Pour éviter ce phénomène de rémanence, les utilisateurs activaient ce que l'on appelait aussi un "économiseur d'écran". Il affichait un motif mouvant – feu d'artifice, lignes en mouvement... – empêchant l'usure du phosphore. Les écrans plats ne souffrant plus de cet effet, les gens n'utilisent l'écran de veille que pour son esthétique.

Windows est livré avec plusieurs écrans de veille. Procédez comme suit pour en essayer un :

Cliquer du bouton droit sur le Bureau, choisir Personnaliser puis Écran de veille vous mène directement à l'Étape 3.

1. **Cliquez sur le menu Démarrer, choisissez Panneau de configuration et cliquez sur la catégorie Apparence et personnalisation.**

   La catégorie choisie apparaît.

2. **Sous Personnalisation, choisissez Modifier l'écran de veille.**

   La boîte de dialogue Paramètres de l'écran de veille apparaît.

3. **Cliquez sur la flèche pointée vers le bas de l'unique menu déroulant et sélectionnez un écran de veille.**

   Après avoir choisi un écran de veille, cliquez sur le bouton Aperçu pour voir son effet en plein écran. Visionnez-en autant que vous le désirez avant d'en choisir un.

N'oubliez pas de cliquer sur le bouton Paramètres, car la plupart des écrans de veille offrent des options. Vous pouvez par exemple régler la vitesse du diaporama et le sens du déplacement des photos à travers l'écran.

4. **Au besoin, renforcez la sécurité en cochant la case À la reprise, afficher ouverture de session.**

   Ce système de sécurité évite aux intrus de fouiller dans votre ordinateur pendant que vous êtes à la machine à café. Dès que l'écran de veille cesse, Windows demande le mot de passe.

5. **Après avoir paramétré l'écran de veille, cliquez sur OK.**

TRUC

Pour prolonger efficacement la vie de votre écran et faire par la même occasion des économies d'électricité, abandonnez les écrans de veille et, à l'Étape 3, cliquez plutôt sur Modifier les paramètres d'alimentation. La fenêtre qui apparaît permet de régler l'extinction de l'écran après une durée d'inactivité que vous aurez paramétrée.

Modifier le thème de l'ordinateur

Les thèmes sont simplement des ensembles de paramètres. Vous pouvez par exemple enregistrer l'écran de veille et l'arrière-plan du Bureau dans un thème, ce qui permet de passer rapidement de la présentation d'origine de Windows 7 à la vôtre et inversement.

Pour en essayer un, cliquez du bouton droit sur le Bureau, choisissez Personnaliser puis cliquez sur un thème. La boîte de dialogue de la Figure 8.4 apparaît.

Windows 7 montre ses différents thèmes :

- **Mes thèmes :** Les thèmes que vous aurez configurés et enregistrés apparaissent ici.
- **Thèmes Aero :** Le thème Windows 7, qui est celui en vigueur lorsque Windows vient d'être installé, se trouve dans cette catégorie. La carte graphique de l'ordinateur doit être suffisamment performante pour utiliser ces thèmes très sophistiqués.
- **Thèmes de base et à contraste élevé :** Le thème Windows 7 Basic propose une version allégée, sans les effets de transparence et d'ombres, pour les ordinateurs dont la carte graphique n'autorise pas les effets Aero. Windows Classique reproduit le *look* Windows 98, pour les nostalgiques de cette antique version. Les thèmes à contraste élevé sont destinés aux déficients visuels

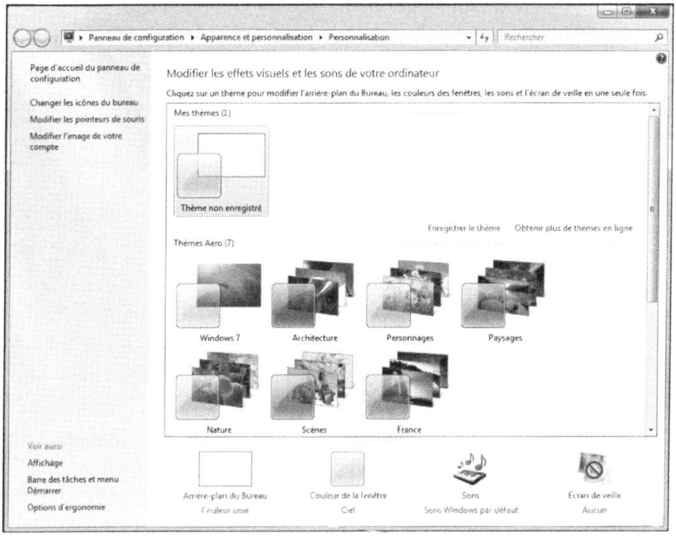

Figure 8.4 : Choisissez un thème prédéfini pour changer l'apparence et les sons de Windows.

Au lieu d'opter pour les thèmes prédéfinis de Windows 7, créez les vôtres en modifiant l'arrière-plan, les couleurs, l'écran de veille et autres éléments graphiques ou sonores. Enregistrez ensuite le thème en cliquant sur le lien Enregistrer le thème, à la rubrique Mes thèmes, puis nommez-le.

- Vous ne trouvez pas votre bonheur parmi les thèmes fournis avec Windows 7 ? Cliquez sur le lien Obtenir plus de thèmes en ligne.
- Si vous êtes vraiment intéressé par la création de thèmes pour Windows, optez pour un programme comme WindowBlinds (`www.windowsblinds.net`). Vous pouvez télécharger des thèmes vraiment spectaculaires créés par les utilisateurs de ce logiciel sur le site WinCustomize (`www.wincustomize.com`).
- Avant de télécharger des thèmes sur le Web ou les obtenir en pièce jointe, assurez-vous d'avoir installé un antivirus et vérifié qu'il est à jour. Les virus sont souvent propagés au travers de thèmes véreux.

Modifier la résolution de l'écran

Paramètre souvent mésestimé, la résolution de l'écran détermine la quantité d'informations susceptibles d'être affichées en une seule fois.

L'augmenter permet d'afficher davantage d'éléments mais en plus petit, tandis que la réduire affiche les éléments en plus gros, mais aussi en moins grand nombre.

Procédez comme suit pour trouver la résolution la plus confortable (NdT : consultez le manuel de votre écran plat car beaucoup n'affichent correctement une image qu'à la seule résolution native) :

1. **Dans le menu Démarrer, choisissez Panneau de configuration puis cliquez sur Apparence et personnalisation.**

   La zone Apparence et personnalisation répertorie les différentes manières de modifier la présentation de Windows 7.

2. **Sous Affichage, cliquez sur Ajuster le résolution de l'écran.**

   La fenêtre de configuration de l'écran apparaît (Figure 8.5).

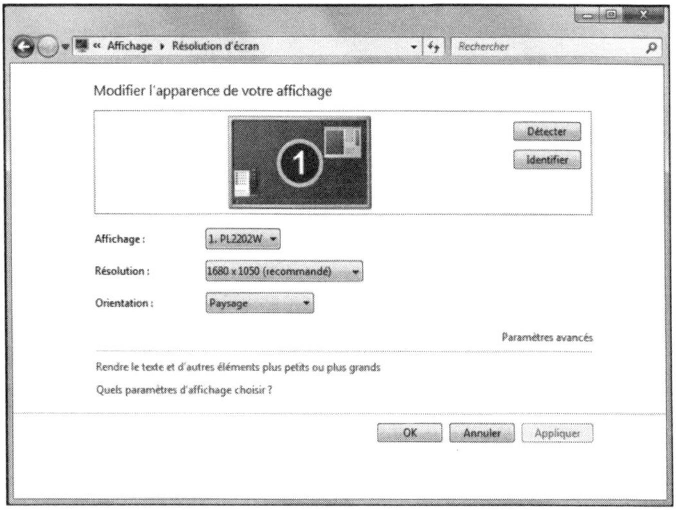

Figure 8.5 : Selon la résolution de l'écran, Windows affichera plus ou moins d'informations.

3. **Pour changer la résolution d'écran, cliquez sur le bouton Résolution. À la place du menu, Windows affiche une glissière verticale. Déplacez le curseur vers Élevé ou vers Bas, selon la résolution désirée.**

   Il n'y a pas de bon ou de mauvais choix, mais un conseil s'impose : la plupart des sites Web ne tiennent pas dans un écran en 640 x 480 pixels. Une résolution de 800 x 600 est meilleure, et 1024 x 768 conviendra à tous les sites Web que vous visiterez. Windows 7 s'accommodera de tous les sites.

4. **Testez ce que donnent les modifications en cliquant sur le bouton Appliquer.**

Quand Windows 7 passe à une nouvelle résolution, il vous accorde un délai de 15 secondes pour approuver ou rejeter la modification. En effet, si l'écran devient tout noir, plus aucun bouton n'est visible. Si passé ce délai vous n'avez pas cliqué, Windows 7 rétablit la résolution antérieure.

5. **Cliquez sur OK afin de mémoriser vos réglages.**

Après avoir défini la résolution qui vous convient, vous ne reviendrez sans doute plus dans cette boîte de dialogue. À moins que vous branchiez un second écran, comme expliqué dans l'encadré.

Étendre votre espace de travail avec un second moniteur

Vous avez un deuxième écran chez vous, provenant peut-être d'un PC mis au rebut ? Connectez-le à votre ordinateur et vous disposerez d'un espace de travail plus vaste, s'étendant sur les deux écrans. Vous pourrez ainsi afficher une encyclopédie en ligne dans l'un tandis que vous tapez votre texte dans l'autre.

Pour bénéficier de cet avantage, la carte graphique de votre PC doit être équipée de deux ports, qui doivent être du même type que ceux de votre moniteur (NdT : ou d'un seul port double, divisible grâce à un câble en "Y"), des détails techniques que vous trouverez dans mon livre *PC Mise à niveau et dépannage Pour les Nuls,* édité par First Interactive.

Après avoir connecté le second écran, cliquez dans une partie vide de l'écran principal et choisissez Résolution d'écran. Une seconde icône d'écran apparaît à côté de la première (cliquez sur le bouton Détecter si cette icône n'est pas visible). Tirez éventuellement l'écran secondaire de l'autre côté de l'écran principal, afin de reproduire le positionnement réel, puis cliquez sur OK. Les deux écrans ne forment alors qu'une seule entité unique, sans solution de continuité.

Matériel et audio

La catégorie Matériel et audio contient une foule d'icônes en tous genres, comme le révèle la Figure 8.6. La rubrique Affichage, en revanche, appartient aussi à une autre catégorie.

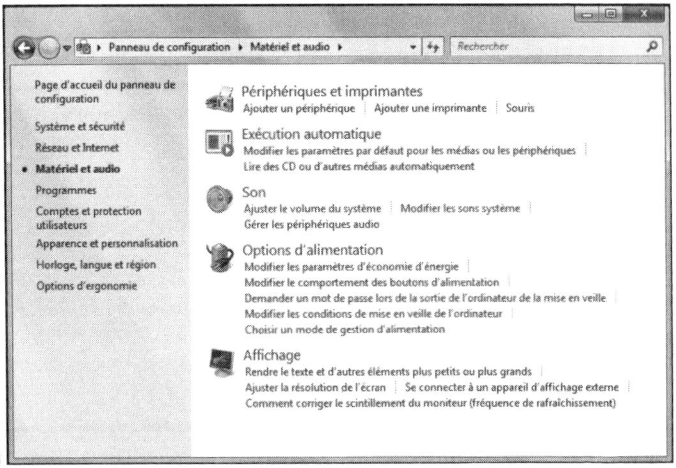

Figure 8.6 : La catégorie Matériel et audio régit tous les aspects matériels de l'ordinateur : l'affichage, le son et les équipements annexes.

Vous ne vous attarderez guère ici, en tout cas pas en passant par le Panneau de configuration, car la plupart des paramètres apparaissent ailleurs, accessibles d'un clic du bouton droit.

Que vous arriviez à ces pages par le Panneau de configuration ou par un raccourci, cette section explique les meilleures raisons de s'y intéresser.

Régler le volume et le son

La rubrique Son permet d'ajuster le volume du PC et aussi de connecter jusqu'à sept enceintes et un caisson de basses, une fonctionnalité appréciée par les inconditionnels du jeu massivement multijoueur World of Warcraft.

Pour baisser le volume du PC, cliquez sur le petit haut-parleur près de l'horloge et tirez le curseur vers le bas (Figure 8.7). Pas de petite icône de haut-parleur dans la Barre des tâches ? Rétablissez-la en cliquant du bouton droit sur l'horloge, choisissez Propriétés et cochez la case Volume.

Pour rendre le PC muet, cliquez sur l'icône en forme de haut-parleur, sous la glissière. Cliquez de nouveau dessus pour rétablir le son.

DE XP À 7

Windows 7 surenchérit sur Windows XP en permettant de régler le volume différemment pour différents programmes. Vous pouvez atténuer les détonations dans le jeu Démineur et augmenter le son de Windows

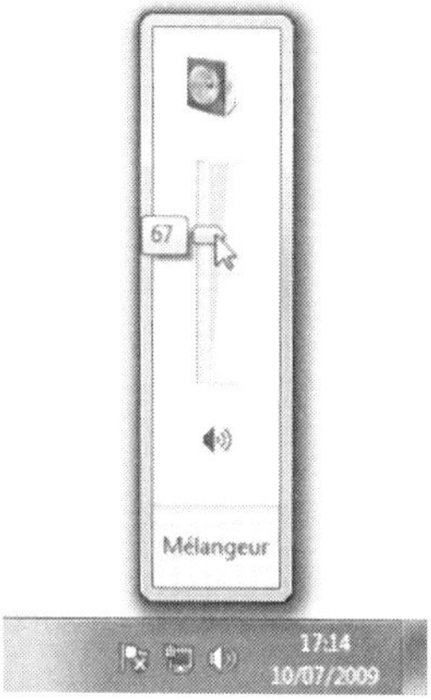

Figure 8.7 : Cliquez sur l'icône en forme de haut-parleur puis actionnez le curseur afin de régler le volume sonore.

Live Mail afin de bien entendre les notifications d'arrivée de courrier. Procédez comme suit pour régler le volume des programmes :

Double-cliquer sur le petit haut-parleur, dans la Barre des tâches, vous amène directement à l'Étape 3.

1. **Choisissez Panneau de configuration, dans le menu Démarrer, puis Matériel et audio.**

   La rubrique Matériel et audio, montrée à la Figure 8.6, affiche ses outils.

2. **Sous la rubrique Son, cliquez sur le lien Ajuster le volume du système.**

   La boîte Mélangeur de volume (Figure 8.8) apparaît.

3. **Réglez les volumes à l'aide des glissières.**

   Fermez le Mélangeur de volumes en cliquant sur le bouton "X", en haut à droite.

Installer ou configurer les enceintes

La plupart des PC ne sont livrés qu'avec une paire d'enceintes, mais certains en ont quatre, et les PC utilisés pour le home cinéma ou pour les jeux peuvent en avoir jusqu'à huit. Pour s'accommoder de cette diversité de configurations, Windows 7 est doté d'une interface de configuration des haut-parleurs, complète avec un test audio.

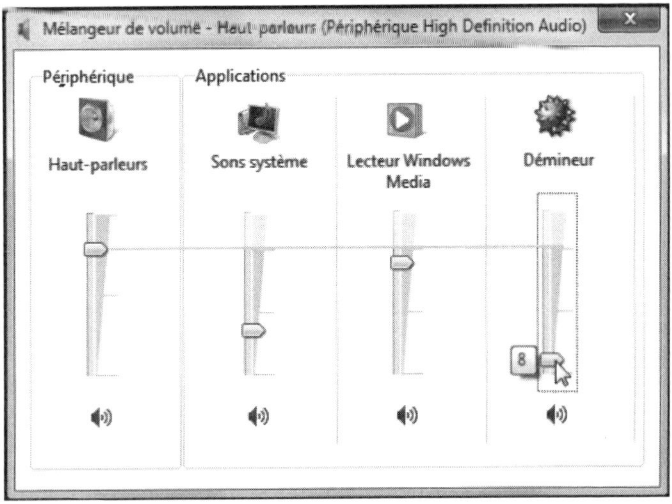

Figure 8.8 : Baissez le volume sonore de certains programmes afin qu'ils soient plus discrets.

Si vous installez de nouvelles enceintes, ou si vous n'êtes pas sûr que les anciennes fonctionnent, suivez ces étapes afin de les mettre correctement en liaison avec Windows 7 :

TRUC

Cliquez du bouton droit sur l'icône Volume, dans la Barre des tâches, et choisissez Périphériques de lecture pour passer directement à l'Étape 2.

1. **Cliquez sur le bouton Démarrer, choisissez Panneau de configuration et cliquez sur Matériel et audio.**

   La familière catégorie Matériel et audio de la Figure 8.6 apparaît.

2. **À la rubrique Son, cliquez sur Gérer les périphériques audio.**

   La boîte de dialogue Son apparaît, ouverte sur l'onglet Lecture qui liste vos haut-parleurs.

3. **Cliquez sur votre haut-parleur ou sur l'icône des enceintes, puis cliquez sur Configurer.**

   La boîte de dialogue Configurer les haut-parleurs apparaît (Figure 8.9).

4. **Cliquez sur le bouton Tester, ajustez les paramètres du haut-parleur puis cliquez sur Suivant.**

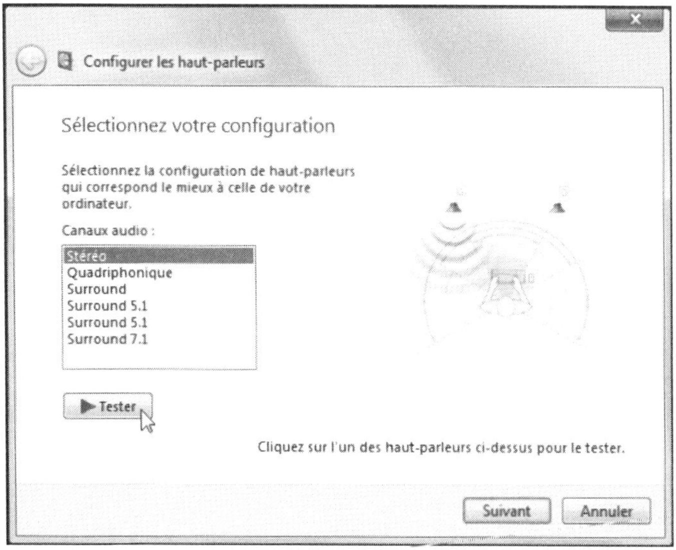

Figure 8.9 : Cliquez sur le bouton Tester pour écouter chacune de vos enceintes.

Windows 7 vous propose de sélectionner les haut-parleurs les uns après les autres et de les tester selon leur emplacement, ce qui permet de les vérifier selon l'emplacement qu'ils occupent.

5. **Testez tous les autres périphériques audio puis cliquez sur OK quand vous aurez terminé.**

Vérifiez aussi le volume sonore des enceintes en cliquant sur l'onglet Enregistrement, à l'Étape 2, et cliquez aussi sur les autres onglets pour découvrir d'autres paramètres.

Si vos enceintes ou le microphone n'apparaissent pas parmi les équipements, cela signifie que Windows 7 ne les a pas reconnus. La solution consiste généralement à installer un nouveau pilote.

Ajouter une imprimante

Les fabricants d'imprimantes n'ont jamais réussi à se mettre d'accord sur la manière dont une imprimante doit être installée :

- Certains fabricants préconisent de simplement brancher l'imprimante, en insérant la petite prise rectangulaire dans un port USB, de l'allumer ensuite, après quoi Windows 7 la reconnaît et l'adopte. Assurez-vous que la cartouche d'encre et le papier sont en place, et vous pouvez imprimer.

- D'autres fabricants préconisent d'installer les logiciels de l'imprimante avant de la connecter à l'ordinateur. Autrement, elle ne fonctionnerait pas.

Le seul moyen de savoir comment procéder est de consulter le manuel de l'imprimante.

Si votre imprimante n'est pas accompagnée d'un logiciel d'installation, placez d'abord la ou les cartouches et le papier, puis procédez comme suit :

1. **L'ordinateur étant en marche, connectez l'imprimante et allumez-la.**

Si le connecteur de l'imprimante est une petite prise rectangulaire, l'imprimante est de type USB, ce qui est le cas de presque tous les modèles actuels. Windows 7 affichera un message confirmant que l'installation de l'imprimante est réussie, mais suivez néanmoins les étapes suivantes afin de la tester.

Si la prise de votre imprimante est un gros connecteur trapézoïdal à deux rangées de broches, sa connexion est de type "parallèle", appelée aussi LPT en jargon informatique. Branchez-la au port Imprimante de l'ordinateur (NdT : les PC récents sont aujourd'hui dépourvus de ce port désuet, mais il existe dans les boutiques d'informatique des adaptateurs qui convertissent la prise 25 broches de l'imprimante en prise USB).

2. **Cliquez sur le bouton Démarrer, puis sur Périphériques et imprimantes.**

Le Panneau de configuration affiche tous vos périphériques, y compris votre imprimante, identifiable par sa marque et son modèle. Cliquez du bouton droit sur l'icône, choisissez Propriétés de l'imprimante (NdT : Et non Propriétés) puis cliquez sur le bouton Imprimer une page de test. Si elle est correctement imprimée, vous êtes au bout de vos peines. Félicitations, c'est terminé.

Si le nom de votre imprimante n'apparaît pas, passez à l'Étape 3.

La page de test n'a pas été imprimée ? Assurez-vous que tous les éléments d'emballage ont été retirés de l'imprimante et surtout, que la cartouche a bel et bien été insérée. Si elle n'imprime toujours pas, c'est qu'elle est probablement défectueuse. Contactez la boutique où vous l'avez achetée.

3. **Dans la barre d'outils de la fenêtre, cliquez sur le bouton Ajouter une imprimante, puis cliquez sur l'option Ajouter une imprimante locale.**

4. **Choisissez le type de port par lequel l'imprimante est connecté puis cliquez sur Suivant.**

   Choisissez LPT1 si la connexion est de type Parallèle (connecteur trapézoïdal à deux rangées de broches, autant dire une antiquité). Si l'imprimante est de type USB, cliquez sur Annuler, installez son logiciel puis recommencez. Elle n'a pas de logiciel ? Téléchargez-le depuis le site Web du fabricant.

5. **Choisissez le port de l'imprimante et cliquez sur Suivant.**

   Quand Windows 7 demandera quel port choisir, sélectionnez LPT1.

6. **Sélectionnez le fabricant et le modèle de l'imprimante, puis cliquez sur Suivant.**

   Dans la boîte de dialogue Ajouter une imprimante, la liste des fabricants se trouve à gauche, leurs modèles d'imprimantes à droite (Windows 7 en reconnaît des centaines).

   Windows peut demander d'insérer le CD approprié. Vous ne l'avez pas ? Cliquez sur le bouton Windows Update : Windows 7 se connecte à l'Internet pour tenter de trouver le logiciel de cette imprimante.

   Après un moment, une nouvelle liste d'imprimantes apparaît. Imprimez la page de test comme le suggère Windows 7.

Et voilà ! En principe, votre imprimante devrait fonctionner à merveille. Si ce n'est pas le cas, vous trouverez quelques conseils et dépannages au Chapitre 7.

Si plusieurs imprimantes sont connectées à l'ordinateur, cliquez du bouton droit sur l'icône de celle que vous utilisez le plus fréquemment et, dans le menu, choisissez Définir comme imprimante par défaut. Elle sera systématiquement utilisée, à moins que vous en choisissiez une autre dans la boîte de dialogue Imprimer du programme en cours d'utilisation.

- Pour supprimer une imprimante inutilisée, cliquez du bouton droit sur son nom et, dans le menu, choisissez Supprimer. Cette imprimante ne figurera plus dans la liste des imprimantes disponibles, dans la fenêtre Imprimer des différents programmes. Si Windows propose de désinstaller les pilotes et logiciels de l'imprimante, cliquez sur Oui, sauf si vous envisagez de réinstaller cette imprimante ultérieurement.

- Les options d'impression peuvent être modifiées à partir de beaucoup de programmes. Choisissez Fichier dans la barre de menus puis l'option Mise en page ou Imprimer. À partir de là, vous accéderez généralement à la même boîte de dialogue que celle du Panneau de configuration. Vous pourrez modifier le format du papier, l'orientation, et choisir les types de graphisme.

- Pour partager rapidement une imprimante sur le réseau, créez un Groupe résidentiel d'ordinateurs. Votre imprimante apparaîtra en tant qu'option d'installation pour tous les ordinateurs du réseau.

Installer ou paramétrer d'autres éléments informatiques

La zone Matériel et audio du Panneau de configuration contient des éléments attachés à la plupart des PC : la souris, le clavier, un scanner, un appareil photo numérique, une manette de jeu, voire un téléphone. Cliquez sur le nom d'un élément afin de le paramétrer. Le reste de cette section explique comment ajuster la plupart de ces équipements.

Si l'un de ces éléments – le clavier, par exemple – n'apparaît pas, affichez le Panneau de configuration sous la forme de petites icônes, comme à la Figure 8.2 précédemment. Vous trouverez parmi elles l'icône pour le périphérique en question.

Souris

Pour modifier les paramètres de la souris, accédez au Panneau de configuration, cliquez sur Matériel et audio, puis sur Périphériques et imprimantes, puis cliquez du bouton droit sur l'icône de la souris et choisissez Propriétés.

Vous trouverez de nombreux réglages d'une souris à deux boutons. Certains sont un peu futiles, comme le changement du pointeur. Les gauchers pourront permuter les boutons en cochant la case Permuter les boutons principal et secondaire. Le changement est immédiat, avant même d'avoir cliqué sur Appliquer.

Ceux qui manquent de dextérité régleront la rapidité du double-clic. Testez la vitesse actuelle en double-cliquant sur la représentation d'un dossier. S'il s'ouvre, les paramètres sont parfaits. Sinon, réduisez la rapidité du double-clic à l'aide de la glissière.

Les possesseurs de souris à boutons supplémentaires ou sans fil trouveront des paramètres spécifiques à ces fonctionnalités.

Scanneurs et appareils photo

Pour installer un scanneur ou un appareil photo, connectez cet équipement et allumez-le. Windows 7 le reconnaît aussitôt et affiche son nom. Si d'aventure ce n'était pas le cas, voici comment procéder :

1. **Ouvrez le menu Démarrer puis cliquez sur le bouton Panneau de configuration.**

2. **Dans le champ Rechercher, saisissez** Afficher les scanneurs et les appareils photos **(NdT : Mais souvent, ne taper que** scanneur **est suffisant). Cliquez ensuite sur le lien Afficher les scanneurs et les appareils photos.**

   La fenêtre Scanneurs et appareils photo apparaît, montrant tous les scanneurs et appareils détectés par Windows 7.

3. **Cliquez sur le bouton Ajouter un périphérique, puis sur Suivant.**

   Windows 7 démarre l'assistant Installation de scanneur et d'appareil photo, capable de faire en sorte que Windows 7 reconnaisse un scanneur ou un appareil photo ancien.

4. **Choisissez le fabricant et le modèle puis cliquez sur Suivant.**

   Cliquez sur le nom du fabricant à gauche et sur le nom du modèle à droite.

5. **Nommez votre scanneur ou votre appareil photo, cliquez sur Suivant puis sur Terminer.**

   Tapez un nom pour identifier votre périphérique, ou conservez celui qui est suggéré. Si le scanneur ou l'appareil photo est branché, Windows devrait le reconnaître et placer une icône pour ce matériel dans la zone Ordinateur et dans la zone Scanneurs et appareils photo du Panneau de configuration.

L'installation d'un scanneur ou d'un appareil photo un peu ancien n'est malheureusement pas toujours aussi simple. Si Windows n'accepte pas spontanément votre équipement, utilisez le logiciel d'installation qui était livré avec. Il devrait fonctionner, mais vous ne pourrez peut-être pas utiliser le logiciel de transfert d'images de Windows 7.

Clavier

Si le clavier n'est pas connecté ou en panne, votre ordinateur signale cet incident dès l'allumage. Si vous voyez s'afficher le message Erreur de clavier, le moment est venu d'en acheter un autre. Il sera aussitôt reconnu par Windows.

Si votre clavier est doté de boutons supplémentaires, comme Web/Démarrage, Courrier, Calendrier, Fichiers..., vous devez installer le logiciel du clavier pour que ces boutons fonctionnent. Les claviers sans fil exigent presque tous l'installation de leur logiciel.

Windows 7 permet de configurer le comportement de la souris, comme la vitesse de rééééépétition de la frappe.

Régler la date, l'heure, la langue et les options régionales

Microsoft a conçu ces paramètres pour les possesseurs d'ordinateurs portables qui voyagent beaucoup et changent fréquemment de fuseau horaire. Autrement, vous ne les réglerez qu'une seule fois, au moment de la configuration initiale de l'ordinateur. L'ordinateur mémorise la date et l'heure même lorsqu'il est éteint, grâce à une petite pile bouton située sur la carte-mère.

Pour accéder à ces paramètres, cliquez sur le bouton Démarrer, puis sur le bouton Panneau de configuration, puis sur Horloge, langue et région. La fenêtre contient deux rubriques : Date et heure, et Région et langue. Vous y effectuerez les tâches suivantes :

- **Date et heure :** Vous réglez ces paramètres temporels (notez que cliquer sur l'horloge, dans la barre des tâches, et choisir Modifier les paramètres de la date et de l'heure, vous permet d'accéder à la même boîte de dialogue).

- **Région et langue :** Vous voyagez au Brésil ? Cliquez sur cette option et, dans le menu déroulant Format, choisissez Portugais (Brésil). Windows applique la langue de ce pays, le symbole monétaire du real, ainsi que le format de la date en portugais. Pendant que vous y êtes – dans la boîte de dialogue, pas au Brésil –, cliquez sur l'onglet Emplacement et dans le menu Lieu actuel, choisissez Brésil.

  Les polyglottes modifient souvent les options régionales, notamment lorsqu'ils travaillent sur des documents exigeant des caractères typographiques d'autres langues.

Ajouter ou supprimer des programmes

Que vous ayez acquis un nouveau programme ou que vous désiriez vous débarrasser d'un logiciel, c'est à la catégorie Programmes du Panneau de configuration que vous confierez la tâche. Cliquez sur l'icône. Dans la nouvelle fenêtre, la catégorie Programmes et fonctionnalités répertorie tous les programmes actuellement installés, comme le montre la Figure 8.10. Cliquez sur celui que vous désirez supprimer ou modifier.

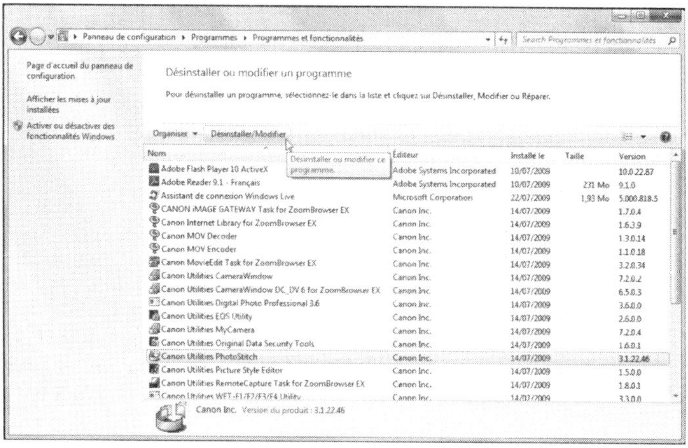

Figure 8.10 : La fenêtre Désinstaller ou modifier un programme permet de supprimer un programme.

La prochaine section explique comment supprimer ou modifier un programme, et aussi comment en installer un nouveau.

Supprimer ou modifier des programmes

Procédez comme suit pour supprimer un programme ou modifier ses paramètres :

1. **Cliquez sur Panneau de configuration, dans le menu Démarrer, et sous Programmes et fonctionnalités, cliquez sur le lien Désinstaller un programme.**

   La fenêtre Désinstaller ou modifier un programme, similaire à celle de la Figure 8.10, apparaît. Elle répertorie les programmes actuellement installés, leur éditeur, leur taille sur le disque dur ainsi que la date d'installation.

   TRUC

   Pour libérer de la place sur le disque dur, cliquez sur l'en-tête Installé le ou Taille. Les programmes seront ainsi triés par ancienneté ou par taille, ce qui vous permettra de mieux sélectionner ceux qui ne servent plus à grand-chose et occupent beaucoup de place sur le disque dur.

2. **Cliquez sur le programme à supprimer puis cliquez sur le bouton Désinstaller, Modifier ou Réparer.**

   Le bouton Désinstaller est toujours présent sur la barre de menus. Les deux autres boutons, Modifier et Réparer, n'apparaissent que pour certains programmes. Voilà de quoi il retourne :

   - **Désinstaller :** Supprime complètement de programme de votre ordinateur (pour certains programmes, ce bouton apparaît sous la forme Désinstaller/Modifier).
   - **Modifier :** Permet de modifier certains composants ou fonctionnalités, où d'ôter des éléments.
   - **Réparer :** Une option de choix pour un programme endommagé. Elle demande au programme de s'auto-inspecter et remplace les fichiers endommagés par de nouveaux fichiers. Vous devrez cependant disposer du CD d'origine.

3. **Windows 7 demande si vous êtes sûr : cliquez sur Oui.**

   Windows 7 démarre le programme de désinstallation associé au logiciel à supprimer, ou parfois, supprime le programme sans autre forme de procès, redémarrant l'ordinateur si c'est nécessaire.

   Une fois supprimé, le programme l'est définitivement ; il ne transite pas par une corbeille. C'est pourquoi, veillez à toujours posséder son CD d'installation, pour le cas où vous désireriez le réinstaller.

Utilisez toujours la fenêtre Désinstaller ou modifier un programme, lorsque vous voulez vous débarrasser d'un logiciel. Se contenter de placer ses dossiers dans la Corbeille n'est ni suffisant ni à faire. Procéder ainsi provoque presque immanquablement une instabilité du système qui envoie en retour d'affreux messages d'erreurs qui hanteront vos nuits.

Ajouter un programme

Vous n'aurez peut-être jamais à utiliser cette fonction, car de nos jours, presque tous les programmes s'installent d'eux-mêmes sitôt que leur CD a été inséré dans le lecteur. Si vous ne savez pas si un programme a bien été installé, cliquez sur le bouton Démarrer et cherchez dans la liste Tous les programmes. S'il s'y trouve, c'est que tout s'est déroulé normalement.

Si un programme ne s'installe pas spontanément, voici quelques conseils qui vous aideront :

- Vous devez disposer d'un compte d'Administrateur pour installer des programmes. C'est généralement le cas du possesseur de l'ordinateur. Ceci empêche les enfants et ceux qui possèdent un compte limité ou Invité d'installer des programmes n'importe comment.

Quand un programme est dépourvu de logiciel d'installation...

Des programmes, notamment ceux de petite taille téléchargés depuis l'Internet, sont parfois dépourvus d'un installeur. Si vous en avez téléchargé un, créez un nouveau dossier à son intention et placez-y le fichier téléchargé (non sans l'avoir préalablement analysé avec l'antivirus). Double-cliquez ensuite dessus ; c'est souvent le fichier dont l'icône est la plus sophistiquée. L'une de ces deux actions peut se produire :

- **Le programme démarre tout simplement :** Cela signifie qu'il n'est pas nécessaire de l'installer. Tirez son icône jusque sur le bouton Démarrer et déposez-le afin de l'ajouter au menu Démarrer. Pour désinstaller le programme, cliquez dessus du bouton droit et choisissez Supprimer. Ce type de programme apparaît très rarement dans la liste de la fenêtre Désinstaller ou modifier un programme.
- **Le programme s'installe de lui-même :** Cela signifie que c'est fait. Le programme d'installation a été lancé, vous épargnant tout problème. Pour désinstaller le programme, utilisez la commande de désinstallation du Panneau de configuration.

Si le programme se trouve dans un dossier compressé, reconnaissable à sa fermeture Éclair, une autre étape est nécessaire. Cliquez du bouton droit dans le dossier compressé – ou "zippé", en jargon informatique –, choisissez Extraire tout, puis cliquez sur Extraire. Windows décompresse le contenu du dossier et le place dans un nouveau dossier dont le nom est généralement celui du programme. Vous pouvez à présent démarrer le programme directement ou, s'il a un installeur, démarrer celui-ci.

- Vous avez téléchargé un programme ? Windows 7 le stocke généralement dans le dossier Téléchargements, accessible en cliquant sur votre nom d'utilisateur, dans le menu Démarrer. Double-cliquez sur le nom du programme téléchargé pour l'installer.
- Beaucoup de programmes nouvellement installés veulent placer un raccourci sur le Bureau, dans le menu Démarrer et dans le menu Lancement rapide. Refusez toutes ces propositions hormis l'installation dans le menu Démarrer. Tous ces raccourcis finissent en effet par encombrer l'écran, compliquant la recherche d'un programme. Vous pouvez supprimer sans problème ces raccourcis superflus en cliquant dessus du bouton droit et en choisissant Supprimer.

TRUC

- Il est vivement recommandé de créer un point de restauration avant d'installer un nouveau programme. Ainsi, si le nouveau programme se détraque, vous pourrez utiliser la fonction de restauration du système pour rétablir l'ordinateur tel qu'il était avant l'installation du fauteur de troubles.

Ajouter ou supprimer des éléments de Windows 7

Vous pouvez aussi vous défaire des parties de Windows 7 dont vous n'avez que faire, les jeux par exemple, si vous voulez empêcher vos employés d'y jouer. Ils ne doivent pas non plus utiliser le Lecteur Windows Media ? Mais qu'est-ce que c'est que cette boîte ? Bref, vous pouvez aussi passer le lecteur à la trappe (non, le lecteur qui est allé à Trappes sans se faire attraper, c'est encore une autre histoire).

Suivez ces étapes pour connaître les parties de Windows 7 que vous pouvez ôter :

1. **Cliquez sur le menu Démarrer, choisissez Panneau de configuration puis cliquez sur l'icône Programmes.**

2. **Sous Programmes et fonctionnalités, cliquez sur le lien Activer ou désactiver des fonctionnalités Windows. Cliquez au besoin sur Continuer.**

   Windows ouvre une fenêtre répertoriant toutes ses fonctionnalités. Celles qui sont cochées sont déjà installées, celles qui ne le sont pas ne sont évidemment pas installées. Si une case est remplie (ni vide ni cochée) cela signifie qu'une partie seulement des composants auxquels elle se rapporte est installée. Cliquez sur le bouton avec un signe "+" pour les afficher tous et savoir lesquels sont installés et lesquels ne le sont pas.

3. **Pour ajouter un composant, cliquez dans sa case vide. Pour un ôter un, l'ensemble des jeux par exemple, décochez la case Jeux.**

4. **Cliquez sur le bouton OK.**

   Windows ajoute et/ou supprime des programmes. Le DVD de Windows 7 vous sera peut-être demandé.

Choisir le programme par défaut

Microsoft permet aux fabricants de remplacer Internet Explorer, le Lecteur Windows Media ou Windows Messenger par des programmes d'autres éditeurs. C'est ainsi que votre nouvel ordinateur peut être équipé du navigateur Mozilla Firefox, à la place d'Internet Explorer. Sur certains PC, les deux sont déjà installés.

Quand plusieurs programmes peuvent effectuer une même tâche – ouvrir un lien Web, par exemple –, Windows 7 doit savoir lequel des deux il doit démarrer. C'est là que le choix du programme par défaut s'impose. Pour cela, ouvrez le Panneau de configuration depuis le menu Démarrer, cliquez sur Programmes, et sous Programmes par défaut, cliquez sur le lien Choisir les programmes par défaut.

Dans la fenêtre éponyme, les programmes sont répertoriés à gauche. Cliquez sur celui que vous utilisez le plus fréquemment puis cliquez sur Définir ce programme comme programme par défaut. Faites de même pour d'autres programmes de la liste que vous désirez utiliser de préférence, puis cliquez sur OK.

Adapter Windows 7 aux handicaps

Windows 7 peut être d'un abord difficile pour beaucoup de gens, mais pour d'autres s'ajoutent les difficultés causées par un handicap physique. Le panneau Ergonomie a été conçu pour les aider et leur faciliter l'usage de Windows.

Si votre vue n'est pas très bonne, vous apprécierez la possibilité d'agrandir le texte sur votre ordinateur.

Procédez comme suit pour modifier les paramètres de Windows 7 :

1. **Cliquez sur le menu Démarrer, puis sur Panneau de configuration. Cliquez sur l'icône Options d'ergonomie puis cliquez sur le lien Options d'ergonomie.**

   La fenêtre de la Figure 8.11 apparaît.

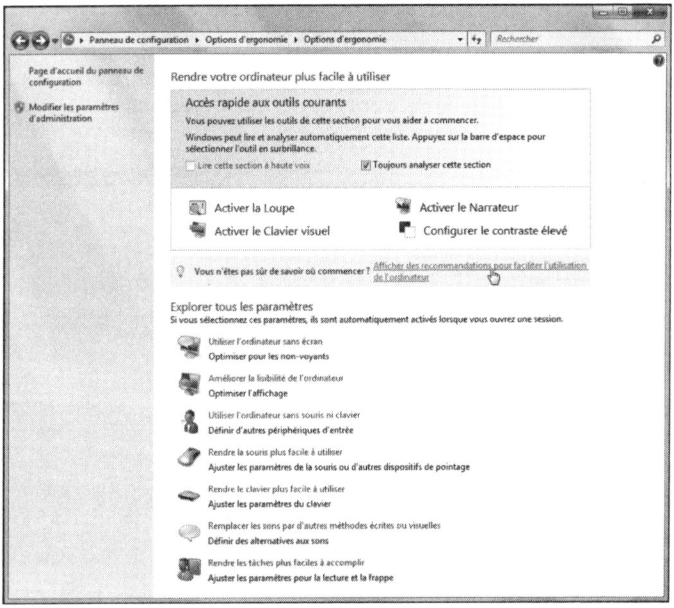

Figure 8.11 : Les Options d'ergonomie sont un ensemble de paramètres destinés à faciliter l'usage de Windows par les handicapés physiques.

2. **Cliquez sur le lien Afficher les recommandations pour faciliter l'usage de l'ordinateur.**

   Ce lien est pointé par le doigt, à la Figure 8.11. Windows pose une série de questions permettant d'évaluer les paramétrages nécessaires. Ensuite, Windows 7 les applique et c'est tout.

   Les changements apportés à Windows 7 ne sont pas satisfaisants ? Passez à l'Étape 3.

3. **Effectuez les changements manuellement.**

   La fenêtre Centre Options d'ergonomie contient des commutateurs qui facilitent l'utilisation du clavier, de la souris, de l'écran et du son :

   - **Activer la Loupe :** Conçue pour ceux qui ont une mauvaise acuité visuelle, cette option grossit l'écran autour du pointeur de la souris.

- **Activer le Narrateur :** Une voix féminine lit le texte affiché à l'écran.
- **Activer le Clavier visuel :** Affiche un clavier cliquable en bas de l'écran, permettant d'écrire en n'utilisant que la souris.
- **Configurer le contraste élevé :** Ce paramètre atténue considérablement les couleurs, mais permet aux malvoyants de mieux distinguer le contenu de l'écran et le pointeur.

Choisissez une ou plusieurs de ces options, qui deviennent immédiatement actives. Fermez la fenêtre associée à la fonction si l'option d'ergonomie complique les choses au lieu de les arranger.

Si vous n'êtes toujours pas satisfait (pfff !), passez à l'Étape 4.

4. **Choisissez un paramètre spécifique dans la zone Explorer tous les paramètres.**

   C'est ici que Windows 7 passe aux choses sérieuses, en permettant d'optimiser Windows 7 pour :

   - Les aveugles et les malvoyants.
   - Utiliser un autre périphérique que la souris ou le clavier.
   - Permettre le réglage de la sensibilité du clavier et de la souris afin de compenser la limitation des mouvements.
   - Activer des alertes visuelles à la place des notifications sonores.
   - Faciliter la concentration sur les zones de lecture et d'écriture.

   Certains centres pour handicapés disposent de logiciels et d'une assistance qui permettent d'exploiter pleinement ces modifications.

Livre II

Internet

Première partie

Web prends garde à toi !

Dans cette partie...

Aucun doute sur ce point : le Web est l'endroit le plus populaire d'Internet. Il a d'ailleurs pris un tel essor ces dernières années que le grand public a tendance à l'assimiler à Internet. Nous vous expliquons ici ce qu'est exactement le Web et comment en tirer parti. Nous vous donnons également de bonnes astuces pour y trouver plus facilement ce que vous cherchez.

Chapitre 1

Le monde merveilleux et farfelu du Web

Dans ce chapitre :

- Hyper quoi ?
- Connaître les URL.
- Pointer, cliquer, parcourir, surfer et autres connaissances de base.
- Introduction à Internet Explorer 9 et à Firefox 3.6.
- Installer un autre navigateur qu'Internet Explorer.

De nos jours, les gens parlent davantage du *Web* que du *Net*, avec une légère tendance à confondre les deux. Mais il ne s'agit pas du tout de la même chose, puisque le *World Wide Web* (que nous appelons familièrement le Web, par goût inné du raccourci) est un sous-ensemble d'Internet, qui lui sert en quelque sorte de support. Le Web est le cœur d'Internet, mais Internet existait bien avant le Web, et la disparition de ce dernier ne perturberait Internet en aucune façon.

Ce chapitre explique ce qu'est le Web, d'où il vient et comment installer et utiliser les navigateurs Firefox et Internet Explorer 9. Vous apprendrez à employer votre navigateur Web pour afficher des pages Web. Si vous êtes déjà un habitué du Net et que vous avez opté pour Firefox ou Internet Explorer, passez directement au Chapitre 2.

Qu'est-ce que le Web ?

Le Web est un ensemble de « pages » contenant des informations, reliées logiquement les unes aux autres et réparties sur toute la surface du globe. Chaque page peut contenir du texte, des images, des sons, des animations, de la vidéo... Nous ne saurions terminer cette énumération autrement qu'avec des points de suspension, car presque chaque jour il naît de nouveaux « objets Web ». Ce sont ces liens, dits *hypertextes,* entre les pages qui rendent le Web si intéressant. Chacun pointe vers une autre page et l'ouvre lorsque vous cliquez dessus. L'affichage de ces pages s'effectue avec un programme spécialisé : le *navigateur.*

Les liens hypertextes peuvent ouvrir des pages situées à Sydney, Johannesburg, Darmstadt, Oslo ou bien simplement de l'autre côté de votre rue. Théoriquement, ce transfert est instantané, mais, dans la réalité, la rapidité de ce déplacement virtuel dépend de nombreux facteurs que nous découvrirons d'ici peu.

Les liens

Le système hypertexte crée des liens entre diverses bribes d'informations. Au fur et à mesure que vous établissez ces liens informatiques, vous contribuez à tisser cette toile d'araignée d'où le Web (« toile » en anglais) tire son nom. Les pages visées peuvent se trouver n'importe où dans le monde.

Toutes les informations peuvent être consultées de façon automatisée par des logiciels, appelés *moteurs de recherche*, qui permettent d'obtenir en quelques secondes toutes les références et occurrences des termes recherchés.

C'est ce système de documents pointant les uns vers les autres qu'on appelle *hypertexte*. La Figure 1.1 montre comment se présente une page Web. Chaque mot ou groupe de mots en gras et de couleur bleu marine est en réalité un *lien* pointant vers une autre page.

L'*hypertexte* est un moyen de relier des informations de façon à faciliter leur découverte. En théorie, du moins. Dans les bibliothèques traditionnelles (vous savez, celles qui possèdent des étagères surchargées de livres), les informations sont classées de façon arbitraire, souvent par ordre alphabétique d'auteur, parfois par sujet. Ce type de classement ne reflète pas nécessairement l'existence d'un lien logique d'un ouvrage à l'autre. Dans le monde de l'hypertexte, en revanche, les informations sont organisées selon les liens logiques qui existent entre elles, ce qui semble plus... logique !

Un nom pour chaque page

Pour trouver une page particulière sur le Web, encore faut-il pouvoir désigner cette page par son nom comme on désigne un livre par son

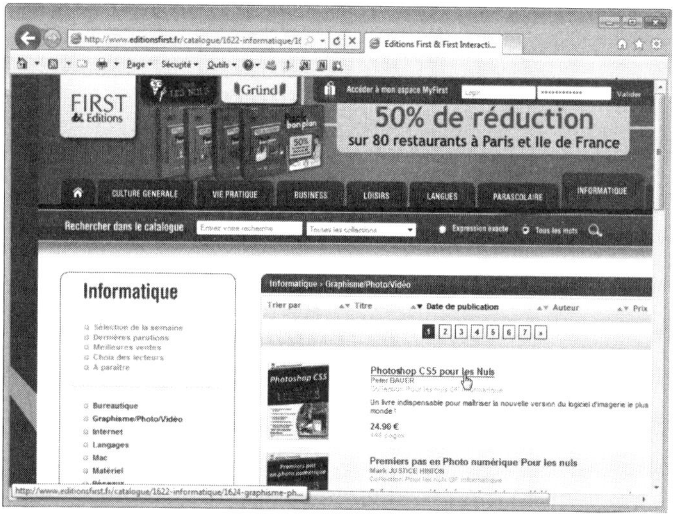

Figure 1.1 : Sur cette page, les mots ou expressions en gras et en bleu marine sont des liens susceptibles d'ouvrir d'autres pages.

D'où vient le Web ?

Le Web a été inventé en 1989 au CERN (Centre européen pour la recherche nucléaire) à Genève, en Suisse, un endroit quelque peu inattendu pour une révolution en informatique. Le petit génie se nomme Tim Berners-Lee, un Anglais, actuellement directeur du consortium W3C (*World Wide Web Consortium*), chargé de l'élaboration des standards du Web.

Tim Berners-Lee a inventé le protocole HTTP *(HyperText Transfer Protocol,* protocole de transfert hypertexte*)*, utilisé pour échanger des informations entre clients et serveurs Web. C'est lui également qui a défini le langage HTML *(HyperText Markup Language,* langage de balisage hypertexte*)* qui n'est pas vraiment un langage au sens informatique du terme, mais plutôt un ensemble de commandes de description de page. Enfin, c'est lui qui a inventé l'URL, sorte d'adresse servant à identifier les ressources accessibles par le Web. Il a conçu le Web comme un moyen universel et simple d'échanger des informations indépendamment des matériels et systèmes d'exploitation utilisés. Les premiers navigateurs Web contenaient des éditeurs qui permettaient à tout utilisateur de créer des pages Web aussi facilement que de les lire.

Pour en savoir plus sur le développement du Web et le travail du consortium W3C, pointez votre navigateur sur `www.w3.org`. Tim Berners-Lee a été anobli en 2004 par la reine Elizabeth II, il porte désormais le titre de Sir Tim Berners-Lee et il a obtenu, en 2004, le Prix de la technologie du Millénaire.

titre. C'est ici qu'intervient la notion d'*URL* (*Uniform Resource Locator*, adresse de ressource unifiée), un système d'adressage universel permettant une identification unique, donc non ambiguë, d'une page donnée. Une URL est une succession de termes commençant par `http://` et continuant souvent par www. Tout le monde le prononce comme un sigle, c'est-à-dire en prononçant chaque lettre (« U-R-L »), et non comme un acronyme (« hurle »). Vous en savez désormais suffisamment pour vous lancer dans la navigation. Pour quelques détails supplémentaires, entièrement techniques et facultatifs sur les URL, voyez l'encadré « Au royaume des URL ».

La navigation

Maintenant que vous savez tout sur le Web, vous voulez le découvrir. Pour ce faire, il vous faut un *navigateur*, le logiciel qui récupère les pages Web et les affiche sur votre écran. Si vous avez Windows, un Mac ou un autre ordinateur offrant un accès à Internet, il en est déjà équipé. Par ailleurs, si vous avez installé le logiciel Internet remis par votre fournisseur d'accès à Internet (FAI), vous en avez aussi un.

Voici les navigateurs les plus connus :

- **Internet Explorer (IE)** est le navigateur que Microsoft fournit avec chaque version de Windows depuis Windows 98. Il en est aujourd'hui à la version 9, arrivée récemment dans le monde cyber.

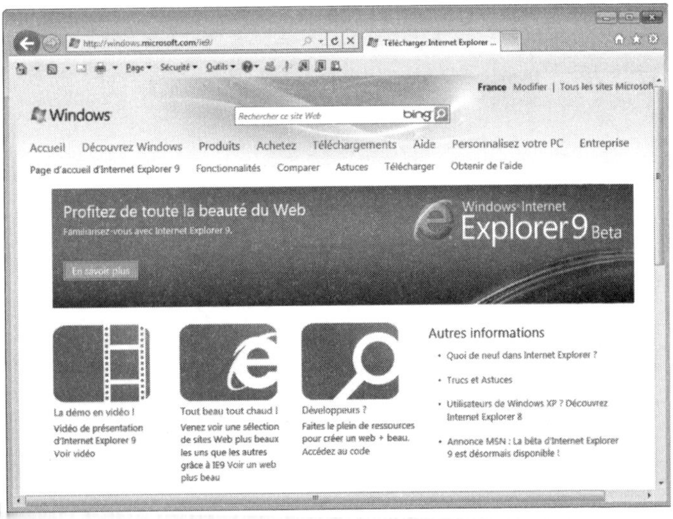

Figure 1.2 : Internet Explorer 9 est utilisé par environ 300 millions d'internautes du monde entier.

- **Firefox** est un navigateur développé en *open source* (source ouverte, c'est-à-dire sans cesse améliorée par une communauté de programmeurs à laquelle toute personne compétente peut se joindre) que vous trouverez à `http://www.mozilla-europe.org/fr/products/firefox/` (Figure 1.3). C'était à l'origine un hybride du meilleur de Mozilla et du meilleur de Netscape et il existe en versions Windows, Mac, et Linux. Firefox est moins visé par les espiogiciels. Reportez-vous à l'encadré « Pourquoi opter pour Firefox ? » pour savoir ce que nous pensons respectivement d'Internet Explorer et de Firefox.

Figure 1.3 : Firefox, dans sa version 3.6, est un navigateur Web de plus en plus utilisé.

Nous décrirons en détail Internet Explorer et Firefox au cours du livre. Si vous n'avez pas de navigateur ou que vous vouliez en essayer un autre, lisez la section « Comment se procurer et installer un navigateur », plus loin dans ce chapitre.

Surfer avec votre navigateur

Lorsque vous ouvrez Internet Explorer 9, vous obtenez un écran comme celui de la Figure 1.4. De nombreux FAI font en sorte que votre navigateur affiche leur page d'accueil, Internet Explorer affiche une page Microsoft et Firefox la page Mozilla, jusqu'à ce que vous choisissiez une autre page d'accueil.

Figure 1.4 : Le nouvel Internet Explorer 9 !

Toutefois, si vous installez Firefox bien après Internet Explorer, le programme d'installation demande s'il doit ou non importer les Favoris et *cookies* utilisés dans Internet Explorer. À vous de décider du bien-fondé de votre réponse affirmative ou négative.

En haut de la fenêtre, on trouve un ensemble de boutons et la barre de navigation, ou barre d'adresse, qui contient l'URL (l'adresse) de la page actuellement visitée (Figure 1.5). Pour plus de détails, consultez l'encadré « Au royaume des URL » dans ce chapitre.

Figure 1.5 : Les outils de navigation d'Internet Explorer 9.

La plus grande partie de la fenêtre du navigateur est occupée par la page Web consultée. C'est quand même ce à quoi est censé servir un navigateur ! Les boutons, barres et menus servent à trouver votre chemin sur le Web et à réaliser des actions comme imprimer et enregistrer des pages.

NOTE TECHNIQUE

Au royaume des URL

L'une des raisons d'être du Web est de vous permettre d'aller d'un point à l'autre, d'un serveur à l'autre. C'est pourquoi la notion de lien est si importante. Mais encore faut-il savoir où aller.

Pour cela, le plus simple est de donner une adresse à tout ce qui peut être considéré comme une ressource du Web. Dans la vie quotidienne, c'est par une adresse que vous localisez la boutique où vous voulez faire quelques emplettes. Voyons comment se présente une adresse Web :

```
http://www.monserveur.fr/monfichier.html
```

L'URL se caractérise par son préfixe (ici : `http://`), qui indique le type de ressource. HTTP signifie *HyperText Transfer Protocol* (protocole de transfert hypertexte) et désigne le protocole utilisé sur le Web. Ne confondez pas « http », la façon dont les pages sont acheminées sur le Net, avec « html », la programmation de la page.

Les détails du reste de l'URL dépendent du modèle mais la plupart des modèles sont semblables. À la suite des deux-points, on trouve deux barres inclinées ainsi que le nom de l'ordinateur, l'hôte qui héberge la ressource (`www.monserveur.fr`). Viennent ensuite une autre barre et un *chemin d'accès* qui donnent le nom de la ressource sur cet hôte (ici, le fichier nommé `monfichier.html`).

On peut aussi trouver, dans une URL, un numéro de port précédé du caractère des deux-points « : », comme dans l'adresse `http://www.toto.fr:80/machin.html`. *Grosso modo*, cela indique le type de programme du serveur qui doit gérer l'adresse. Pour http, c'est 80, qui est la valeur par défaut. C'est pourquoi il est inutile de l'indiquer.

Enfin, une URL Web peut comporter un élément de recherche à la fin, après un point d'interrogation :

```
http://net.gurus.com:80/index.phtml?chickens
```

Lorsqu'une URL comporte une portion recherche, cela indique à l'ordinateur hôte ce qu'il faut rechercher. Il est rare que l'on tape soi-même la portion recherche – elle est construite automatiquement par les formulaires des pages Web.

Outre le préfixe `http://`, il existe aussi `ftp://`, `mailto:`, `file:///`, *etc.* Une URL avec `mailto:` indique qu'il s'agit d'une ressource de courrier électronique qui se présente ainsi :

```
mailto:infos@efirst.com
```

Cliquer sur une URL `mailto:` démarre le logiciel de messagerie, permettant d'envoyer un courrier au destinataire figurant juste après.

Une URL dont le préfixe est `ftp://` signale un serveur de fichiers accessible au moyen du protocole FTP. En voici un exemple :

```
ftp://ftp.univ.lille-1.fr/pc/coast/wulist.zip
```

Enfin, le préfixe `file:` (fichier) permet d'accéder à un document HTML local, c'est-à-dire situé sur la même machine. Dans ce cas, on ne passe pas par Internet. C'est le moyen couramment utilisé pour tester un document HTML. En voici un exemple :

```
file:///c|/web/index.html
```

Sous Windows, cela signifie que le document HTML `index.htm` situé dans le répertoire \web du disque C: sera ouvert. Notez le remplacement du caractère « : » par un caractère « | » (barre verticale), puisque le caractère des deux-points, comme nous venons de le voir, a une autre signification (il précède le numéro de port facultatif).

Petite exploration

Pour aller d'une page à une autre sur le Web, il suffit de cliquer sur un lien. À l'écran, il peut se présenter sous la forme d'une image, d'un mot ou d'une suite de mots affichés dans une autre couleur que le texte normal (en bleu, le plus souvent) et souligné. Si vous n'êtes pas certain que ce soit bien un lien, observez le pointeur de la souris : de flèche, il se change en main lorsqu'il est placé sur un lien.

Arrière toute !

TRUC

Les navigateurs n'ont pas la mémoire courte : ils se souviennent du chemin qu'ils ont parcouru et, en particulier, de la dernière page affichée. Si celle que vous venez d'afficher ne vous plaît pas et que vous souhaitiez revenir à la précédente, cliquez tout simplement sur l'icône la plus à gauche de la rangée supérieure, celle qui porte une flèche tournée vers la gauche. Vous pouvez également passer par le clavier : appuyez sur la touche fléchée pointant vers la gauche tout en maintenant enfoncée la touche Alt (celle qui se trouve à gauche de la barre d'espacement).

Parfois, en cliquant sur un lien, la page atteinte s'ouvre dans une nouvelle fenêtre du navigateur Web. En effet, que ce soit Internet Explorer,

Firefox ou tout autre navigateur, chacun peut afficher plusieurs pages simultanément. Lorsqu'un lien s'ouvre dans une nouvelle fenêtre, le bouton Précédent ou Reculer d'une page n'est pas accessible.

Où aller ?

On appelle *page d'accueil* la page Web principale d'un site Web. La page d'accueil est comparable à la page de couverture d'un magazine : elle donne une idée de ce que vous trouverez dans le site. Voici comment accéder à une page d'accueil :

1. **Cliquez dans la zone de saisie de l'adresse, située en haut de la fenêtre de navigation (Figure 1.6).**

Figure 1.6 : Saisissez ici l'adresse du site Web à visiter.

2. **Saisissez l'URL de la page que vous voulez atteindre.**

   Exemple : `http://www.editionsfirst.fr/`. En général, vous pouvez vous contenter de taper `www.editionsfirst.fr/` (et même, lorsque le site se termine par `.com`, en tapant `editionsfirst` et en appuyant ensuite sur Ctrl+Entrée).

3. **Appuyez sur Entrée.**

TRUC

Si l'URL de la page que vous désirez charger figure dans un courrier électronique, un message lu sur un forum ou dans un traitement de texte, vous pouvez la transférer dans la boîte de saisie de votre fenêtre de navigation au moyen d'un classique copier/coller, ce qui vous évite de la retaper avec les risques d'erreur que cela implique :

1. **Sélectionnez l'URL que vous souhaitez copier.**

   En général, en la balayant du pointeur de votre souris, tout en maintenant enfoncée la touche Maj.

   TRUC

   Vous sélectionnerez très rapidement l'URL en appuyant sur Alt+D.

2. **Appuyez sur Ctrl+C (cmd+C sur Mac) pour copier la chaîne de caractères dans le Presse-papiers.**

3. **Cliquez dans le champ de saisie d'adresse du navigateur.**

4. **Appuyez sur Ctrl+V (cmd+V sur Mac) pour coller le contenu du Presse-papiers et appuyez sur Entrée.**

De nombreux autres logiciels de courrier font mieux encore : ils interprètent automatiquement les URL placées dans leurs messages e-mail de sorte que, lorsque vous passez le pointeur de la souris sur une adresse que vous avez reçue, celui-ci se change en main. Il suffit alors de cliquer ou de double-cliquer pour démarrer le navigateur et afficher la page Web correspondante.

De malfaisants personnages, auteurs de pages Web frauduleuses, peuvent facilement créer des courriers contenant des URL qui, lorsque vous cliquez dessus, n'envoient pas du tout là où vous pensiez aller. Bien évidemment, vous ne vous rendez compte de rien. Méfiez-vous des messages dont l'origine semble suspecte. Par exemple, si vous recevez un message émanant soi-disant de votre banque, ne cliquez pas sur le lien proposé. En effet, vous risquez de tomber sur une fausse page identique à celle du site Web de votre banque. On vous demande votre nom d'utilisateur, votre mot de passe et votre numéro de compte bancaire. Rendez-vous toujours sur le site de votre banque en saisissant son adresse dans la barre d'adresse de votre navigateur Web, mais jamais en cliquant sur un lien figurant dans un courrier.

Par où commencer ?

Nous en apprendrons davantage au Chapitre 2 sur l'art de rechercher des informations ou des fichiers sur le Web, mais, pour l'instant, voici un bon moyen de mettre le pied à l'étrier : allez à la page de Yahoo! France (Figure 1.7) en tapant `http://www.yahoo.fr`

Vous êtes aussitôt transporté sur Yahoo! car Internet Explorer 9 est bien plus rapide que ne le sont les anciennes versions de ce navigateur. Dans le domaine de la rapidité d'affichage des pages Web, Internet Explorer a rattrapé son retard sur Firefox. Sur la page de Yahoo! vous trouvez un répertoire contenant des millions d'adresses de pages Web classées par sujets. En fouinant çà et là, vous allez trouver sans aucun doute quelque chose d'intéressant.

Cette page est bizarre

Il arrive qu'une page Web soit abîmée ou que vous l'interrompiez (en cliquant sur le bouton Arrêter dans la barre d'outils ou en appuyant sur la touche Echap). Pour indiquer à votre navigateur de recharger le contenu de la page : dans Firefox, cliquez sur le bouton Actualiser ou

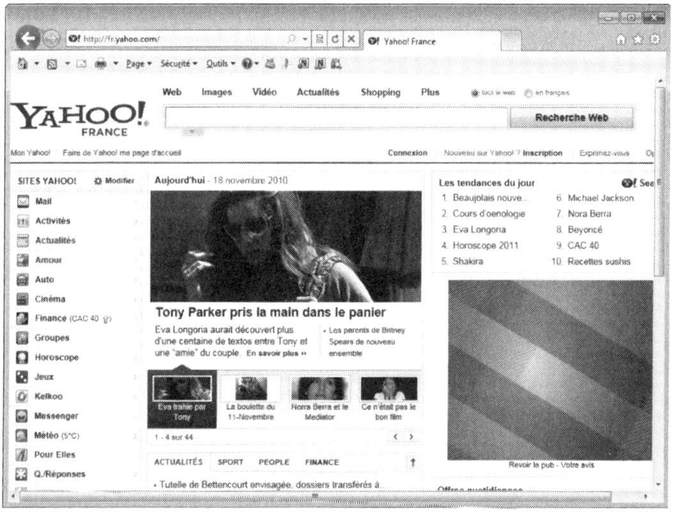

Figure 1.7 : Accédez à la page d'accueil de Yahoo!.

appuyez sur Ctrl+R ; dans Internet Explorer 9, cliquez également sur le bouton Actualiser (icône ci-contre) ou appuyez sur F5.

Avec Internet Explorer 9, si une page ne s'affiche pas, vous pouvez essayer de cliquer sur le bouton de compatibilité qui permet à des sites anciens de s'afficher correctement.

Sortez-moi de là !

Tôt ou tard, il va bien falloir que vous vous arrêtiez de surfer sur le Web, ne serait-ce que pour aller manger ou satisfaire quelque besoin naturel. Vous fermez votre navigateur exactement comme vous quittez tout programme Mac ou Windows : vous choisissez la commande Fichier/Quitter ou appuyez sur la combinaison Alt+F4. Sous Windows, vous pouvez également cliquer sur le bouton de fermeture (X) placé dans le coin supérieur droit de la fenêtre d'affichage.

Installer un autre navigateur

Un navigateur est sans aucun doute déjà installé sur votre machine. Tous les navigateurs récents se ressemblent tellement que nous vous suggérons de garder celui qui s'y trouve, pour l'instant, du moins. Si vous n'avez pas de chance, vous n'avez pas de navigateur ou un vieux modèle que vous devez mettre à jour pour bénéficier des fonctions récentes exploitées dans les pages Web. Si vous utilisez une version de Firefox antérieure à la 2 ou d'Internet Explorer antérieure à la 9.0, vous risquez de passer à côté de nombreuses nouvelles fonctionnalités. Heureusement, les navigateurs ne sont pas difficiles à obtenir et à installer, et la plupart sont gratuits.

De nouvelles versions de Firefox et d'Internet Explorer paraissent régulièrement. Elles corrigent les *bugs* des versions précédentes et comblent aussi certaines failles de sécurité qui permettent aux pirates de s'introduire dans les systèmes informatiques. À cet égard, Internet Explorer 9.0 est beaucoup plus sécurisé, performant, confidentiel, et pratique que l'était la version 8.0.

Comment se procurer un navigateur ?Pour obtenir ou mettre à jour Firefox, allez à l'adresse `http://www.mozilla-europe.org/fr/firefox/`. Si vous préférez Internet Explorer, qu'à cela ne tienne ! Rendez-vous à l'adresse `http://windows.microsoft.com/ie9/` (Figure 1.8).

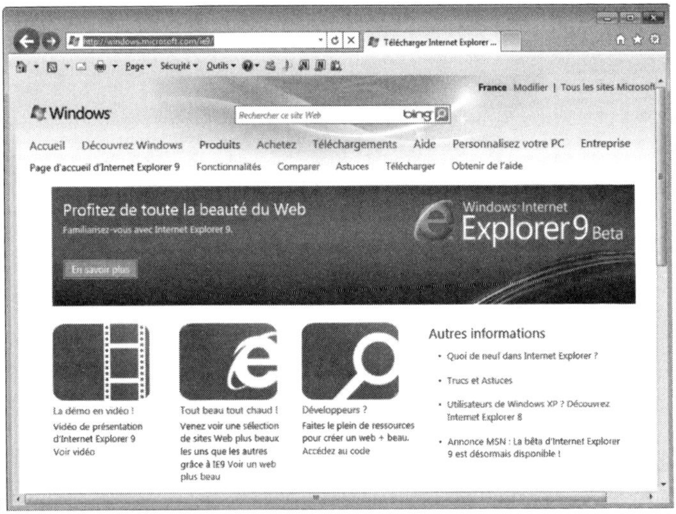

Figure 1.8 : Téléchargez Internet Explorer 9 !

Lors d'une mise à jour d'une version antérieure du navigateur vers une plus récente, l'ancienne version sera remplacée par la nouvelle. Le programme d'installation conservera vos réglages et signets ou Favoris.

La première fois que vous ouvrez le navigateur

Pour ouvrir votre nouveau navigateur, cliquez sur son icône dans la barre des tâches de Windows 7 ou sur le raccourci affiché sur le bureau.

Si vous installez Firefox en plus d'Internet Explorer, vous êtes invité à importer tous vos paramètres Internet Explorer (ou de tout autre navigateur Web que vous utilisiez avant lui). Cela est important si vous avez réuni une impressionnante liste de Favoris que vous désirez retrouver dans Firefox.

Navigation sécurisée avec Internet Explorer 9

Une des nouvelles fonctions les plus intéressantes d'Internet Explorer 9 est la possibilité de naviguer sans laisser d'informations personnelles sur le Web.

Voici comment utiliser la fonction InPrivate d'Internet Explorer 9 :

1. **Démarrez Internet Explorer.**

   La page d'accueil définie par défaut apparaît.

2. **Cliquez sur Sécurité/Navigation InPrivate, comme le montre la Figure 1.9.**

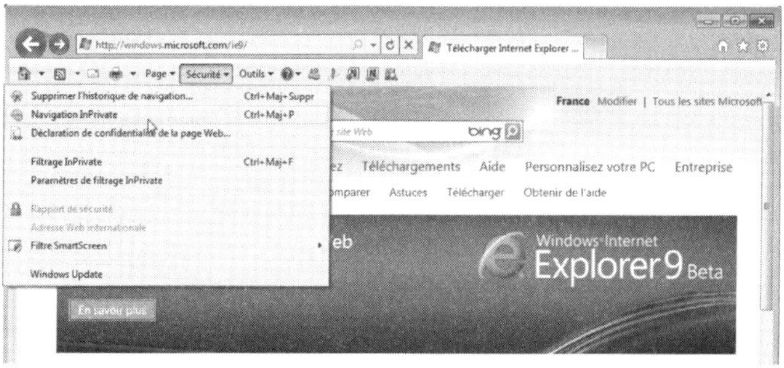

Figure 1.9 : Navigation InPrivate d'Internet Explorer 9.

Ce choix ouvre une nouvelle fenêtre d'Internet Explorer expliquant en quoi consiste InPrivate, comme le montre la Figure 1.10.

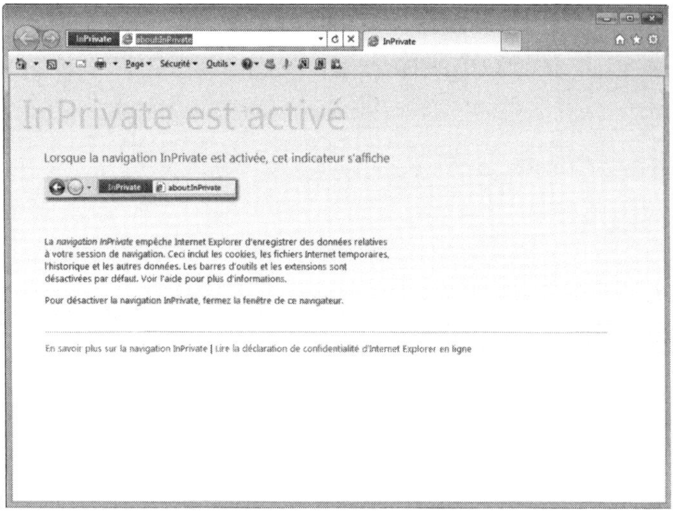

Figure 1.10 : Internet Explorer 9 en mode de navigation privée.

Comme vous le constatez, rien de ce qui vous concerne n'apparaît sur le Web lors d'une navigation en mode InPrivate. Internet Explorer empêche l'enregistrement :

- des cookies ;
- des fichiers Internet temporaires ;
- de l'historique de navigation ;
- d'autres données personnelles.

3. **Dans la barre d'adresses, tapez l'URL de la page que vous désirez visiter, et appuyez sur Entrée.**

   La navigation se déroule tout à fait normalement. La seule et importante différence est que tout site que vous visitez et pour lequel vous avez antérieurement saisi des données personnelles vous obligera à les taper de nouveau. Ce sera le cas des sites marchand qui gardent souvent en mémoire votre nom d'utilisateur et votre mot de passe pour accélérer vos achats sur Internet.

4. **Pour sortir du mode InPrivate, il suffit de fermer cette fenêtre spéciale d'Internet Explorer 9.**

Chapitre 2

Il était un joli petit Web

Dans ce chapitre :

- Enregistrer et imprimer des pages Web.
- Demander au navigateur de mémoriser les noms d'utilisateur et les mots de passe.
- Naviguer dans plusieurs fenêtres à la fois.
- Afficher des pages Web dans des onglets.
- Marquer vos pages préférées.
- Contrôler les *cookies*.
- Arrêter les *popups*.
- Ajouter des *plug-ins* au navigateur.

Vous avez appris au Chapitre 1 ce qu'est un navigateur Web. Vous apprendrez à présent à exploiter quelques fonctionnalités telles que l'impression des pages Web, l'affichage simultané de plusieurs pages et la mémorisation des pages que vous visitez régulièrement. Vous devez également apprendre à gérer les espiogiciels.

Enregistrer des éléments du Web

Très souvent, vous rencontrerez des éléments d'une page que vous aurez envie de conserver. Il peut s'agir d'une image ou de tout autre type de fichier, voire même d'une page Web entière. L'enregistrement de ces éléments est très facile à réaliser.

Enregistrer une page Web

Lorsque vous enregistrez une page Web, vous devez décider si vous n'en gardez que le texte ou si vous sauvegardez sa version HTML.

Cette dernière version inclut tous les codes qui président à la mise en forme de la page.

Voici comment enregistrer une page Web affichée :

1. **Cliquez sur Fichier/Enregistrer sous (aussi bien dans Internet Explorer que dans Firefox).**

   Dans Internet Explorer, lorsque la barre des menus n'est pas affichée en permanence, vous devrez appuyer sur la touche Alt pour afficher la barre de menus.

   TRUC

   Pour afficher de manière permanente la barre des menus d'Internet Explorer 9, appuyez sur Alt. Ensuite, cliquez sur Affichage/Barre d'outils/Barre de menus (Figure 2.1). Pour masquer la barre de menus, il suffit de répéter cette opération.

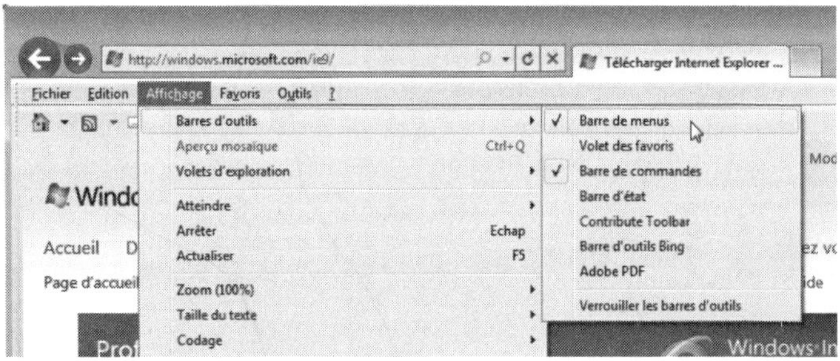

Figure 2.1 : Afficher la barre de menus d'Internet Explorer 9.

   Une boîte de dialogue d'enregistrement standard apparaît.

2. **Attribuez un nom à cette page dans le champ Nom du fichier, ou bien laissez le nom affiché par défaut.**

3. **Dans la liste Type, choisissez la forme sous laquelle vous allez sauvegarder cette page sur votre disque dur.**

   Choisissez :

   - Fichier texte pour ne conserver que la version texte de la page avec quelques petites marques indiquant l'emplacement des images.
   - Page Web HTML uniquement ou Page Web complète pour conserver cette page dans sa mise en forme actuelle, c'est-à-dire exactement telle que vous la voyez à l'écran.

4. **Cliquez sur le bouton Enregistrer.**

Enregistrer une image

Pour enregistrer une image affichée sur une page Web :

1. **Cliquez sur l'image du bouton droit de la souris.**
2. **Dans le menu contextuel, choisissez la commande Enregistrer l'image sous, comme le montre la Figure 2.2.**

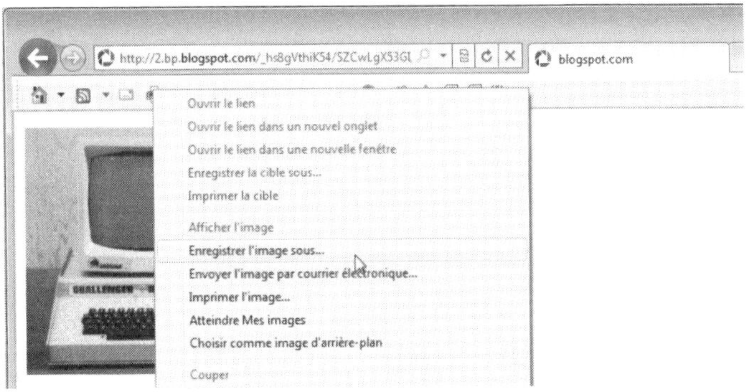

Figure 2.2 : Enregistrez, sur votre disque dur, une image trouvée sur une page Web.

3. **Dans la boîte de dialogue Enregistrer l'image, utilisez la liste Enregistrer dans. Utilisez ensuite le volet de gauche pour sélectionner le disque dur ou le dossier de stockage de cette image.**
4. **Puis, dans le volet de droite, localisez le disque dur et/ou le dossier ou le sous-dossier de stockage.**
5. **Dans le champ Nom du fichier, modifiez si besoin le nom assigné par défaut.**
6. **Enfin, dans le champ Type, choisissez le format graphique sous lequel vous désirez enregistrer cette image. Cliquez sur Enregistrer.**

ATTENTION !

N'oubliez jamais que tout ce que vous voyez sur le Net est protégé par la loi sur les droits d'auteur. Par conséquent, vous ne pouvez pas utiliser les textes, les images, les vidéos, la musique, *etc.* comme bon vous semble car vous n'en avez pas la propriété artistique. En d'autres termes, vous ne pouvez jamais utiliser, sans autorisation écrite des auteurs, tout document dont vous n'êtes pas vous-même le créateur. Conclusion : n'utilisez jamais ces éléments sur votre site Web !

Imprimer des pages Web

Aux premières années du Web, toutes les pages affichaient une commande d'impression qui ne fonctionnait pas ! On pensait à l'époque que l'internaute ne souhaitait consulter les informations qu'en ligne.

Or, de nombreux internautes aiment se constituer des dossiers complets à titre privé, professionnel, ou encore dans le cadre de leurs études. Aujourd'hui, l'impression du contenu d'une page Web est très simple à réaliser.

Soit vous cliquez sur le bouton Imprimer cette page (ou Imprimer), soit vous invoquez Fichier/Imprimer. Le navigateur doit effectuer une nouvelle mise en page du contenu Web afin de le rendre présentable sur un format A4. Ceci demande un peu de temps. Une barre de progression permet de savoir où vous en êtes de cette impression.

Si vous cliquez sur l'icône d'impression de la barre d'outils d'Internet Explorer 9, la page Web est directement imprimée. En revanche, si vous exécutez la commande Imprimer du menu Fichier, vous accédez à la boîte de dialogue Imprimer où vous paramétrez votre impression.

Sous Internet Explorer 9, vous pouvez cliquer sur la petite flèche située à droite de l'icône de l'imprimante (Figure 2.3). Dans le menu local qui apparaît, choisissez Imprimer pour ouvrir la boîte de dialogue éponyme, Aperçu avec impression pour prévisualiser précisément ce que vous allez imprimer, ou Mise en page pour choisir ce qui sera ou non imprimé.

Figure 2.3 : Imprimer depuis la barre d'outils d'Internet Explorer 9.

Remplir des formulaires

Dans une page Web, un *formulaire* est une page remplie de champs de saisie, de cases à cocher, de boutons radio, de listes qui permettent de communiquer des informations à un site Web lorsque vous cliquez sur le bouton Envoyer. La Figure 2.4 présente un formulaire type.

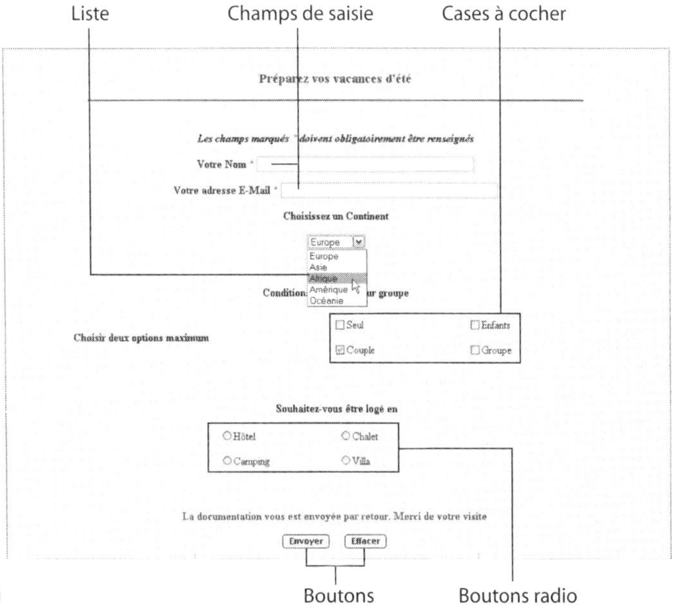

Figure 2.4 : Remplissez des formulaires.

Les *champs de saisie* permettent de taper des informations comme votre nom, votre courriel ou encore votre adresse postale. Les petits carrés sont des *cases à cocher*. Elles permettent de choisir plusieurs options (ou réponses) proposées. En revanche, les petits cercles sont des boutons d'option souvent appelés *boutons radio*. Dès que vous en activez un, les autres du même groupe ne peuvent plus l'être, contrairement aux *cases* permettant les choix multiples. Les formulaires contiennent également des *listes* dont les différentes natures permettent d'effectuer un ou plusieurs choix.

Les formulaires ont également des boutons. Ils sont généralement au nombre de deux : l'un pour envoyer, donc valider le formulaire, et l'autre pour l'annuler. Parfois, vous en verrez un troisième qui permet de purger le contenu afin de recommencer la saisie des informations.

Certaines pages Web comportent un *champ de recherche*. Cela permet d'effectuer une recherche d'informations sur un site en saisissant un mot-clé. Par exemple, la page Web de Google, à l'adresse `www.google.fr` et à la Figure 2.5, n'en a qu'un seul dans lequel vous tapez l'objet de la recherche. Pour trouver des sites Web consacrés au cinéma, saisissez simplement « cinéma » et cliquez sur le bouton Recherche Google. Une liste des sites sur le cinéma s'affichera dans le reste de la page.

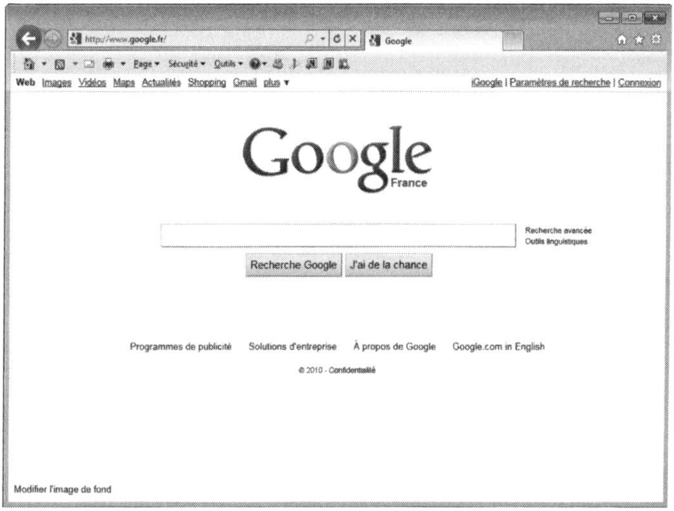

Figure 2.5 : La page d'accueil du célèbre moteur de recherche Google.

TRUC

Internet Explorer est doté d'un champ de recherche situé en haut à droite de l'interface. Par défaut, il propose d'effectuer une recherche *via* le moteur Bing. Toutefois, si vous cliquez sur la petite flèche située à droite de la loupe, vous avez la possibilité de choisir d'autres moteurs en cliquant sur la commande Rechercher d'autres moteurs de recherche. Utilisez celui qui vous convient le mieux.

Les pages Web sécurisées

Lorsque vous remplissez un formulaire en ligne, vous êtes amené à communiquer des informations confidentielles, votre numéro de carte bancaire, par exemple. Heureusement, les pages Web savent crypter les données que vous envoyez et que vous recevez d'un *serveur Web sécurisé*.

L'icône d'un petit cadenas affichée à droite de l'adresse, dans la page de navigation, indique que toutes les transactions effectuées à partir de cette page sont cryptées. Si ce fameux petit cadenas est ouvert ou absent, cela signifie que la page n'est pas cryptée. Dans Firefox, le cadenas figure en bas à droite de la fenêtre du navigateur.

Le remplissage des formulaires s'effectue presque toujours dans une page Web sécurisée. Ceci évite tout détournement des informations par les cyberdélinquants. Le cryptage des données saisies est sécurisant.

TRUC

Comme expliqué au précédent chapitre, Internet Explorer 9 permet de surfer en mode InPrivate, c'est-à-dire un mode dans lequel aucune donnée personnelle n'est transmise aux sites Web. Pour cela :

1. **Cliquez sur Sécurité/Navigation InPrivate.**

   Internet Explorer ouvre une nouvelle fenêtre comme celle de la Figure 2.6.

2. **Pour quitter la mode InPrivate, fermez cette fenêtre.**

TRUC

Pour savoir si vous êtes dans une fenêtre d'Internet Explorer affichée en mode InPrivate, regardez si cette mention figure à gauche de la barre d'adresses.

Figure 2.6 : Naviguer incognito avec le mode InPrivate d'Internet Explorer 9.

Laisser votre navigateur gérer vos mots de passe

De nombreux sites Web demandent la saisie d'un nom d'utilisateur et d'un mot de passe. Par exemple, lorsque vous achetez quelque chose sur un site Web, vous ouvrez généralement un compte qui stocke votre adresse de facturation et de livraison. Cela permet de régler vos achats plus rapidement. Pour accéder à ce compte, vous devez systématiquement saisir votre nom d'utilisateur et votre mot de passe. Comme vous avez probablement défini des quantités industrielles de mots de passe, il est parfois salutaire de demander à votre navigateur Web de les conserver en mémoire.

Firefox et Internet Explorer savent mémoriser les noms d'utilisateur et les mots de passe. Cependant, cette fonction pratique peut s'avérer dangereuse si d'autres personnes utilisent votre ordinateur dans un lieu public comme une bibliothèque ou un cybercafé. En revanche, si vous êtes seul à accéder à votre ordinateur, vous pouvez demander au navigateur de mémoriser certains de vos noms d'utilisateur et de vos mots de passe.

Lorsque vous accédez à une page Web qui requiert ces deux informations, votre navigateur affiche un message, comme celui d'Internet Explorer 9, représenté à la Figure 2.7. Cliquez sur Oui si vous désirez ne pas avoir à saisir le mot de passe lors de votre prochaine visite. Avec Firefox, vous disposez d'un bouton Jamais pour ce site (Figure 2.8). Si vous cliquez dessus, la cause est entendue. Vous serez systématiquement obligé de saisir le mot de passe pour ce site spécifique. Si vous répondez Non, aucune mise en mémoire n'est faite, mais le message s'affichera de nouveau lorsque vous reviendrez sur le site.

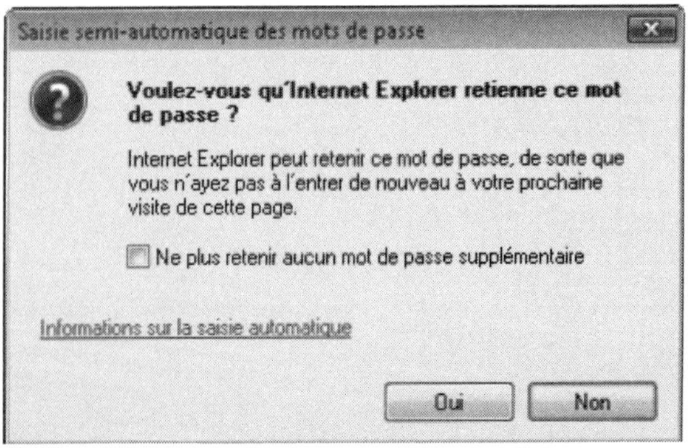

Figure 2.7 : Internet Explorer peut stocker les mots de passe saisis sur les sites Web.

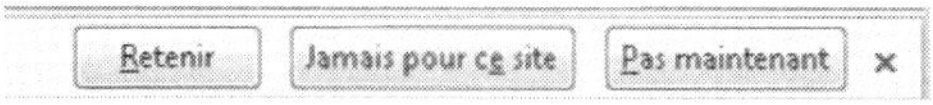

Figure 2.8 : Firefox peut stocker les mots de passe saisis sur les sites Web.

Voici comment contrôler la manière dont les mots de passe sont stockés par Internet Explorer 9 :

1. **Cliquez sur Outils/Options Internet.**
2. **Cliquez sur l'onglet Contenu.**
3. **Dans la section Saisie semi-automatique, cliquez sur le bouton Paramètres.**

   Vous affichez la boîte de dialogue Paramètres de la saisie-automatique illustrée à la Figure 2.9.

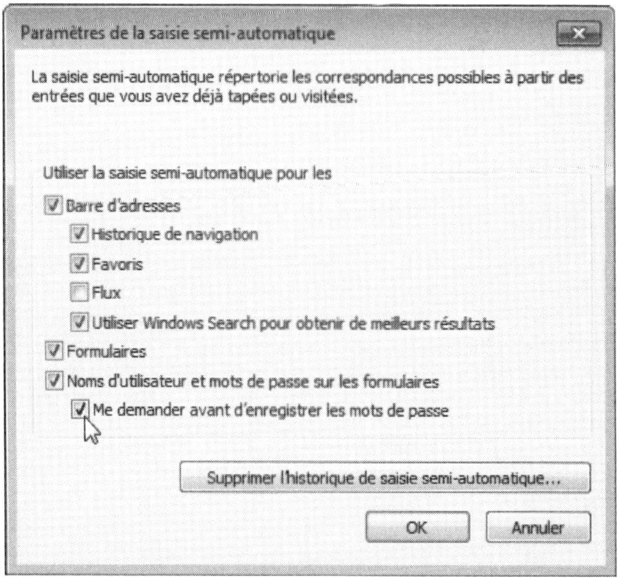

Figure 2.9 : Gérez la manière dont Internet Explorer doit stocker vos mots de passe.

4. **Selon votre préférence, cochez ou décochez la case Me demander avant d'enregistrer les mots de passe.**

Voici les options disponibles :

- Si vous décochez l'option Me demander avant d'enregistrer les mots de passe, cette fonction est désactivée. Cochez la case pour la réactiver. Les mots de passe seront automatiquement enregistrés.

- Cliquez sur le bouton Supprimer l'historique de la saisie semi-automatique pour éventuellement supprimer des noms d'utilisateur et des mots de passe qu'Internet Explorer 9 aurait mémorisés.

- Décochez la case Noms d'utilisateurs et mots de passe sur les formulaires pour qu'Internet Explorer n'essaie pas de les stocker.

4. **Cliquez sur OK pour quitter la boîte de dialogue Paramètres de la saisie semi-automatique.**

Personnellement, je laisse mon navigateur Web mémoriser les mots de passe de mes différents comptes quand ceux-ci n'engagent aucunement des informations personnelles et/ou bancaires. Par exemple, si nous avons un compte sur le site Web des fans de Harry Potter pour nous permettre de discuter en ligne avec d'autres personnes partageant notre passion, nous ne risquons pas grand-chose à mémoriser le mot de passe dans le navigateur. Nous ne procéderons bien sûr pas de la même manière avec le nom d'utilisateur et le mot de passe d'accès à un compte bancaire.

Des fenêtres ouvertes sur le monde

Firefox et Internet Explorer sont capables de faire plusieurs choses à la fois (c'est ce qu'on appelle du *multitraitement*), et notamment d'afficher plusieurs pages Web simultanément. Lorsque nous cliquons çà et là dans les pages Web, nous aimons bien ouvrir de multiples fenêtres pour retourner rapidement à une page précédente en basculant simplement d'une fenêtre à l'autre, ou mieux, dans des onglets. Dès que vous désirez afficher une nouvelle page, il suffit de l'ouvrir dans un onglet pour la conserver à disposition. Cliquez sur l'onglet d'une page pour en afficher le contenu.

Des fenêtres un peu partout

Pour ouvrir une nouvelle page dans Internet Explorer ou Firefox, cliquez du bouton droit de la souris sur un lien et, dans le menu qui surgit, choisissez la commande Ouvrir dans une nouvelle fenêtre, ou

Ouvrir le lien dans une nouvelle fenêtre pour Firefox. Pour fermer une fenêtre, cliquez sur sa case de fermeture (représentée par une croix dans le coin supérieur droit) ou appuyez sur Alt+F4.

Vous pouvez également ouvrir une nouvelle fenêtre sans pour autant suivre un autre lien. Pour cela, appuyez sur Ctrl+N ou (après un appui sur Alt) cliquez sur Fichier/Nouvelle fenêtre dans Internet Explorer et Firefox.

TRUC

Dans Firefox et dans Internet Explorer 9, cette commande ne produit pas le même effet. Ainsi, dans Internet Explorer 9, une nouvelle fenêtre va afficher le contenu de la fenêtre actuelle ; dans Firefox, vous partez d'une nouvelle fenêtre affichant la page d'accueil par défaut. Pour ouvrir, dans Internet Explorer 9, une nouvelle fenêtre affichant votre page d'accueil par défaut, vous devez cliquer sur Fichier/Nouvelle session.

Jeux d'onglets

Apparus d'abord dans le méconnu navigateur Opera puis dans Firefox, avant d'être adopté par Internet Explorer 7, les *onglets* contiennent chacun une page Web. La Figure 2.10 montre Internet Explorer 9 avec quatre onglets. Pour afficher une des pages, il suffit de cliquer sur son onglet en haut de la fenêtre. Cliquez sur le minuscule onglet vide, à droite de ceux déjà ouverts (ou appuyez sur Ctrl+T), pour créer un nouvel onglet ou sur le X à droite de l'onglet courant pour le supprimer.

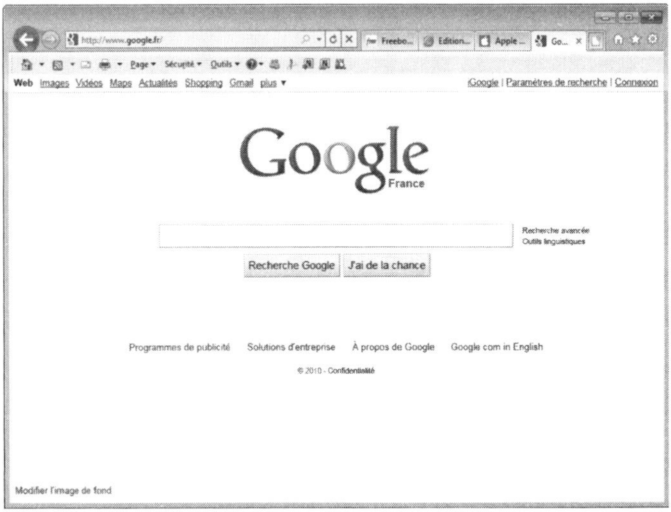

Figure 2.10 : Une fenêtre d'Internet Explorer 9 avec quatre onglets.

Les onglets travaillent en *multithread*, c'est-à-dire qu'un chargement peut se dérouler à l'arrière-plan dans un onglet pendant que vous en consultez un autre. Nous trouvons les onglets généralement plus pratiques que les fenêtres. Les deux sont exploitables conjointement ; rien n'empêche d'ouvrir plusieurs fenêtres, chacune pouvant afficher plusieurs onglets.

À propos du téléchargement

Si vous demandez à votre navigateur de commencer à télécharger un gros fichier, il affichera généralement une petite fenêtre dans un coin de votre écran. Firefox ouvre la fenêtre Téléchargements. Vous y suivez la progression du transfert. Internet Explorer, lui, présente des petites pages voletant de gauche à droite, d'un dossier à un autre, ainsi qu'une barre de progression. Certains trouvent cela amusant ! Et, pendant ce temps-là, vous pouvez revenir à la fenêtre principale de votre navigateur et continuer votre promenade sur le Web.

Attention : faire deux ou trois choses à la fois avec votre navigateur lorsque vous êtes connecté à Internet par une ligne téléphonique peut vous faire gagner du temps. Tout dépend, en fait, du débit maximal du modem. La vitesse de transfert sera partagée entre les fenêtres actives du navigateur. Un seul transfert de fichier peut parfois solliciter presque toute la bande passante. Par conséquent, plusieurs activités se dérouleront toutes plus lentement.

Si une tâche est un téléchargement de gros fichiers et l'autre une simple promenade sur le Web, tout se passe généralement bien car vous passez plus de temps à regarder la page Web, permettant au fichier d'être transféré sans entrave. Mais ce n'est pas parce que Firefox et Internet Explorer permettent de télécharger plusieurs fichiers en même temps que vous allez y gagner quoi que ce soit. Il n'y a pas de raison d'en traiter plus d'un seul (deux, à la rigueur) à la fois, et, en plus, vous risquez de vous tromper.

Les navigateurs Web disposent d'un « cache ». Il s'agit d'une zone de stockage où le programme enregistre les images d'un site de manière à les réafficher lors d'une prochaine connexion au même site, ce qui fait gagner du temps. Le problème du cache est qu'il peut empêcher l'affichage de la version actualisée de la page, ce qui peut être gênant sur un site marchand, financier ou journalistique, les prix, cours et informations risquant d'être périmés. Pour éviter ce désagrément, recharger la page en appuyant sur la touche F5 du clavier (avec Internet Explorer ou Firefox). Sachez cependant que ces navigateurs, en règle générale, chargent systématiquement la nouvelle version des pages Web lorsque leur contenu a radicalement changé. Toutefois, l'appui sur F5 reste un excellent réflexe.

Favoris et signets

Il existe quantité de sites passionnants à visiter sur le Web, et vous voudrez revisiter bon nombre d'entre eux. Par bonheur, les programmeurs qui ont conçu les navigateurs ont pensé à un moyen de mémoriser les bonnes adresses, évitant ainsi de devoir noter manuellement des URL parfois compliquées. Ces moyens sont des *signets, marque-pages* ou *favoris*.

Le terme diffère d'un navigateur à un autre mais le principe reste le même. Votre navigateur vous permet d'enrichir votre « carnet d'adresses Web » en y ajoutant l'URL de la page affichée. Quand vous voudrez y revenir, vous n'aurez qu'à parcourir les signets à la recherche du site qui vous intéresse.

Il y a deux façons d'utiliser les signets. L'une consiste à se les représenter comme les entrées d'un menu qui viendrait s'ajouter aux menus de votre navigateur. L'autre est de les considérer comme une page de liens.

Les marque-pages de Firefox

Pour accéder aux signets de Firefox – pardon, aux marque-pages –, cliquez sur le menu Marque-pages. Pour en ajouter un, correspondant à la page actuellement affichée, cliquez sur Marquer cette page ou appuyez sur Ctrl+D. Les signets se présentent comme des entrées du menu qui apparaît lorsque vous cliquez sur le menu Marque-pages (Figure 2.11). Pour atteindre une des pages de la liste, il suffit de cliquer sur l'entrée correspondante.

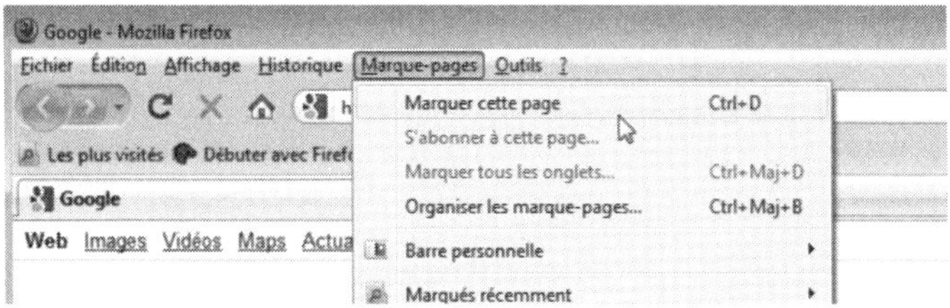

Figure 2.11 : Marquer des pages pour mieux les consulter dans Firefox.

Si vous êtes comme la plupart des surfeurs du Net, votre liste de signets va s'allonger, et bientôt votre écran ne sera plus assez grand pour l'afficher en entier. Il est cependant possible de donner au menu une forme plus manipulable :

1. **Choisissez Marque-pages/Organiser les marque-pages pour afficher la fenêtre Bibliothèque (Figure 2.12).**

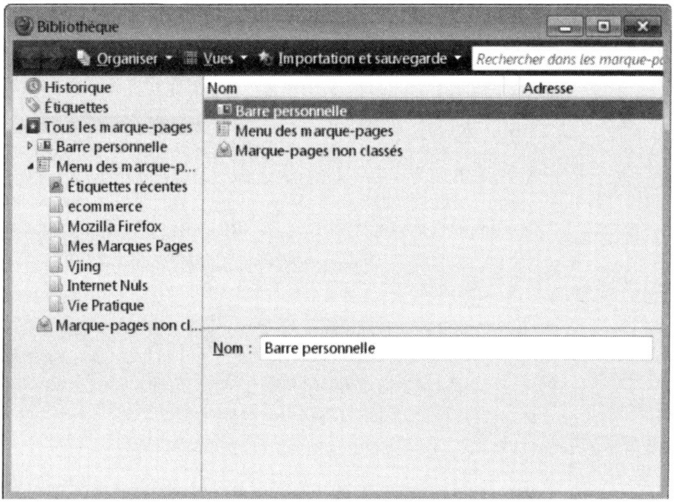

Figure 2.12 : La fenêtre Bibliothèque comporte des commandes pour déplacer, modifier et supprimer ces signets.

2. **Double-cliquez sur Tous les marque-pages puis sur Menu des marque-pages pour afficher la liste de vos marque-pages.**

   Vous pouvez atteindre la page qu'un signet représente à l'aide d'un double-clic.

3. **Cliquez ensuite sur le menu Organiser pour choisir ce que vous voulez réaliser comme action (supprimer, déplacer, etc.).**

4. **Lorsque vous avez fini de jouer avec vos signets, cliquez sur le bouton de fermeture de la fenêtre, ou bien appuyez sur Ctrl+W.**

Marque-pages en un clic sous Firefox

La Barre personnelle est une rangée de boutons affichée juste au-dessous de la barre d'adresse. Si ce n'est pas le cas, choisissez Affichage/Barre d'outils/Barre personnelle. Cette rangée de boutons donne un accès rapide à un certain nombre de sites Web de Firefox. Il est pratique de les remplacer par vos propres favoris. Lorsque vous organisez vos signets dans la fenêtre Gestionnaire de marque-pages, placez vos sites favoris dans le dossier Barre personnelle ; tous les sites présents dans ce dossier apparaissent systématiquement dans la Barre personnelle.

Il est même possible d'ajouter des dossiers et d'y insérer des signets. Nous apprécions beaucoup cette caractéristique de Firefox.

Les favoris d'Internet Explorer

Internet Explorer et Firefox utilisent une technique à peu près semblable, grâce à laquelle vous pouvez enrichir votre liste de Favoris avec l'URL de la page affichée, puis consulter et réorganiser votre dossier Favoris.

Pour ajouter la page actuelle à votre dossier Favoris :

1. **Dans la partie supérieure droite d'Internet Explorer, cliquez sur l'icône représentant une étoile.**

   La section Ajouter aux Favoris (Figure 2.13) apparait.

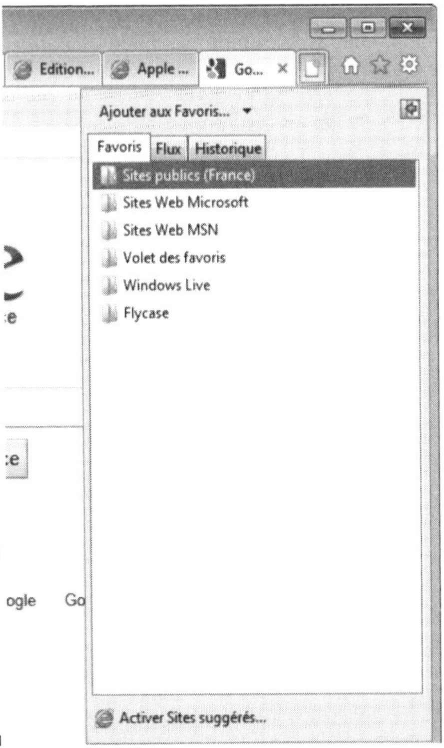

Figure 2.13 : Ajout d'une page Web aux favoris d'Internet Explorer 9.

2. **Cliquez sur la flèche Ajouter aux favoris et indiquez l'emplacement de sauvegarde du favoris.**

Vous pouvez également ajouter une page aux favoris *via* Favoris/Ajouter aux favoris. Cela affiche la boîte de dialogue éponyme dans laquelle vous pouvez créer un dossier spécial pour y sauvegarder des pages traitant d'un même sujet.

3. **Pour réorganiser le dossier Favoris, choisissez Favoris/Organiser les Favoris.**

   La fenêtre Organisation des Favoris (Figure 2.14) permet de créer des dossiers pour les favoris, de déplacer les favoris, de les modifier et de les supprimer.

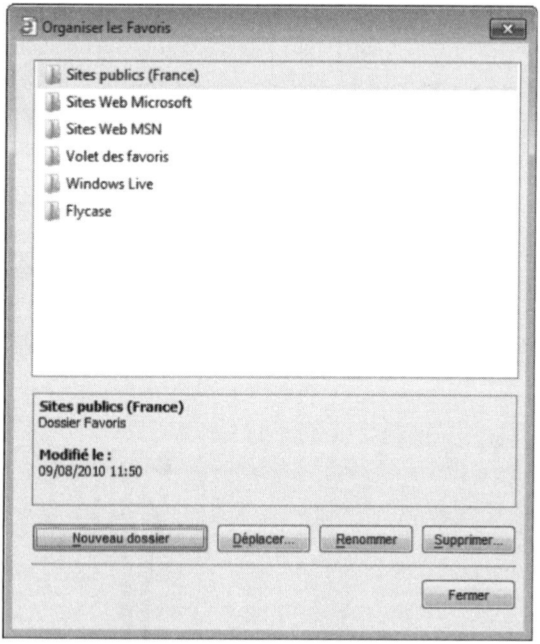

Figure 2.14 : Dans cette fenêtre, organisez les favoris définis dans Internet Explorer 9.

4. **Pour voir le contenu d'un dossier, cliquez dessus.**

5. **Lorsque vous avez fini d'organiser vos favoris, cliquez sur le bouton Fermer.**

Les dossiers créés dans la fenêtre Organiser les Favoris apparaissent dans le menu Favoris. Les éléments placés dans les dossiers apparaissent dans des sous-menus. Pour revenir à une page Web ajoutée au dossier Favoris, cliquez dessus dans le menu Favoris.

Favoris en un clic sous Internet Explorer

La barre d'outils Volets des favoris apparaît habituellement juste au-dessous ou à droite de la zone Adresse ou de la barre de menus. Si ce n'est pas le cas, appuyez sur la touche Alt et choisissez Affichage/ Barres d'outils/Volet des favoris. Pour ajouter un bouton d'accès rapide à un site favoris :

1. **Affichez la page Web à laquelle vous désirez accéder en un clic de souris.**

2. **Dans le Volet des favoris, cliquez sur l'icône Ajouter au volet des favoris.**

   Un « bouton » d'accès direct au site apparaît dans le volet des favoris.

   Comme le nom du bouton du favori est celui de la page affichée, il est souvent judicieux de lui en assigner un nouveau.

3. **Pour cela, faites un clic-droit sur le bouton du favoris. Dans le menu contextuel, choisissez Renommer, comme à la Figure 2.15.**

Figure 2.15 : Renommer un favori du volet des favoris.

4. **Dans la boîte de dialogue Renommer, assignez un nouveau nom, et cliquez sur OK.**

5. **Pour supprimer un favoris dans le volet des favoris, faites un clic-droit sur son bouton. Dans le menu contextuel, exécutez la commande Supprimer.**

Personnaliser le navigateur

À moins de bénéficier d'une connexion directe en haut débit à Internet, vous passerez beaucoup de temps à attendre que vos pages se chargent. Et, même dans ce cas, tout particulièrement en ce qui concerne les liaisons transatlantiques, les temps d'attente risquent d'être importants en cours de journée. Voici quelques astuces pour accélérer le téléchargement.

D'où partez-vous ?

À l'ouverture du navigateur, une *page d'accueil* s'affiche. Ainsi, Firefox charge systématiquement la page d'accueil de Mozilla, tandis qu'Internet Explorer affiche celle de MSN. Au bout d'une fois ou deux, malgré la beauté manifeste de la page, vous aurez probablement envie de ne pas la voir. Il suffit d'indiquer au navigateur la page qu'il doit afficher à chaque fois que vous l'exécutez.

Dans Firefox : si vous êtes lassé par la page d'accueil par défaut affichée par Firefox, voici comment indiquer au programme une autre page de démarrage :

1. **Dans le menu Outils, cliquez sur Options.**

   La fenêtre Options s'affiche.

2. **Assurez-vous que la catégorie Général est ouverte.**

   Sinon, cliquez sur l'onglet éponyme. La ligne intitulée Page d'accueil contient l'adresse Web par défaut de la page que Firefox affichera systématiquement au démarrage (Figure 2.16).

3. **Pour démarrer sans page Web, cliquez sur le bouton fléché à droite du champ Au démarrage de Firefox, et dans le menu, choisissez Afficher une page vide.**

4. **Cliquez sur OK.**

TRUC

Firefox peut mémoriser et ouvrir plusieurs pages de démarrage. Chacune s'affichera dans un onglet. Pour les définir, commencez par les afficher sous forme d'onglets dans Firefox (appuyez sur Ctrl+T pour créer un onglet). Ensuite :

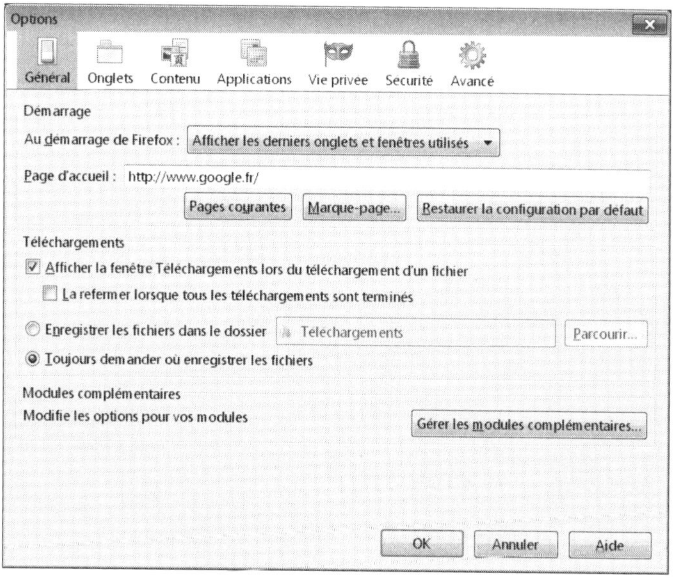

Figure 2.16 : Indiquez dans la fenêtre Options de Firefox le site Web qui s'affichera au démarrage du navigateur.

1. **Cliquez sur Outils/Options.**
2. **Dans la boîte de dialogue Options, sélectionnez Général.**
3. **Cliquez sur le bouton fléché à droite du champ Au démarrage de Firefox, et dans le menu, choisissez Afficher les derniers onglets et fenêtres utilisés.**

   Désormais, les pages des sites visibles dans des onglets s'ouvriront systématiquement au démarrage de Firefox.

Dans Internet Explorer : par défaut, Internet Explorer charge la page d'accueil de MSN, c'est-à-dire le site portail de Microsoft. Vous pouvez cependant spécifier l'adresse d'une autre page ou démarrer avec une page vierge. Suivez ces étapes pour démarrer avec une page vierge au lancement d'Internet Explorer :

1. **Affichez la page Web à utiliser comme page de démarrage.**

   Par exemple, la page Yahoo! ou encore Google, le célèbre moteur de recherche.

2. **Si la barre de menus n'est pas visible, appuyez sur la touche Alt puis cliquez sur Outils/Options Internet.**

   Vous accédez à la boîte de dialogue Options Internet.

3. **Cliquez sur l'onglet Général.**

   En réalité, il est probablement déjà sélectionné. Nous précisons cela au cas où vous auriez parcouru les autres onglets.

4. **Dans la section Page de démarrage de la boîte de dialogue, cliquez sur le bouton Page actuelle (Figure 2.17).**

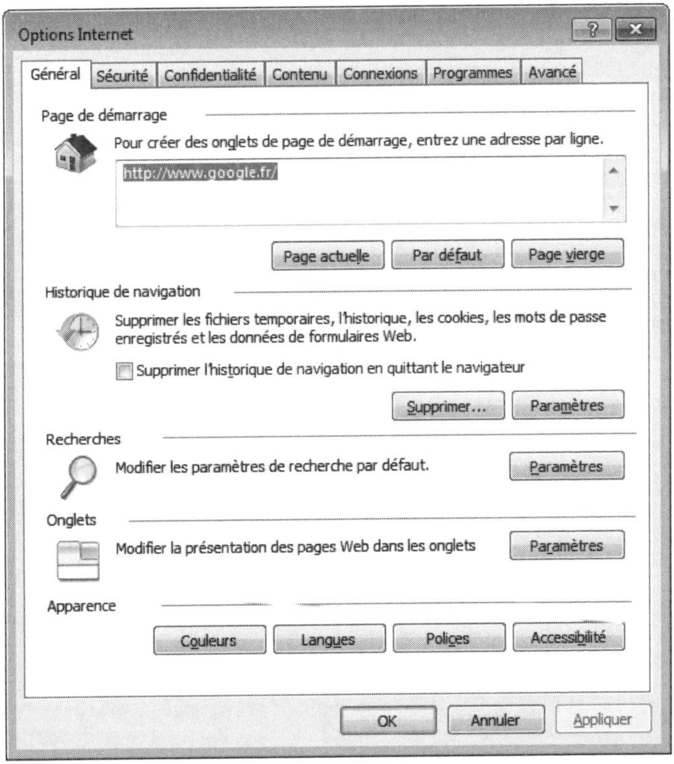

Figure 2.17 : La boîte de dialogue Options Internet permet notamment de définir la page Web affichée au démarrage.

   L'URL de la page actuelle s'affiche dans la fenêtre le bouton Page vierge.

5. **Cliquez sur OK.**

TRUC

Choisissez une page de démarrage contenant peu d'images : en commençant par une page Web qui se charge plus rapidement ou même sans aucune page, vous n'attendrez pas longtemps pour commencer à naviguer.

Personnaliser la barre d'outils

La barre d'outils est la rangée d'icônes qui se situe juste sous les menus du navigateur. Par défaut, le navigateur Web propose les boutons les plus utiles. Cependant, vos habitudes d'internaute démontreront sans doute que certains ne vous servent à rien et qu'en revanche, d'autres vous seraient bien utiles. Heureusement, il est possible de personnaliser les barres d'outils et d'y inclure les boutons qui exécutent les commandes dont vous avez besoin le plus souvent.

Dans Firefox, vous personnalisez une barre d'outils comme ceci :

1. **Ouvrez le menu Affichage/Barre d'outils/personnaliser.**

   Cette action ouvre la boîte de dialogue Modification des barres d'outils (Figure 2.18).

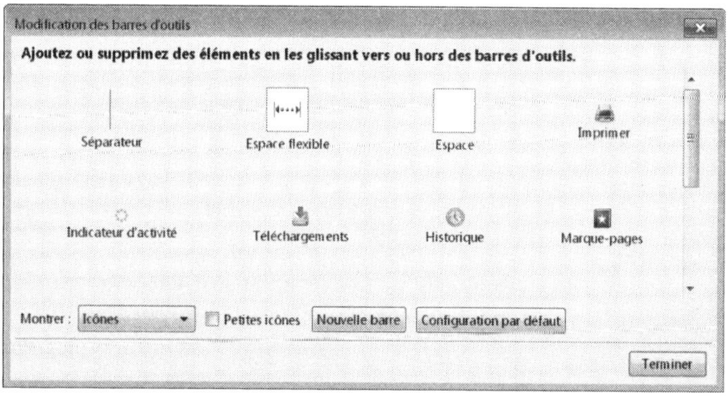

Figure 2.18 : Personnalisation des barres d'outils dans Firefox.

2. **Localisez le bouton correspondant à la commande que vous désirez exécuter.**

3. **Glissez-déposez-le jusqu'à la barre d'outils.**

4. **Pour vous débarrasser d'un bouton inutile. Cliquez dessus dans la barre d'outils de Firefox et, sans relâcher le bouton de la souris, faites-le glisser puis déposez-le dans la boîte de dialogue Modification des barres d'outils.**

TRUC

Si la barre d'outils de Firefox n'est pas visible, cliquez sur Affichage/ Barre d'outils/Barre personnelle.

Dans Internet Explorer :

1. **Cliquez avec le bouton droit de la souris sur la droite de la barre d'outils.**

2. **Dans le menu contextuel, choisissez Ajouter ou supprimer des commandes.**

   Vous accédez ensuite à la boîte de dialogue Personnalisation de la barre d'outils (Figure 2.19).

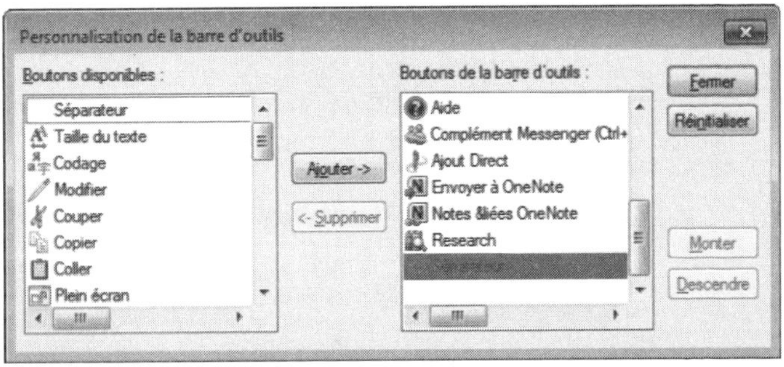

Figure 2.19 : Personnalisation des barres d'outils dans Internet Explorer.

   La liste de gauche affiche les boutons disponibles, c'est-à-dire ceux que vous pouvez ajouter à la barre d'outils, et celle de droite affiche ceux qui sont actuellement situés sur ladite barre.

3. **Pour supprimer un bouton de la barre d'outils, sélectionnez-le dans la liste Boutons de la barre d'outils et cliquez sur le bouton Supprimer.**

4. **Pour ajouter de nouveaux boutons, sélectionnez-les dans la liste Boutons disponibles et cliquez sur Ajouter.**

TRUC

Si la barre d'outils d'Internet Explorer 9 n'est pas visible, cliquez sur Affichage/Barre d'outils/Barre de commandes.

TRUC

Si quelqu'un d'autre a utilisé et modifié votre navigateur, vous pouvez facilement rétablir votre présentation préférée :

- **Si toute la partie supérieure du navigateur a disparu**, c'est parce que le navigateur est affiché en mode plein écran. Appuyez sur la touche F11 pour rétablir l'affichage normal.

- **S'il manque des barres d'outils**, appuyez sur Alt puis cliquez sur Affichage/Barres d'outils. Une barre non cochée n'est jamais affichée. Il suffit alors de cliquer sur les noms des barres d'outils que vous désirez faire apparaître dans l'interface du navigateur. Une coche s'affiche à gauche du nom de la barre d'outils. Dans Internet Explorer, vous disposez des barres d'outils Boutons standard, Barre d'adresses, Barre de commandes, et Volet des favoris. Dans Firefox, ce sont la Barre de navigation et la Barre personnelle (qui affiche les marque-pages).

- **Si les boutons de votre barre d'outils ne sont pas ceux que vous avez l'habitude d'utiliser**, cliquez du bouton droit de la souris sur la barre d'outils (à l'exception des boutons Précédente, Suivante, Reculer d'une page et Avancer d'une page). Dans le menu contextuel, cliquez sur Personnaliser. Dans la boîte de dialogue Modification des barres d'outils de Firefox, cliquez sur le bouton Configuration par défaut. Dans la boîte de dialogue Personnalisation de la barre d'outils d'Internet Explorer, cliquez sur le bouton Réinitialiser. Ensuite, cliquez sur le bouton Fermer dans Internet Explorer et sur le bouton Terminer dans Firefox.

Effacer l'historique

Tous les navigateurs contiennent une fonction d'historique très utile. Près de la boîte dans laquelle vous entrez les URL des pages que vous souhaitez afficher, se trouve une petite flèche pointant vers le bas. Lorsque vous cliquez dessus, la liste des dernières pages Web affichées apparaît.

Pour afficher l'historique dans un volet indépendant d'Internet Explorer, appuyez sur Alt si la barre de menus n'est pas visible, puis cliquez sur Affichage/Volet d'exploration/Historique. La liste des sites Web visités s'affiche chronologiquement. Vous pouvez fermer l'historique par un clic sur le bouton de fermeture (X) du volet d'exploration ou du panneau latéral.

TRUC

Une méthode plus rapide d'Internet Explorer consiste à cliquer sur le bouton représentant une étoile et libellé Favoris. Cette action ouvre le volet des favoris. Il suffit alors de cliquer sur l'onglet Historique comme à la Figure 2.20.

Des lecteurs nous ont demandé si ces adresses peuvent être effacées, car certaines sont un peu compromettantes (surtout celles avec des `xxx` dans l'URL...) Comme certaines de ces requêtes semblaient vraiment urgentes, nous leur expliquons comment procéder.

- **Firefox :** rien de plus simple. Choisissez Outils/Options et cliquez sur la catégorie Vie privée. Dans la liste Règles de conservations, choisissez « Ne jamais conserver l'historique ». Pour vous débarrasser immédiatement de l'historique enregistré, cliquez sur le lien `Effacer la totalité de l'historique actuel`. Dans la boîte de dialogue Supprimer l'historique récent, ouvrez la liste Intervalle à effacer. Là, choisissez le moment à partir duquel vous désirez supprimer l'historique. Pour ne laisser aucune trace, choisissez Tout. Cliquez sur le bouton Effacer maintenant.

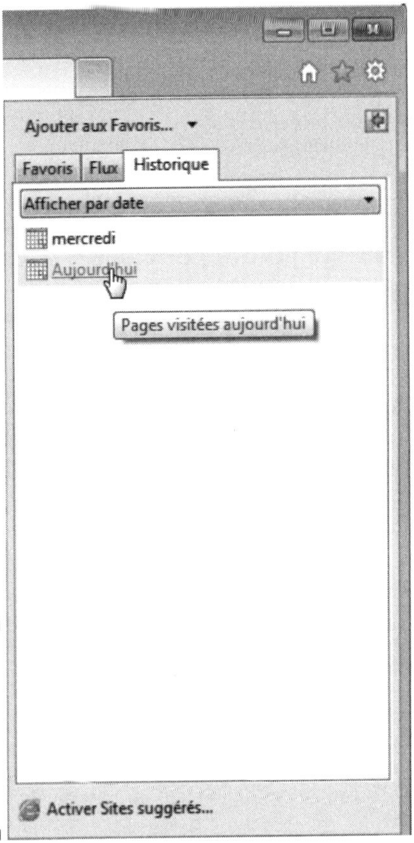

Figure 2.20 : Affichez rapidement votre historique de navigation dans Internet Explorer 9.

- **Internet Explorer :** appuyez sur Alt si la barre de menus n'est pas affichée, et choisissez Outils/Options Internet. Sous l'onglet Général, cochez la case Supprimer l'historique de navigation en quittant le navigateur. Validez par un clic sur OK.

Les Web slices d'Internet Explorer 9

Internet Explorer 9 facilite la navigation des internautes en proposant automatiquement des Favoris, des accélérateurs, et des moteurs de recherche. Pour cela, il faut activer la fonction Web slice. Grâce à elle, les sites que vous visitez le plus seront répertoriés par Internet Explorer, et vous pourrez très facilement les ajouter à vos Favoris. Mais,

Microsoft vous proposera également des sites à ajouter à vos favoris, à utiliser comme accélérateur ou comme moteur de recherche.

TRUC

Les accélérateurs permettent d'effectuer des tâches comme ouvrir une adresse postale sur un site de localisation ou rechercher la définition d'un mot dans un dictionnaire. Vous pouvez également choisir les services ou les sites Web que les accélérateurs doivent utiliser pour gérer différents types de tâches. Internet Explorer 9 est fourni avec une sélection d'accélérateurs inclus par défaut, mais vous pouvez en ajouter ou en supprimer selon vos besoins.

Voici comment activer et utiliser ces compléments Web :

1. **Cliquez sur Outils/Options Internet.**

2. **Dans la boîte de dialogue éponyme, cliquez sur l'onglet Contenu.**

3. **Dans la section Flux et composants Web Slice, cliquez sur le bouton Paramètres.**

4. **Cochez l'option Activer la découverte de composants Web Slice sur les pages.**

5. **Pour que la liste de ces compléments s'actualise automatiquement, définissez une périodicité de mise à jour en cochant l'option Rechercher automatiquement les mises à jour des flux et des composants Web Slice. Ensuite, Dans le menu local Fréquence, choisissez une périodicité.**

6. **Pour ajouter facilement des sites Web à vos favoris (ou à vos flux RSS), cliquez sur le bouton Favoris, puis sur le lien** `Voir les sites suggérés`.

   Internet Explorer affiche la lise des sites Web qu'il vous suggère d'ajouter à vos favoris comme le montre la Figure 2.21.

7. **Ajoutez tous les sites suggérés en cliquant sur le lien** `Ajouter Sites suggérés au volet des Favoris`.

8. **Si les suggestions ne vous conviennent pas ou vous paraissent incomplètes, cliquez sur le lien** `Plus de suggestions`.

TRUC

Vous pouvez également cliquer sur le bouton Plus de compléments de la barre de commandes d'Internet Explorer 9. Cliquez alors sur la petite flèche située en bas à gauche de ce menu local pour accéder à la Galerie de compléments d'Internet Explorer 9 (Figure 2.22). Vous pouvez alors parcourir les compléments par catégorie, popularité, classement, *etc*. Dès qu'un site Web vous intéresse, cliquez sur son

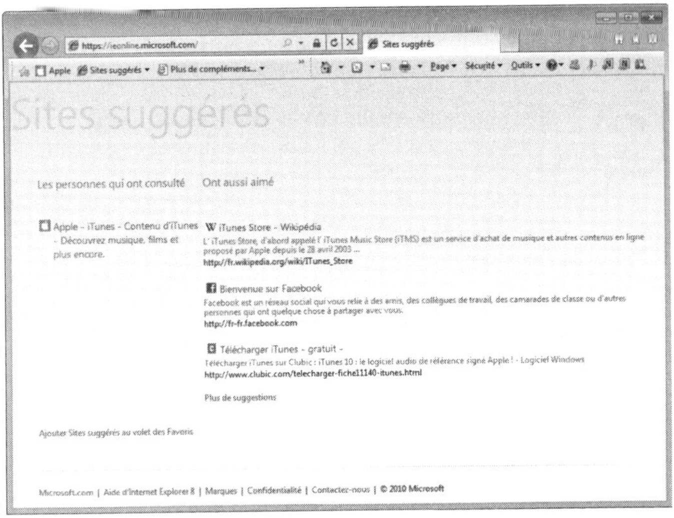

Figure 2.21 : Ajouter facilement des sites Web à vos favoris.

Figure 2.22 : Les Web slices et les compléments d'Internet Explorer 9 sont là pour accélérer et faciliter votre navigation.

bouton Ajoutez à Internet Explorer. Un message vous demande si le site doit être ajouté comme accélérateur ou comme moteur de recherche, et si vous acceptez ses suggestions. Dès qu'un complément est un simple site Web, Internet Explorer vous propose de l'ajouter immédiatement à vos favoris.

Contrôler les cookies

Pour améliorer votre vie en ligne, les éditeurs de navigateur Web ont inventé un type spécial de message qui permet à un site Web de vous reconnaître lorsque vous visitez à nouveau ce site. Ces informations, baptisées *cookies*, sont stockées sur votre propre machine.

En général, les *cookies* ne sont pas dangereux et se révèlent même utiles. Toutefois, vous pouvez les contrôler aussi bien dans Firefox que dans Internet Explorer. Il existe plusieurs formes de *cookies* :

- ***Cookies* internes :** ce sont les *cookies* venant directement du serveur qui vous a fourni la page Web actuellement affichée. Ces *cookies* sont utilisés pour se souvenir de vous lorsque vous vous inscrivez comme membre du site. Le confort, c'est de ne pas avoir à saisir de nouveau, à chaque visite, votre nom d'utilisateur et votre mot de passe. Vous avez le choix entre Accepter, Bloquer ou Demander, auquel cas il vous sera demandé de choisir. Cette dernière option devient vite fastidieuse si vous tombez sur de nombreux *cookies*. Certains sites stockent plus de trois *cookies* par page.
- ***Cookies* tiers :** de nombreux sites Web font appel à des entreprises spécialisées pour fournir des publicités à leurs pages Web, et ces publicités, tierce partie, placent habituellement des *cookies* dans votre ordinateur afin de collecter des données *marketing*. Les options sont les mêmes que précédemment. Les *cookies* tiers font les choux gras des officines de publicité ; il n'y a aucune raison de les accepter.

Contrôler les cookies dans Firefox

Cliquez sur Outils/Options, puis affichez le contenu de la catégorie Vie privée. Dans la liste Règles de conservation, choisissez Utiliser les paramètres personalisés pour l'historique. Comme le montre la Figure 2.23, plusieurs options vous sont proposées :

- **Accepter les cookies :** certains ne fonctionnent pas sans *cookie*, notamment les sites de conversation (*chat*) des groupes Yahoo! (`http://fr.groups.yahoo.com/`).
- **Exceptions :** vous spécifiez ici des sites dont les *cookies* seront bloqués, autorisés ou tous acceptés. Dans le champ Adresse du site Web, saisissez l'URL du site concerné, puis cliquez sur l'un des trois boutons Bloquer, Autoriser pour la session ou Autoriser.
- **Afficher les cookies :** liste les *cookies* que Firefox a stockés depuis que vous surfez sur le Net. Vous pouvez également visualiser leur contenu ou supprimer n'importe quel *cookie* de la liste, ou les éliminer tous en cliquant sur Supprimer tous les cookies.

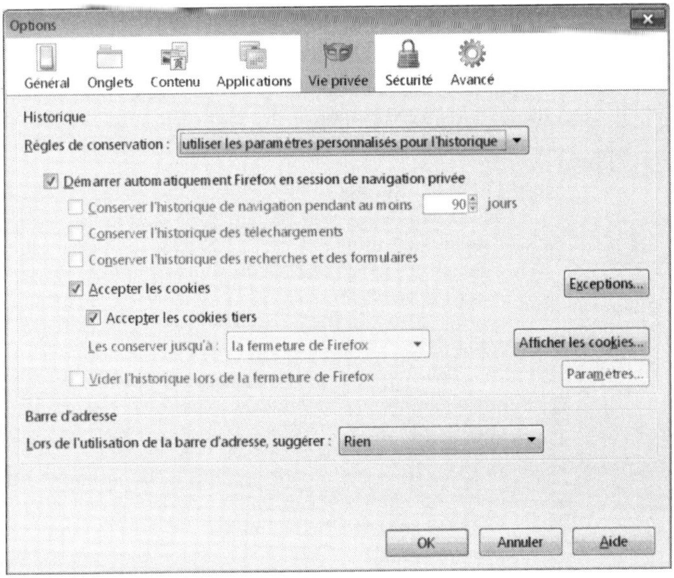

Figure 2.23 : Contrôler les cookies dans Firefox.

- **Les conserver jusqu'à :** vous indiquez à Firefox la période pendant laquelle il va garder les *cookies* : « jusqu'à leur expiration » (le paramètre habituel), « jusqu'à la fermeture de Firefox » ou « me demander à chaque fois » (option très agaçante).

Contrôler les cookies dans Internet Explorer

Si la barre des menus n'est pas affichée, appuyez sur Alt puis cliquez sur Outils/Options Internet pour afficher la boîte de dialogue Options Internet. Le contrôle des *cookies* se trouve sous l'onglet Confidentialité : cliquez sur le bouton Avancé pour afficher la boîte de dialogue Paramètres de confidentialité avancés (Figure 2.24). Par défaut, Internet Explorer gère les *cookies* de manière plutôt agressive, en autorisant l'accès à un *cookie* uniquement aux serveurs que vous avez contactés, et non aux serveurs tiers (serveurs Web autres que celui qui a stocké à l'origine le *cookie* sur votre ordinateur). Ces derniers envoient des publicités et autres *popups*. Vous pouvez choisir de les gérer vous-même en cochant la case Ignorer la gestion automatique des cookies dans la boîte de dialogue Paramètres de confidentialité avancés. Les options sont :

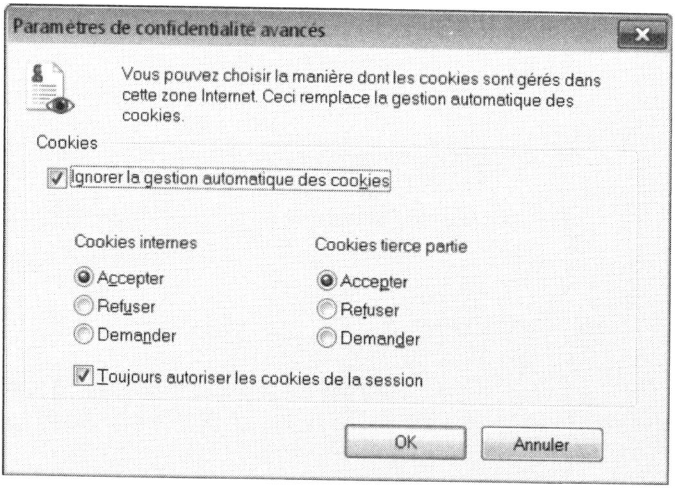

Figure 2.24 : Contrôle des cookies avec Internet Explorer.

- **Cookies internes :** vous choisissez d'accepter, de refuser ou vous souhaitez que l'on vous demande de choisir à chaque fois. Cette dernière option devient fatigante à la longue.
- **Cookies tierce partie :** ces *cookies* viennent d'ailleurs, c'est-à-dire pas uniquement du site Web autorisé. Donc, refusez-les !
- **Toujours autoriser les cookies de la session :** cette option laisse passer tous les *cookies* de session (type de *cookie* utilisé pour pister une unique occurrence de votre visite sur un site Web). Ces *cookies* sont couramment utilisés par des sites d'achats comme Amazon.fr.

Bloquer les fenêtres intempestives

Une des inventions dont nous nous serions bien passé est celle des fenêtres intempestives, ou *popups*, qui surgissent inopportunément sur votre écran. Certaines apparaissent immédiatement, d'autres sont masquées par votre fenêtre principale et vous les découvrez en la fermant. Le plus souvent, les *popups* sont des publicités. Vous serez heureux d'apprendre que Firefox et Internet Explorer peuvent bloquer la majorité d'entre eux.

Pas de popups chez Firefox

Cliquez sur Outils/Options, puis sur Contenu. Vous y découvrez une option qui bloque les *popups*, comme le montre la Figure 2.25.

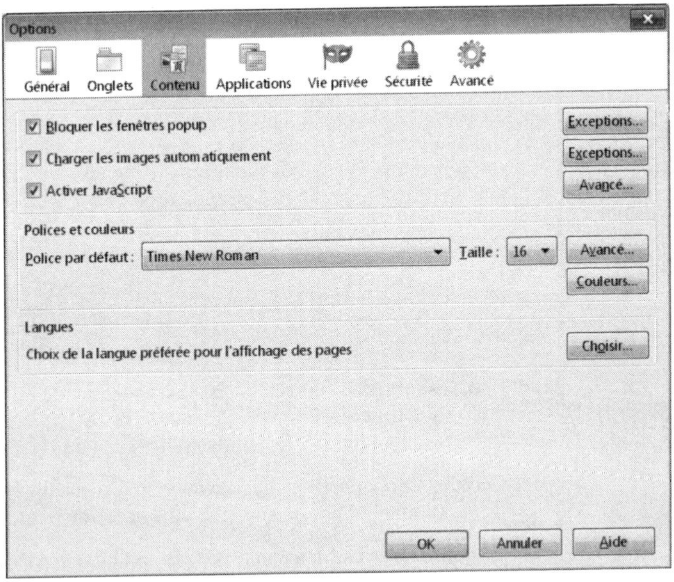

Figure 2.25 : Gestion des popups dans Firefox.

Le blocage des *popups* empêche certains sites Web de fonctionner. Certains sites d'achats affichent de petites fenêtres dans lesquelles vous devez taper vos informations de carte bancaire, par exemple. Firefox permet d'inclure dans les sites autorisés ceux pour lesquels le blocage ne doit pas s'opérer.

Dès qu'un site tente d'ouvrir un *popup*, un message apparaît en haut de la page Web. Il indique textuellement : « Firefox a empêché ce site d'ouvrir une fenêtre popup. » Cliquez sur le bouton Options de ce bandeau et choisissez l'une des options suivantes :

- **Autoriser les popups pour *nom du site*** place ce site dans la liste des sites dont les *popups* sont autorisés.
- **Modifier les options de blocage de popups** ouvre la boîte de dialogue Sites autorisés. Vous pouvez y modifier la liste des sites pour lesquels l'affichage des *popups* est autorisé.
- **Ne pas afficher ce message lorsque des popups sont bloqués.** Plutôt que d'être prévenu par un tel message lors de la tentative

d'affichage de *popups*, une petite icône rouge (X) apparaît dans le coin inférieur droit de la fenêtre de Firefox. Cliquez dessus pour afficher les options de gestion du *popup*.

- **Afficher *adresse de la fenêtre popup*** affiche uniquement le *popup* qui vient d'être bloqué.

Pour fermer le message d'avertissement sans appliquer une option particulière, cliquez sur le bouton de fermeture (X) situé dans son coin supérieur droit.

En informatique, il y a toujours des parades. Au fur et à mesure que les navigateurs Web ont appris à bloquer les *popups*, des petits malins ont trouvé d'autres astuces pour les afficher malgré tout. Si vous êtes confronté à ce problème, installez l'extension gratuite de Firefox qui se nomme Adblock. Vous la trouverez sur le site `https://addons.mozilla.org/fr/firefox/`. Là, cliquez sur le bouton Ajouter à Firefox du module Adblock Plus. Dans la boîte de dialogue qui s'affiche, cliquez sur Installer maintenant.

Si vous ne trouvez pas Adblock, tapez ce nom dans le champ Recherche de modules, puis cliquez sur la flèche affichée à droite.

Plus de popups chez Internet Explorer

Les versions récentes d'Internet Explorer intègrent elles aussi un bloqueur de fenêtres intempestives.

Chaque fois qu'un *popup* tente de s'afficher, Internet Explorer affiche un message qui ressemble à celui de Firefox. Cliquez dessus pour y trouver des options similaires. Cliquez sur Outils/Bloqueur de fenêtres contextuelles/Activer le bloqueur de fenêtres contextuelles (Figure 2.26).

Les flux RSS

Un flux RSS (*Really Simple Syndication,* agrégation vraiment simple ou parfois *Rich Site Summary,* sommaire d'un site enrichi), ou fil RSS, est une fonctionnalité récente des navigateurs. Elle permet de diffuser à tout moment les mises à jour et nouvelles des sites d'information, ce qui permet de prendre connaissance de ces changements sans avoir à visiter le site lui-même.

Lorsqu'une page Web propose un abonnement à des flux RSS, l'icône visible en marge devient active dans le navigateur. Cliquer dessus vous permet d'afficher le (ou les) service(s) au(x)quel(s) il est possible de s'abonner, comme le présente la Figure 2.27.

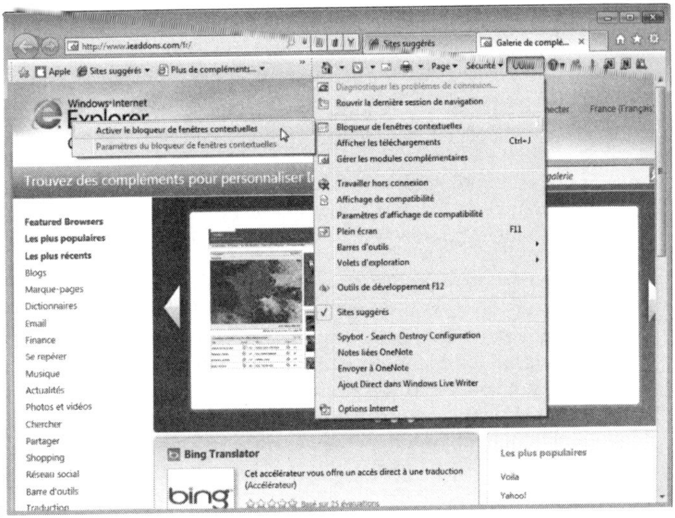

Figure 2.26 : Blocage et gestion des popups dans une page Web affichée par Internet Explorer 9.

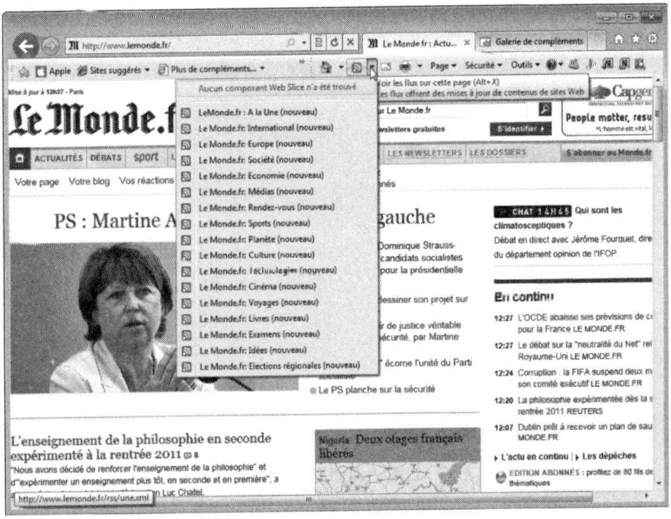

Figure 2.27 : Un quotidien propose souvent un flux RSS par rubrique. Ici, ceux du journal Le Monde.

Après avoir choisi une rubrique, une page Web propose de s'abonner – c'est généralement gratuit – au flux RSS. La procédure est des plus simples, puisqu'elle consiste à cliquer sur le lien `S'abonner` et créer éventuellement un dossier auquel vous donnerez le nom du site, par exemple « Le Monde ».

Pour prendre connaissance d'un flux RSS dans Internet Explorer, cliquez sur le bouton Favoris, cliquez sur le bouton Flux (ou sur l'onglet Flux dans Internet Explorer 9) puis sélectionnez le flux RSS que vous désirez consulter (Figure 2.28). Cliquez éventuellement sur le bouton Actualiser ce flux, à droite de celui que vous venez de sélectionner, pour obtenir les informations les plus récentes.

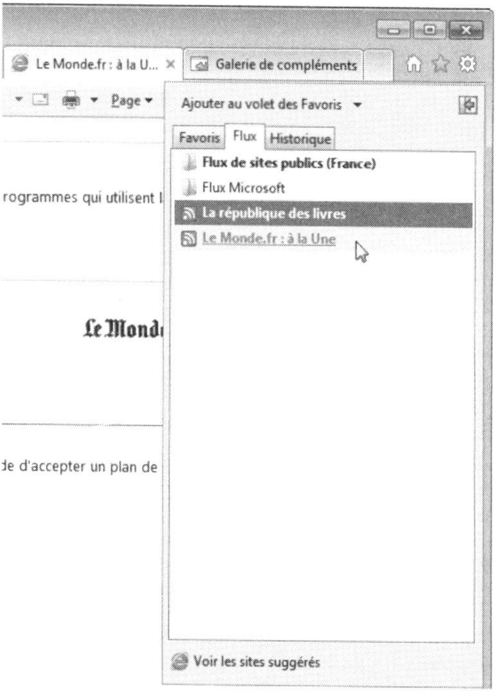

Figure 2.28 : Accédez à tout moment à vos flux RSS.

Les flux sélectionnés apparaissent sous forme de liens dans une page Web. Si un flux RSS est constitué de plusieurs rubriques, comme c'est le cas dans l'exemple (rubriques Médias, Sciences, technologies, *etc.* du journal *Le Monde*), chacune est affichée dans un onglet distinct. Cliquez sur la flèche, à droite de la date et de l'heure, pour accéder à l'article complet.

Le volet Windows contient un gadget qui affiche en permanence les flux RSS. Pour ne pas être submergé par un déferlement de nouvelles, cliquez sur le minuscule bouton en forme de clé plate, en haut à droite du gadget Flux RSS et, dans le menu Afficher ce flux, sélectionnez le flux à afficher.

Animez et faites chanter votre navigateur !

Des images dans une page Web ? C'est du passé ! Maintenant, on voit des animations, des banderoles qui clignotent et qui défilent, et on entend des musiquettes. Chaque mois, des nouveautés apparaissent dans ce domaine et les navigateurs ont bien du mal à rester dans la course. Vous pouvez étendre les fonctionnalités de votre navigateur avec des *plug-ins* qui sont de petits programmes (des assistants, aussi appelés *compléments*) qui viennent l'aider à exécuter certaines fonctions. Côté Internet Explorer, ce sont des *contrôles ActiveX* (anciennement appelés *contrôles OCX*) – autre forme de programmes annexes – qui volent au secours d'Internet Explorer.

Que peut faire un navigateur lorsqu'il rencontre de nouvelles informations dans une page Web ? Télécharger le *plug-in* approprié pour traiter ce nouveau type d'information. Les fans de *Star Trek* y verront une forme de vie parasitaire qui se colle à votre navigateur et accroît son intelligence.

Au palmarès des plug-ins

Voici quelques-uns des *plug-ins* les plus courants :

- **Flash Player :** lit des fichiers audio et vidéo ainsi que d'autres types d'animations. Flash Player est disponible à l'adresse `http://get.adobe.com/fr/flashplayer/`.
- **RealPlayer :** reproduit les fichiers audio au fur et à mesure de leur téléchargement (d'autres programmes doivent attendre que le fichier audio soit complètement chargé avant de lancer sa reproduction). Vous trouverez une version gratuite du programme sur `http://france.real.com/realplayer/`.
- **QuickTime :** reproduit les animations permettant de les « jouer » au fur et à mesure de leur chargement (disponible sur `http://www.apple.com/fr/quicktime/`).
- **Adobe Reader :** affiche les fichiers Acrobat (au format PDF), formatés exactement de la façon prévue par l'auteur. On rencontre de très nombreux fichiers Acrobat bien utiles, notamment des formulaires administratifs. Il est disponible sur `http://www.adobe.com/fr/products/reader/`.

Comment utiliser des plug-ins avec un navigateur

Une fois que vous vous êtes procuré un *plug-in*, il faut le lancer, c'est-à-dire double-cliquer sur son nom de fichier dans l'Explorateur Windows afin de l'installer. Selon ses fonctionnalités, vous avez différents moyens de le tester. En général, choisissez un fichier que ce *plug-in* puisse lire et contentez-vous de regarder (ou d'écouter) ce qui se passe.

Chapitre 3

Rechercher sans temps perdu (hein Marcel ?)

Dans ce chapitre :

- Stratégies de base.
- Trouver des informations sur le Web.
- Recherche de personnes sur le Web.
- Modules de recherche intégrés.

Rechercher est le propre d'Internet. Sans la recherche, vous ne découvrez rien, n'apprenez rien. Donc, pour gagner du temps sur le Net et ainsi surfer efficacement, vous devez être capable d'effectuer vos recherches avec précision.

Sur le Web, la centralisation des informations se fait à travers des index. Internet contient plusieurs types d'index et de répertoires permettant de localiser tout ce que vous pouvez y trouver. Malheureusement, les index tendent à être organisés en fonction du type de service qu'ils procurent et non en fonction de la nature de ce qu'ils référencent, c'est pourquoi vous trouvez des ressources de type page Web à un endroit, des ressources de type messagerie à un autre, et ainsi de suite. Vous pouvez lancer vos recherches exactement comme vous l'entendez, selon ce que vous cherchez et selon la manière dont vous aimez procéder.

Pour structurer cette étude, nous avons défini plusieurs sortes de recherches :

- **Thèmes.** Endroits, choses, idées, entreprises – tout ce que vous désirez savoir sur le sujet.
- **Recherches intégrées.** Recherches par thème qu'un navigateur est capable de lancer automatiquement.
- **Personnes.** Des gens que vous voudriez contacter ou espionner.
- **Produits et services.** Tout ce que vous pouvez acquérir, depuis un prêt hypothécaire jusqu'à du dentifrice.

TRUC

Moteurs de recherche et répertoires : quelle est la différence ?

Quand nous parlons de *répertoire*, ce n'est pas au sens où on l'entend habituellement à propos d'un système d'exploitation, mais plutôt à celui de l'accessoire de bureau qu'on peut assimiler à un carnet d'adresses. Plus précisément, il s'agit d'une liste dont les entrées sont réparties par catégorie, partiellement ou totalement, par une main humaine et non par un ordinateur. On peut dire que le sommaire de ce livre est un répertoire.

En revanche, un *moteur de recherche* est un dispositif qui effectue régulièrement des analyses du contenu des pages Web. Il en extrait quelques mots-clés qui vont permettre de répertorier plus facilement les sites donc de les trouver assez rapidement. Ainsi, en fonction de cette analyse, le moteur de recherche sera capable de sortir les pages Web dont le contenu semble, selon ces fameux mots-clés, se rapprocher le plus des informations que vous souhaitez trouver.

Un *index* est une liste de mots-clés extraits d'articles desquels ont été supprimés tous les *le, la, au, aux, etc.*, c'est-à-dire tout ce qui n'est pas vraiment significatif. La recherche se concentre ainsi sur les mots et l'on obtient toutes les entrées qui les contiennent ; un peu comme l'index qui se trouve à la fin de ce livre. Chacun de ces systèmes présente des avantages et des inconvénients. Les répertoires bénéficient d'une meilleure organisation, mais les index recensent davantage de termes. Les répertoires utilisent une terminologie cohérente, alors que les index utilisent tous les termes, quels qu'ils soient, des pages Web référencées. Les répertoires comportent donc moins de pages inutiles, mais les index (dans la mesure où ils sont générés plus ou moins automatiquement) sont plus souvent mis à jour.

Ces deux techniques se recoupent. Yahoo!, par exemple, le répertoire de pages Web le plus connu, permet d'effectuer des recherches par mot-clé, tandis que Google, qui est avant tout un index, comporte également une version du répertoire ODP (*Open Directory Project*). De nombreux index classent leurs entrées par catégorie, ce qui vous aide à affiner votre recherche.

Pour trouver quelque chose sur un sujet donné, nous allons utiliser l'un des nombreux index et répertoires disponibles tels que Yahoo! et Google. Pour rechercher des personnes, nous devrons utiliser des annuaires qui sont (par bonheur) différents des répertoires des pages Web. Quelque chose vous échappe ? Continuez de lire, vous allez comprendre.

Stratégies de base

Pour rechercher un sujet précis sur le Web, nous commençons toujours avec un des guides du Web (index et répertoires) que nous étudierons dans cette section.

Tous s'utilisent à peu près de la même façon :

1. **Lancez votre navigateur (Firefox, Internet Explorer ou un autre).**
2. **Allez sur votre moteur de recherche préféré, comme Google, illustré à la Figure 3.1.**

Figure 3.1 : Google affiché dans Internet Explorer 9.

De nombreux navigateurs permettent de définir un moteur de recherche par défaut. Si ce n'est pas le cas, il suffit d'en faire votre page d'accueil. Comme vous allez surtout sur Internet pour rechercher des informations, démarrer sur un moteur de recherche est une excellente idée.

3. **Dans le champ de saisie du moteur, tapez les mots-clés de la recherche puis cliquez sur le bouton Rechercher (le nom de ce bouton peut varier d'un moteur à un autre).**

   Après un délai plus ou moins long, une page d'index est renvoyée, contenant des liens pointant vers les pages correspondant à vos critères de recherche, comme l'illustre la Figure 3.2.

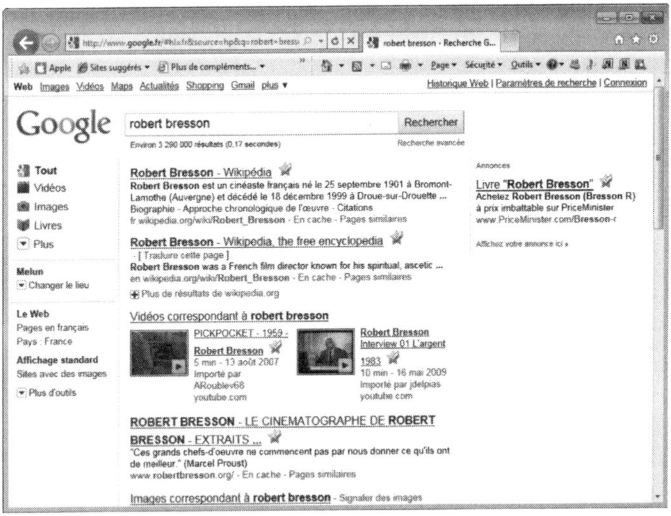

Figure 3.2 : Les résultats d'une recherche sur l'immense réalisateur Robert Bresson.

4. **Affinez et répétez votre recherche jusqu'à ce que vous trouviez quelque chose qui vous convienne.**

   De clic en clic, vous finirez par trouver ce que vous recherchez.

5. **Si le moteur de recherche retourne des résultats trop aléatoires pour être correctement utilisés et que vous ne trouviez pas de mots-clés pertinents, essayez un répertoire comme** `http://dmoz.org/World/Fran%C3%A7ais/`

   Cliquez sur le sujet qui vous intéresse. Dans cette approche spécifique d'une recherche sur Internet, partez du général pour arriver au particulier. À chaque clic, la recherche s'affine, et il est rare que vous ne finissiez pas par trouver ce qui vous intéresse.

Passons à la pratique

Tout ce que nous venons de dire est un peu une vue de l'esprit. Concrètement, nous allons vous expliquer comment nous procédons. Nous utiliserons pour cela nos moteurs de recherche favoris : Google, qui est principalement un index, puis ODP et Yahoo!, qui sont des répertoires.

Google, notre index favori

Notre index Web favori est Google (comme vous avez pu le remarquer dans la précédente section). Il dispose de petits robots qui passent leur temps à visiter des pages Web partout sur le Net et à rapporter ce qu'ils y trouvent. Cela produit un énorme index des mots rencontrés dans ces pages ; lorsque vous recherchez quelque chose, il choisit dans l'index les pages contenant les mots que vous avez demandés. Google utilise un système de classement sophistiqué, basé sur le nombre de sites Web qui se font référence les uns les autres, et qui donne le plus souvent des résultats proposant les meilleures pages en premier.

L'exploitation de Google ou de tout autre index est un exercice de télépathie. Vous devez deviner les mots figurant dans les pages que vous recherchez. C'est parfois facile – si vous cherchez des produits du terroir, « produits terroir » est un bon jeu de termes de recherche car vous savez le nom de ce que vous recherchez. D'un autre côté, si vous avez oublié quels animaux ont donné l'alerte au Capitole (les oies), il sera assez difficile d'extraire une page d'index utile parce que vous ne savez pas exactement quels mots rechercher. Si vous tentez « animaux capitole », vous trouverez entre autres des informations sur le club Toulouse Capitole Agility (consacré à l'éducation canine) et sur le cinéma Capitole à Paris.

Raison numéro un d'échec de recherche

Ce n'est peut-être pas votre raison numéro un mais c'est en tout cas la nôtre : la mauvaise orthographe d'un des termes de recherche. Vérifiez-la soigneusement. John note que ses doigts insistent pour taper « Interent » au lieu d' « Internet », ce qui n'affiche que les pages Web des autres personnes ayant le même défaut. Merci à notre amie Jean Armour Polly pour nous avoir rappelé de parler de ce problème.

Maintenant que nous vous avons bien découragé, essayez quelques recherches sur Google. Pointez votre navigateur sur www.google.fr. Vous obtenez un écran comme sur la Figure 3.1 plus haut dans ce chapitre.

Saisissez certains termes de recherche. Google trouvera les pages qui répondent le mieux aux critères. Nous avons bien dit « le mieux » pas « exactement ». S'il ne peut trouver tous les termes, il trouve les pages qui s'approchent le plus du groupe de mots. Google ignore les mots qui reviennent trop souvent pour être utilisables en tant que termes d'index, comme « et », « le » ou « de » ainsi que des termes comme « internet » et « mail » (cependant, il est parfois intéressant d'employer des articles et prépositions). Ces règles peuvent être décourageantes, mais il n'est pourtant pas difficile d'obtenir des résultats utiles de Google. Il suffit de penser à de bons termes de recherche. Essayez notre exemple en tapant « recette des tomates farcies » et en cliquant sur le bouton Recherche Google. Vous obtenez la réponse présentée à la Figure 3.3.

Figure 3.3 : Des pages sur les tomates farcies.

Les résultats que vous trouverez ne seront pas exactement les mêmes que sur la Figure 3.3 car Google aura actualisé sa base de données d'ici là. Google indique avoir trouvé 326 000 occurrences mais, ayant pitié de vous, n'en affiche que 10 à la fois (le nombre d'occurrences affichées simultanément est défini sous le lien Préférences). Bien que ce soit probablement plus que vous n'en attendiez, consultez au moins deux autres écrans de réponses si le premier écran ne comporte pas ce que vous voulez. Des numéros de page sont visibles en bas de l'interface de Google. Donc, faites défiler le contenu de la fenêtre, et cliquez sur Suivant pour afficher la page suivante de sites (Figure 3.4). Le bouton J'ai de la chance effectue la recherche et vous mène directement au premier lien, ce qui marche bien lorsque, effectivement, vous êtes chanceux.

Figure 3.4 : Consultez les autres pages trouvées par Google.

En bas de la page, vous constatez que Google affiche une section nommée « Recherches associées à ». Cela permet d'affiner rapidement votre recherche en cliquant sur un des liens proposés. Par exemple, dans le cadre des tomates farcies, vous pouvez obtenir des résultats ciblés si vous cliquez sur le lien `tomates farcies viande hachée`.

Encore plus d'options dans Google

Bien que simple d'utilisation, Google est rempli d'options :

- **Vous pouvez trouver un itinéraire.** Saisissez une adresse et Google vous propose un lien vers un site spécialisé dans les plans et les itinéraires. Vous pouvez saisir le nom d'une personne, un code postal, et même un numéro de téléphone. Par exemple, essayez « 202-456-1414 ». Les informations sont collectées sur des sources publiques. Par conséquent, vous ne trouverez jamais quelqu'un qui veut rester anonyme (inscrit dans une liste rouge, par exemple). De plus, le premier résultat est celui d'une soustraction. Eh oui ! Google intègre une calculatrice !

Conseils pratiques pour la recherche sur index

Google facilite l'affinage de votre recherche pour cibler plus exactement ce que vous cherchez. Après chaque recherche, vos termes de recherche apparaissent dans une case en haut de la page pour que vous puissiez les modifier et réessayer. Voici quelques conseils sur la modification des termes :

- Saisissez la plupart des termes de recherche en minuscules. Tapez les noms propres avec une capitale initiale, comme « Elvis ». Ne tapez pas de mots entièrement en capitales.
- Si plusieurs mots doivent être recherchés ensemble, placez-les entre guillemets, comme « "Elvis Presley" ».
- Utilisez + et - pour indiquer les mots devant apparaître ou ne pas apparaître, comme +Elvis +Costello -Presley si vous faites une recherche sur l'Elvis moderne, et non sur l'Elvis classique.
- Pour trouver des fichiers très particuliers, par exemple de la musique au format MP3 d'un groupe spécifique tel que The Cure, saisissez ceci : « index the cure *.mp3 ». Ceci fonctionne pour n'importe quelle extension de fichier.

- **Vous pouvez trouver des informations par *Usenet*.** *Usenet* est une collection géante de groupes de discussions ou *newsgroups* que l'on trouve sur le Web (Figure 3.5). Pour effectuer une telle recherche dans Google, cliquez sur le lien `Groupes`. Si un sujet a été traité il y a vingt ans, vous en trouverez encore des informations grâce à Usenet. C'est également le lieu idéal pour trouver de l'aide pour dépanner un ordinateur. En bref, toute question trouve sa réponse sur Usenet. Pour savoir comment fonctionne Usenet et ce qu'il recouvre, connectez-vous à `www.usenet-fr.net/`.
- **Vous pouvez chercher des images et du texte.** Si vous désirez que votre recherche affiche des images, cliquez simplement sur le lien `Images`. Par exemple, avec « tomates farcies », vous obtiendrez de belles photos de tomates farcies, comme le montre la Figure 3.6.
- **Vous pouvez obtenir des informations.** Pour obtenir des infos, cliquez sur le lien `Actualités`. Vous êtes alors dirigé vers `http://news.google.fr/news`. Sachez que, si un sujet d'actualité vous passionne, vous risquez de passer la journée à cliquer sur des liens qui s'y rapportent.

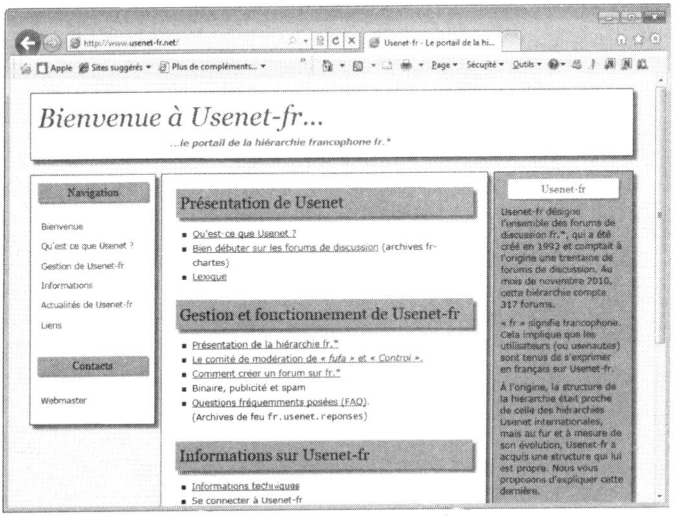

Figure 3.5 : La page d'accueil de la version Française de Usenet.

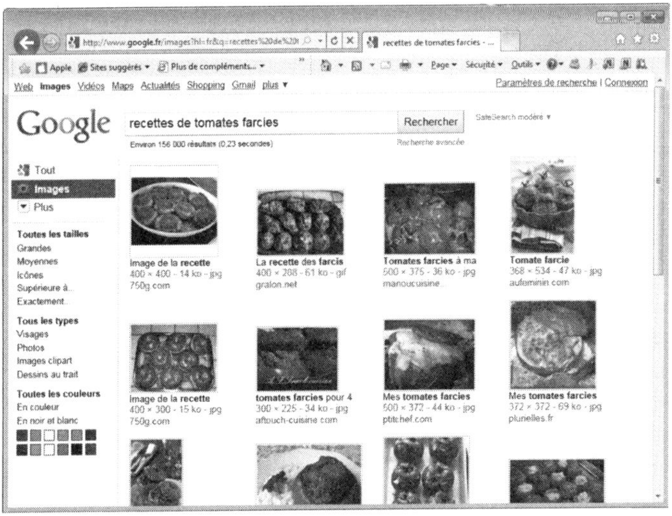

Figure 3.6 : Hum ! On en mangerait !

- **Vous pouvez facilement trouver des documents dans une langue étrangère.** Il n'y a aucun intérêt à chercher des pages dont vous ne savez pas lire le contenu. Cependant, Google peut essayer de les traduire, avec un succès assez mitigé. Cliquez sur le lien `Outils linguistiques`. En bas de la page qui apparaît, saisissez l'URL de la page à traduire et cliquez sur Traduire.

- **Google sait calculer.** Tapez « 2+2 » et Google vous répond « = 4 » (il faut au moins un processeur à double ou quadruple cœur pour réussir un calcul aussi compliqué).
- **Google sait convertir.** Il est très facile de convertir des mesures et des monnaies. Par exemple, si vous désirez convertir 15 pouces en centimètres, tapez « 15 pouces » dans le champ Rechercher, et cliquez sur le bouton éponyme. Le premier résultat donné par Google sera « 15 pouces = 38,1 centimètres ». *Idem* pour les monnaies. Si vous désirez convertir 150 dollars en Euros, tapez « 150 dollars » dans le champ Rechercher. Comme le montre la Figure 3.7, la conversion est effectuée à titre indicatif, mais reste un bon enseignement. Pour en savoir plus sur les fonctions de conversion de Google, cliquez sur le lien `Plus d'infos sur la conversion des devises`, ou `Plus d'infos sur la fonction calculatrice`.

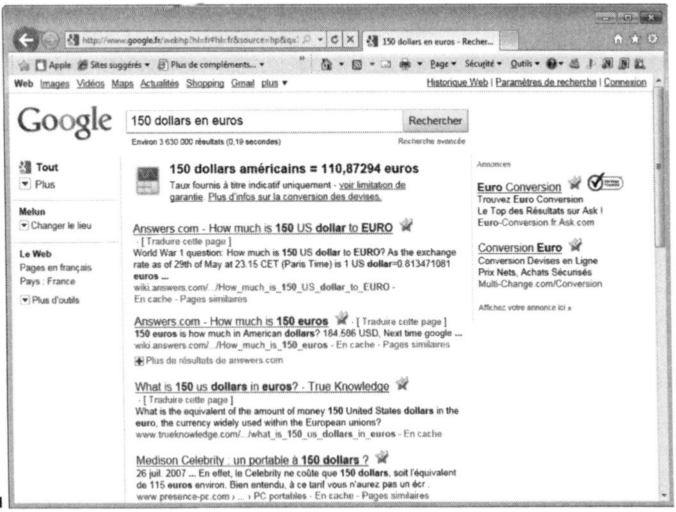

Figure 3.7 : Les talents de convertisseur de Google !

- **Vous pouvez trouver rapidement des fichiers sur votre ordinateur.** Google permet de télécharger un programme appelé Google Desktop que vous installez sur votre PC. Dès cet instant, Google effectue, sur votre ordinateur, des recherches de fichiers stockés sur vos différents disques durs.

TRUC

Le blues du 404

Plus souvent qu'à notre tour, lorsque nous cliquons sur un des liens proposés par Yahoo! ou un de ses concurrents, nous aboutissons à un message du genre « *404 not found* » (404, pas trouvé). Qu'est-ce que cela signifie ? Tout simplement que la page est inexistante. Les sites et pages Web apparaissent et disparaissent si vite que les moteurs de recherche ont bien du mal à se tenir à jour.

À cet égard, les index automatisés comme ceux de Google et d'AltaVista sont mieux faits que les répertoires du genre de Yahoo! Les systèmes automatisés utilisent des robots logiciels qui visitent et revisitent périodiquement les adresses indexées et notent celles qui n'existent plus. Mais, même ainsi, il peut s'écouler plusieurs mois avant que ces disparitions ne soient repérées et, pendant ce temps-là, il peut se passer bien des choses sur le Web. Google *met en cache* (stocke) une copie de la plupart des pages visitées : si l'original a disparu, cliquez sur le lien `Cache` à la suite d'une entrée d'index Google, vous obtiendrez une copie de la page telle qu'elle était lorsque Google l'a indexée pour la dernière fois.

- Peu de choses se perdent sur Internet. Grâce au dispositif *Wayback Machine*, il est possible de retrouver les anciennes versions de certains sites Web. Rendez-vous sur `www.archive.org` et saisissez le lien perdu (adresse Web par exemple) dans le champ *Search*.
- Parfois, les sites Web connaissent une très légère modification qui entraîne avec elle la migration de certains liens. Si le lien auquel vous ne parvenez pas à accéder semble mort, essayez une version plus courte. Par exemple au lieu de saisir une longue dresse comme `www.microsoft.com/France/windows/windowsserver2003/ws2000_supportetendu.html`, essayez plutôt `www.microsoft.com/France/windows/windowsserver2003/`, voire `www.microsoft.com/France/windows/`. Si malgré cela, la page reste introuvable, effectuez une recherche dans Google en saisissant uniquement le nom du fichier. Peut-être en reste-t-il une copie sur un autre site Web.
- Enfin, sachez que parfois vous ne trouvez plus un site car il est en période de maintenance. Cette période tombe souvent un dimanche. Ne vous inquiétez pas ! Le site sera de nouveau opérationnel dans les meilleurs délais.

TRUC

L'avantage de cette fonctionnalité est de pouvoir effectuer de telles recherches sans quitter votre navigateur Web. En revanche, n'oubliez pas que Windows Vista propose une fonction similaire. Pour la mettre en œuvre, il suffit de cliquer sur le bouton Démarrer, et de taper immédiatement les premières lettres de l'élément que vous désirez trouver sur votre ordinateur. Ce que vous saisissez s'affiche dans le champ Rechercher situé en bas du menu Démarrer. À chaque nouvelle lettre que vous tapez, ce menu actualise les résultats trouvés. Il ne vous reste plus qu'à cliquer sur l'élément que vous souhaitez utiliser ou exécuter.

Recherche avec Yahoo!

Bien que Yahoo! soit principalement un répertoire de ressources disponibles sur le Web, c'est aussi un *portail*, ce qui signifie qu'il contient d'autres bases de données auxquelles vous pouvez accéder par son point d'entrée, ce qui est censé vous inciter à ne jamais trop vous éloigner de ce merveilleux et irremplaçable site. Chacune d'entre elles est identifiée par un lien sur lequel vous pouvez cliquer. Ces liens apparaissent dans la page d'accueil juste au-dessous de la boîte de saisie Recherche. En voici une liste non exhaustive :

- **Mon Yahoo! :** pour accéder à une page de démarrage personnalisée avec en-têtes, résultats sportifs, *etc.*, selon les préférences que vous avez définies.
- **Mail : p**our obtenir une adresse e-mail gratuite sur le format @ yahoo.fr.
- **Messenger :** il vous permet de dialoguer en direct avec vos amis sur le Web.
- **TV :** liste impressionnante de chaînes TV et câble.
- **Voyages :** pour préparer tous vos futurs voyages.
- Et de nombreux autres liens, dont des accès vers tous les Yahoo! du monde qui vous permettront de trouver des sites spécifiques à ces pays ou encore les coordonnées de personnes y vivant.

ODP : ouvert, gigantesque et gratuit

Il serait pratique de disposer d'un gros répertoire contenant autant d'informations qu'un index. Certes, mais personne n'aurait les moyens de payer des gens pour construire un aussi gros répertoire. Ce sont des bénévoles qui s'en chargent. Netscape est à l'origine de l'*Open Directory Project* (ODP), effort bénévole pour créer le répertoire Web le plus grand et le meilleur du monde. Animé par le même esprit communautaire qui a construit Linux et Mozilla Firefox, ODP est effectivement devenu le meilleur répertoire Web. ODP est exploitable gratuitement par tout le monde. Des dizaines de moteurs de recherche fournissent

ODP en plus de leurs propres informations indexées. Par exemple, la version de Google se trouve à `www.google.fr/dirhp` (Figure 3.8).

Figure 3.8 : ODP depuis Google.

ODP se trouve sur `www.dmoz.org` (*dmoz* signifie à peu près *Directory Mozilla*) mais il est facile d'y accéder par Google. Le répertoire est un ensemble de catégories, sous-catégories, sous-sous-catégories, et ainsi de suite jusqu'à un impressionnant degré de détail. Chaque catégorie contient en général un grand nombre de pages Web. Pour l'afficher en Français, il suffit de cliquer sur le lien du même nom situé dans la catégorie World en bas de la page. Vous pouvez débuter au niveau de répertoire supérieur et progresser en cliquant sur les catégories (en commençant par cliquer sur l'onglet Répertoire dans la page d'accueil Google) ou opérer une recherche dans le répertoire pour y trouver des pages, puis consulter les catégories qui comportent des pages intéressantes.

Lorsque vous avez déjà fait une recherche dans Google, un clic sur l'onglet Répertoire, en haut de la page, affiche uniquement les pages en rapport dans ODP. Dans la mesure où ces pages ont toutes été vues par au moins une personne, leur qualité est en général meilleure que celle des pages de la liste générale de Google, qui ont été recueillies mécaniquement. Dans la liste de résultats de recherche Google, si une page appartient à une catégorie, vous pouvez cliquer sur son lien `Catégorie` pour afficher d'autres pages appartenant à la même catégorie. Vous obtenez non seulement des pages Web pertinentes mais également des liens vers les catégories apparentées. Les catégories ODP sont si nombreuses qu'il faut souvent continuer à cliquer pour trouver la sous-catégorie exacte désirée. Une fois trouvée, elle recèle généralement des liens intéressants. Si ce n'est pas le cas, lisez l'encadré « Vous êtes peut-être déjà un expert ».

Vous êtes peut-être déjà un expert

Les catégories de *l'Open Directory Project* sont gérées par des bénévoles – pourquoi pas vous ? Le temps passé par catégorie est assez modeste – quelques minutes par semaine pour voir ce qui a été suggéré, et l'ajouter ou le rejeter.

Pour participer bénévolement, cliquez sur le lien `Become an Editor` en bas de la fenêtre dmoz.org puis, dans la page qui s'ouvre, sur le lien français. Vous remplirez ensuite un questionnaire pour indiquer qui vous êtes, pourquoi vous êtes intéressé et quelles entrées vous voudriez ajouter à la catégorie. Si vous êtes accepté (ce qui est généralement le cas), vous commencerez à participer quelques jours plus tard. Des didacticiels et listes de messagerie sont à disposition des éditeurs.

Pour des faits concrets, essayez d'abord Wikipédia

Wikipédia, `http://fr.wikipedia.org/wiki/Accueil`, est une encyclopédie gratuite sur Internet (Figure 3.9). En hawaïen, *Wiki* signifie *rapide*. Le projet Wikipédia, qui a démarré en 2001, compte désormais plus de 6 millions d'articles disponibles dans plus de 250 langues. Bien évidemment, vous y trouverez des articles sur les tomates farcies.

Si vous cherchez des scoops, Wikipédia est un excellent lieu d'investigation. Vous y trouverez des titres et des textes d'articles. Dans les articles, les termes soulignés en bleu renvoient vers d'autres articles précisant et développant le terme en question. Beaucoup d'articles ont des liens renvoyant vers des sites Web externes qui proposent encore plus d'informations sur le sujet traité. Les articles sont créés, modifiés et publiés par une équipe de bénévoles qui compte plus de six mille contributeurs.

Tout le monde peut écrire un article sur Wikipédia, ce qui est sa force mais aussi et surtout sa faiblesse. Des modérateurs empêchent la publication d'articles ne respectant pas la déontologie du site, mais il n'y a pas de comité de lecture validant l'exactitude des informations.

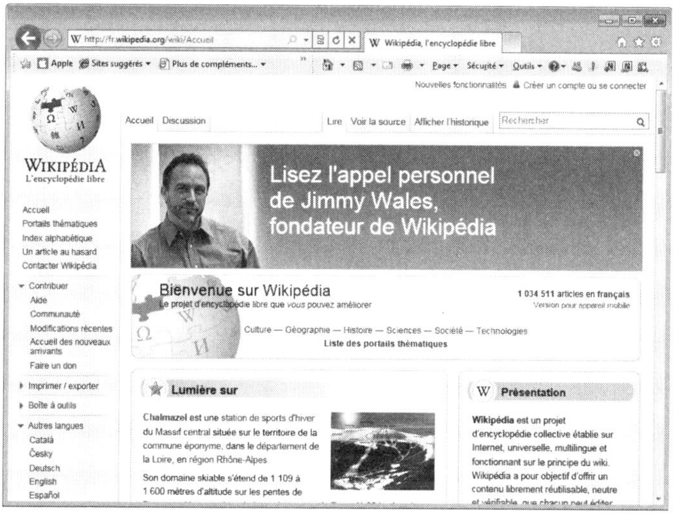

Figure 3.9 : La page d'accueil de Wikipédia.

Les articles sont censés être purement informatifs. Il ne s'agit donc pas d'adopter une attitude partisane. La neutralité est de mise. Des sujets comme l'avortement, la peine de mort, la religion, la politique internationale sont de nature à créer des débats. Wikipédia ne fait pas autorité comme une œuvre aussi colossale et sérieuse que l'*Encyclopædia Universalis* mais ses articles sont généralement à jour et la quantité d'informations suffisante pour se forger une opinion ou argumenter des discussions.

TRUC

Si vous effectuez une recherche sur un sujet précis dans Google, il y a de grandes chances pour que vous tombiez sur un article publié sur Wikipédia.

Voilà ! Ici se termine notre grande recherche sur les tomates farcies. Il ne me reste plus qu'à aller les cuisiner.

Les autres...

Lorsque vous serez habitué à Yahoo!, Google et ODP, vous souhaiterez sans doute essayer quelques-uns de leurs concurrents.

WORLD WIDE WEB

About.com

`www.about.com`

About est un répertoire où plusieurs centaines de « guides » semi-professionnels gèrent les rubriques.

AltaVista

`www.altavista.com`

AltaVista est un index volumineux. Pendant longtemps, il est resté le plus grand, mais il est aujourd'hui dépassé par Google. Il n'a pas la faculté de Google de placer les pages les plus intéressantes en tête de liste mais pour la recherche de sujets particuliers dont vous connaissez déjà des mots-clés, il reste difficile à battre. Il propose également une recherche directe de fichiers MP3 et Audio en général.

Bing

`www.bing.com`

Bing est le moteur de recherche de Microsoft. Il remplace sous Windows 7 l'ancien *Live Search*. Imposé par défaut, il se veut le concurrent de Google mais reste très loin derrière la puissance d'indexation de celui-ci. Bing, à l'instar de Google, effectue des recherches dans tous les domaines.

Bytedog

`www.bytedog.com`

Bytedog rassemble les résultats de recherche d'autres moteurs de recherche et les présente sous forme de classement. La réponse met quelques longues secondes à vous parvenir du fait du filtrage des mauvais liens que vous n'aurez donc pas à gérer. Bytedog est un projet mené par deux étudiants de l'université de Waterloo, Ontario, USA.

Autres guides du Web

ODP a un répertoire de plusieurs centaines de guides : visitez `dmoz.org/Computers/Internet/Searching/`. Ensuite, cliquez sur le lien `French` pour afficher le contenu de la page en français.

Pages Jaunes

www.pagesjaunes.fr

Ces « Pages Jaunes » remplacent notre bon vieil annuaire papier et le Minitel.

Rechercher des personnes

Trouver quelqu'un sur le Net n'est pas aussi facile qu'on pourrait le croire. Tout au moins pour les personnes n'habitant pas les États-Unis. Il existe deux systèmes de recherche de personnes qui se recoupent : ceux qui recherchent des personnes sur le Net, avec adresse e-mail et/ou Web, et ceux qui recherchent des personnes dans la vie réelle avec adresse postale et numéro de téléphone. Pour ce dernier type de recherche, rappelons l'existence du Minitel, consultable à partir d'une interface Minitel sur ordinateur, et le site `www.pagesjaunes.fr` qui propose aussi la consultation des Pages Blanches de l'annuaire.

Dans la vie réelle

Ces annuaires sont compilés à partir des annuaires papier. Ceux qui ne figurent pas sur ces derniers depuis plusieurs années n'ont aucune chance de se trouver sur les annuaires du Web.

Sur le Net

Comme il n'existe pas de document comparable à un annuaire papier pour les adresses Internet, une telle recherche risque souvent d'être un coup d'épée dans l'eau. Les différents serveurs de recherche utilisent chacun des sources d'informations différentes, ce qui fait que leurs résultats ne se recoupent généralement pas. Aussi, si vous ne trouvez pas la personne recherchée dans l'annuaire utilisé, n'hésitez pas à en essayer un autre, vous aurez peut-être plus de chances.

Pour savoir si quelqu'un a une page Web, recherchez son nom avec Google. Vous pouvez aussi évaluer l'étendue de votre propre popularité en tapant votre nom dans les moteurs Google ou Yahoo ! : vous risquez d'avoir quelques surprises, particulièrement si votre patronyme est répandu ou à connotation historique.

Google, chasseur de têtes

Dans Google, saisissez le nom et l'adresse de quelqu'un. Vous verrez une longue liste s'afficher, mais n'espérez pas forcément y trouver la personne que vous cherchez.

TRUC

Si vous désirez savoir si quelqu'un a une page Web, utilisez Google ou Yahoo! en saisissant simplement le nom de cette personne. Si vous recherchez l'adresse e-mail d'une personne, passez par Google.

Les Pages Blanches

WORLD WIDE WEB

`www.pagesblanches.com`

Ce n'est qu'une des rubriques du site `pagesjaunes.fr`, comme le montre la Figure 3.10.

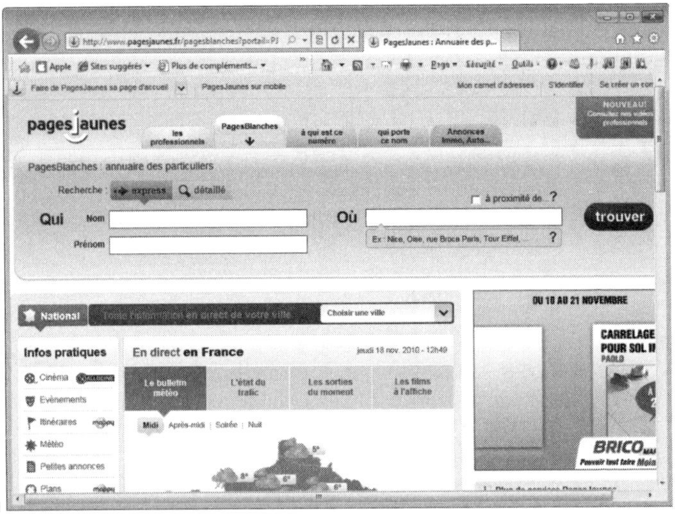

Figure 3.10 : C'est en cherchant les pages jaunes que l'on trouve les blanches !

Le courrier, une fois encore

Les listes de diffusion constituent une autre ressource d'importance. La plupart d'entre elles acceptent volontiers des questions correctement et poliment formulées concernant les sujets qu'elles traitent.

Avec votre navigateur

Microsoft et Mozilla sont arrivés sur le marché des moteurs de recherche. Firefox et Internet Explorer sont des navigateurs qui vous conduisent directement sur leur système de recherche préféré si vous leur en donnez la plus petite occasion. Ces systèmes ne sont pas complètement dépourvus d'intérêt, mais, à moins d'être le genre de personne qui allume la télé et regarde ce qui apparaît à l'écran sans zapper une seule fois, vous préférerez probablement choisir vous-même votre propre moteur de recherche.

Firefox et Safari

Firefox et Safari (le navigateur Web historique du Mac également disponible sur PC surtout depuis l'avènement de iTunes d'Apple) disposent d'un champ de recherche qui s'apparente donc à un moteur. Vous y saisissez les mots-clés nécessaires à votre recherche et appuyez sur la touche Entrée. En fait, Firefox et Safari se basent sur Google. Dans Firefox, il suffit de cliquer sur la petite flèche du champ de recherche pour sélectionner un autre moteur de recherche, comme le montre la Figure 3.11.

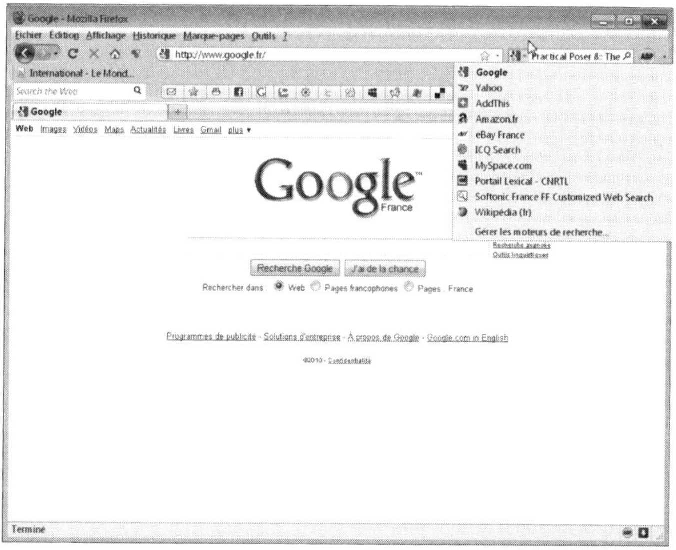

Figure 3.11 : Sélectionnez un moteur de recherche dans Firefox.

Les sites suggérés d'Internet Explorer 9

Internet Explorer 9 a été conçu pour offrir plus de rapidité et plus de souplesse aux utilisateurs effrénés du Web. Pour cela, Microsoft a créé une fonction appelée Sites suggérés. Elle permet, lorsque vous êtes dans une page, de trouver d'autres pages du même type qui peuvent vous apporter des informations supplémentaires et/ou complémentaires.

Avec cette fonction, vous allez très facilement trouver d'autres moteurs de recherche comme l'explique cette procédure :

1. **Ouvrez Internet Explorer 9, et affichez votre moteur de recherche par défaut, Google comme par hasard.**
2. **Veillez à afficher le Volet des favoris. Si ce n'est pas le cas, cliquez sur Affichage/Volet d'exploration/Favoris.**
3. **Cliquez sur l'onglet Favoris.**
4. **En bas du volet des favoris cliquez sur le lien** `Voir les sites suggérés`.

   La page des sites suggérés apparaît comme à la Figure 3.12. Elle consiste en un ensemble de suggestions basées sur vos goûts et ceux des personnes qui consultent les mêmes sites que vous.

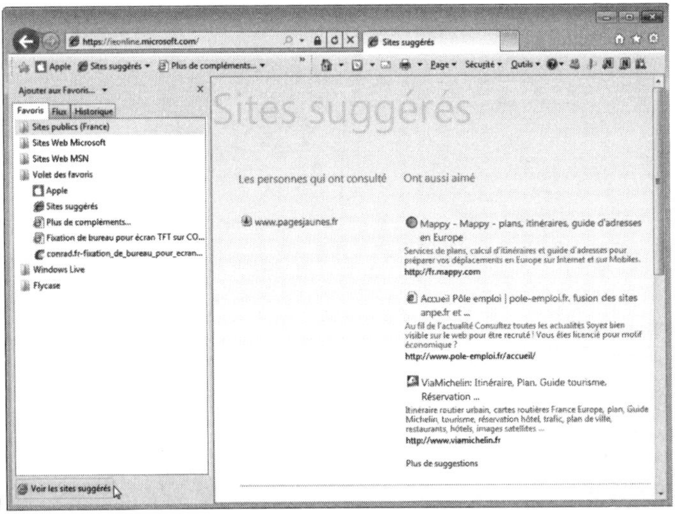

Figure 3.12 : Affichez les sites suggérés par Internet Explorer 9.

5. **Pour trouver d'autres moteurs de recherche, faites défiler le contenu de cette page.**

   Vous constatez que dans la colonne de gauche figurent les sites que vous avez récemment consultés, et dans la colonne de droite des sites équivalents suggérés par Internet Explorer.

6. **Cliquez sur le site auquel vous désirez accéder.**

7. **Si les suggestions vous semblent insuffisantes, cliquez sur le lien** `Plus de suggestions`.

8. **Ajoutez des sites suggérés à vos favoris par un clic sur le lien** `Ajouter sites suggérés au volet des Favoris`.

   Internet Explorer affiche alors un message vous demandant si vous désirez ajouter cette page des sites suggérés en tant que composant Web slice. Il s'agit d'une portion spécifique d'une page Web à laquelle vous pouvez vous abonner gratuitement afin que son contenu soit automatiquement mis à jour. Ce composant fait alors partie du volet des favoris. Dès que le composant est mis à jour, il s'affiche en gras dans les favoris. C'est une sorte de flux RSS. Il suffit alors de cliquer sur le lien pour consulter le contenu mis à jour.

TRUC

Vous pouvez également ajouter une page Web aux composants suggérés. Ainsi, chaque fois que vous visiterez cette page, il vous suffira de cliquer sur le bouton Sites suggérés d'Internet Explorer pour obtenir une liste de sites connexes. Voici comment procéder :

1. **Affichez la page Web du site qui vous intéresse.**

2. **Dans la barre Volet favoris, cliquez sur le bouton Sites suggérés.**

   Si le site visité est déjà répertorié par Microsoft, des sites équivalents sont alors suggérés comme à la Figure 3.13. Sinon, Internet Explorer propose de vous abonner au site.

3. **Dans la liste des sites suggérés, cliquez sur celui que vous désirez visiter.**

TRUC

Si le fait de cliquer n'ouvre pas la page Web du site en question dans un nouvel onglet, c'est que son accès est verrouillé pour des questions de sécurité. Pour forcer l'ouverture, appuyez sur la touche Ctrl de votre clavier, et cliquez sur le lien.

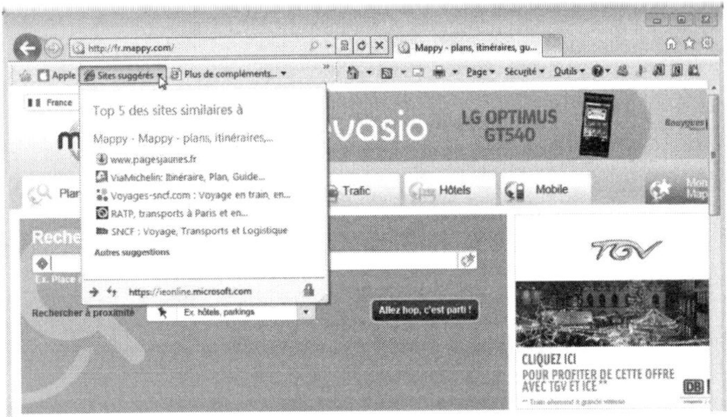

Figure 3.13 : Les sites suggérés par Internet Explorer 9 répondant à des critères identiques au site actuellement visité.

Le pari des dix minutes

Notre ami Doug Hacker prétend être capable de trouver la réponse à n'importe quelle question factuelle sur le Net en moins de dix minutes. Carol a voulu vérifier et lui a demandé de retrouver une citation dont elle se souvenait vaguement au sujet d'un album de Duke Ellington dont elle ne pouvait plus se rappeler le titre. Il lui a fallu environ une heure pour retrouver la citation complète, mais sans passer plus de cinq minutes sur son ordinateur. Comment ? Il a d'abord trouvé une liste de diffusion ayant pour sujet Duke Ellington, s'y est abonné et a posé la question. Il n'a fallu que quelques minutes pour que plusieurs abonnés proposent une réponse. Plus vous passerez de temps à apprendre à vous servir du Net et à vous y retrouver, plus vous en gagnerez lorsque vous aurez besoin de trouver quelque chose de précis.

Deuxième partie

S'accrocher à la toile

Dans cette partie...

Pour une nouveauté, c'est une nouveauté ! Certes, je ne connais pas tout sur le Web. Cependant, il ne me semble pas qu'il existe un ouvrage consacré à Internet qui vous explique concrètement ce que vous allez faire sur la Toile (ben oui, l'autre non du Web). Pour cette raison, je me suis mis au défi de vous apporter des pistes d'exploration en me basant sur quelques observations réalisées dans la vie quotidienne.

Chapitre 4

J'achète et je vends sur Internet

Dans ce chapitre :

- Achats en ligne : le pour et le contre.
- Le problème des cartes bancaires.
- Allons faire nos courses !
- Comparer les prix.
- Le supermarché virtuel.
- Acheter et vendre d'occasion.
- Acheter à l'étranger.

Si, pour une raison quelconque (insomnie ou autre), vous lisez la presse informatique, vous avez certainement eu l'occasion de parcourir beaucoup d'articles consacrés au commerce électronique. Aussi étonnant que cela puisse paraître, il y a beaucoup de vrai dans ce que vous avez pu lire, et vous pouvez raisonnablement acheter toutes sortes de choses sur le Net. Pour notre part, c'est ce que nous faisons, des livres jusqu'aux billets d'avion en passant par les sous-vêtements, les actions, les pièces détachées d'ordinateurs et les consommables de toutes sortes. Malgré quelques légendes – parfois avérées –, nous sommes toujours bel et bien vivants pour vous conter l'histoire fabuleuse des achats en ligne.

Achats en ligne : le pour et le contre

Voici quelques bonnes raisons de faire ses achats en ligne :

- Les magasins en ligne offrent des commodités appréciables. Ils sont ouverts toute la nuit, et vous n'agacez aucun vendeur si vous ne faites que regarder pendant des jours et des jours avant de vous décider à acheter. La Figure 4.1 montre un magasin en ligne typique.

Figure 4.1 : Un, deux, trois… faites vos courses !

- Les prix sont souvent inférieurs aux prix que vous trouvez en magasin, et vous pouvez comparer les tarifs de plusieurs boutiques en quelques minutes, comme nous l'expliquons plus loin dans ce chapitre. Même si vous finissez par acheter dans un magasin réel, ce que vous aurez trouvé en ligne est susceptible de vous faire économiser de l'argent. Les frais d'expédition sont les mêmes que lorsque vous commandez par courrier postal (ils sont même offerts à partir d'une certaine somme, en général 100 euros d'achats) et vous n'aurez pas besoin de prendre votre voiture et de trouver un parking.

- Les boutiques en ligne offrent parfois une meilleure sélection. L'expédition est habituellement réalisée à partir d'une centrale d'achat – pas de stocks à gérer. Si vous êtes à la recherche d'une pièce rare – par exemple, une pièce du vieux four que vous réparez – le Web peut vous épargner des semaines de recherche.

- Certains auteurs de ce livre vivent dans des petites villes perdues dans la campagne. Ils trouvent sur le Net de nombreux articles difficiles à dénicher, sinon introuvables localement.

- Contrairement aux centres commerciaux, on n'est pas obligé de faire ses courses avec une musique de supermarché en bruit de fond. Vous pouvez même lancer iTunes ou le Lecteur Windows Media et ainsi choisir la musique qui accompagnera vos emplettes.
- Vous pouvez acheter dans tous les magasins de la planète, à des prix défiant toute concurrence.
- À partir d'une certaine somme, souvent 100 euros, ou sur certains produits, vous pouvez payer en plusieurs fois sans frais.
- Vous pouvez acheter sur Internet, mais aussi vendre ! Le marché de l'occasion est florissant, et vous allez trouver des affaires incroyables.

D'un autre côté, voici quelques raisons qui nous incitent à ne pas *tout* acheter sur le Net :

- Vous ne pouvez pas physiquement essayer, tester ou regarder ce que vous achetez, et il arrive que les délais de livraison soient assez longs. Toutefois, les sites indiquent la plupart du temps les délais de disponibilité des produits. Quand le produit est disponible, vous n'attendez guère plus de quarante-huit heures ; en revanche quand il ne l'est pas, l'attente est difficile à évaluer.
- Nous aimons bien nos petits commerces locaux et nous essayons de contribuer à l'économie de notre région aussi souvent que nous le pouvons.
- Vous ne pouvez pas flirter avec le personnel des magasins en ligne.
- Plus vous êtes devant un ordinateur et moins vous sortez de chez vous ! Ne coupez pas trop le lien social !

Le problème des cartes bancaires

Comment s'effectue le paiement des achats en ligne ? La plupart du temps avec une carte bancaire, de la même façon que dans un magasin ordinaire. Mais n'est-il pas risqué de donner son numéro de carte bancaire en ligne ? Eh bien, non !

Nombre de personnes craignent que des individus malintentionnés et armés de divers outils électroniques, analyseurs de réseaux et autres gadgets de haute technologie, soient à l'affût pour tenter de s'approprier les numéros de cartes bancaires voyageant sur le Net. Nous avons surveillé pendant plusieurs années l'occurrence de tels événements et nous n'avons jamais rien trouvé. D'abord, parce que la plupart des entreprises de vente en ligne s'arrangent pour sécuriser les transactions de ce type en cryptant les informations que vous leur envoyez (dans la fenêtre du navigateur, un petit cadenas fermé affiché en bas de la fenêtre). Ensuite, parce que tenter d'intercepter une information de ce type dans le flot du trafic d'Internet est une véritable gageure, même sans chiffrement.

Si vous acceptez de confier votre carte bancaire dans un restaurant à un serveur, vous pouvez aussi bien vous servir de votre carte bancaire pour acheter en ligne. Si nous voulions dérober un numéro de carte de crédit, ce n'est pas la technique d'Internet que nous utiliserions mais celle des *pickpockets*.

Si, après cette mise au point, vous ne voulez toujours pas confier votre numéro de carte bancaire à Internet ou que vous soyez de ceux qui répugnent à l'usage des cartes en plastique, sachez que la plupart des entreprises de VPC en ligne accepteront que vous leur indiquiez ce numéro par téléphone ou que vous leur envoyiez un chèque.

TRUC

Les cartes bancaires virtuelles : e-Carte Bleue et consorts

Une des dernières innovations des banques est la mise en circulation, pour qui en fait la demande, d'une carte bancaire virtuelle destinée au paiement des achats sur Internet. Comment fonctionne la carte virtuelle ? Nous baserons notre explication sur une expérience personnelle : la e-Carte Bleue (ce système est repris sous des noms divers par la majorité des établissements bancaires).

Vous souscrivez un contrat auprès de votre banque pour bénéficier de la carte bancaire virtuelle. Si votre banquier est reconnaissant de votre fidélité, il ne devrait rien vous facturer de plus que vos sempiternels frais de gestion mensuels. Quelques jours après la souscription à e-Carte Bleue, par exemple, vous recevez un premier courrier indiquant un identifiant à ne surtout pas égarer. Il s'agit d'un code aussi facile à retenir que BCMYSKPM. Cet identifiant vous permet d'aller sur le site Web de votre banque et d'y télécharger un petit programme qui n'est autre que votre carte bancaire virtuelle. Installez ce programme sur votre ordinateur. Si vous l'exécutez, une connexion Internet s'établit, et une sorte de carte affichant deux champs de saisie apparaît au premier plan de votre bureau. Elle couvre systématiquement tous les programmes que vous ouvrez, dont Internet Explorer ou Firefox, qui permettront de faire vos achats en ligne. Les champs de saisie exigent deux choses : l'identifiant et le mot de passe que vous recevrez environ quarante-huit heures après votre premier courrier. Conservez bien ces deux numéros, c'est-à-dire identifiant et mot de passe, dans un lieu sûr, et tentez de vous en souvenir (ce ne sera pas du gâteau).

Pour utiliser la carte virtuelle, c'est très simple. Faites vos emplettes, c'est-à-dire cherchez les produits qui vous intéressent sur un site, ajoutez-les à votre panier virtuel, et enfin passez à la caisse. À cet instant, choisissez un paiement par carte bancaire VISA ou E-Carte Bleue (certains sites proposent ce mode de paiement) et lancez le programme de votre carte bancaire virtuelle, tel que e-Carte Bleue (Figure 4.2). La carte virtuelle vous demande de saisir votre identifiant et votre mot de passe, puis de cliquer un bouton pour les valider. Une fois votre identification réalisée, plusieurs autres boutons permettent d'effectuer diverses tâches, dont l'une se nomme Payer. Cliquez dessus. Un message vous avertit qu'un numéro unique va vous être attribué. À ce moment-là, votre carte virtuelle prend l'apparence d'une carte bancaire identique à celle que vous avez dans votre portefeuille, mais elle est animée : c'est-à-dire que vous voyez tous les chiffres tourner de manière aléatoire, puis se figer en un numéro traditionnel utilisable une seule fois. Saisissez le numéro ainsi attribué et le code à trois chiffres dans les champs adéquats du site Web. Validez. Le site interroge alors votre banque, et le paiement est accepté. Voilà, votre achat est fait. Même si quelqu'un a pu détourner ce numéro de carte, il ne pourra plus l'utiliser, car il est à usage unique. Vous pouvez alors fermer le petit programme. Si vous ne le faites pas, la carte virtuelle disparaît au bout d'une quinzaine de minutes.

Figure 4.2 : Une carte bancaire virtuelle ressemble à une vraie carte bleue ! Inutile d'essayer d'utiliser celle-ci, le numéro est unique pour un achat et un montant unique.

Lors de votre prochain achat sur Internet, vous répéterez ces opérations et vous obtiendrez alors un nouveau numéro unique qui permettra de payer vos achats en toute sécurité. Ce système est absolument génial !

Comment acheter sur Internet

Les entreprises de VPC en ligne fonctionnent généralement selon l'un ou l'autre des deux systèmes suivants : avec ou sans « caddie virtuel », communément appelé « panier » dans l'Hexagone. Ceux qui n'utilisent pas ce concept proposent la commande d'un seul article à la fois, ou un formulaire de commande que vous remplissez en cochant des cases en face des articles commandés. Parmi ceux qui proposent le système du caddie, vous choisissez un article et cliquez un bouton du type « Ajouter au panier ». Vous visualisez le récapitulatif et choisissez votre mode de paiement ainsi que toutes indications utiles pour la livraison. À tout moment vous pouvez ajouter ou retirer des articles, comme dans un vrai magasin, à ce détail près que vous n'êtes pas obligé, ici, de remettre l'article dans son rayon.

Parler d'acheter du neuf sur Internet est une chose, mais franchir le pas et en comprendre la pratique en est une autre. Nous prétendons, à juste titre d'ailleurs, que la vente en ligne permet de payer moins cher et de disposer d'un vaste choix de produits. Le problème est de savoir comment trouver ce produit au meilleur prix. Pour cela, il existe les comparateurs de prix !

Comparer les prix

Trouver la bonne affaire… et en neuf par-dessus le marché. Je crois saisir votre niveau d'exigence de consommateur surtout en ces périodes de crise économique internationale. Donc, si vous venez sur Internet c'est pour acheter au meilleur prix. Mais se pose une question cruciale : comment trouver le meilleur prix parmi ces centaines voire ces milliers de boutiques en ligne ? Il y a deux attitudes possibles :

- Aller de site en site et noter soigneusement le prix que chacun propose sur un produit particulier. Le gros problème est que votre exploration se limite aux sites que vous connaissez, ce qui *de facto* élimine de votre recherche tous ceux que vous ne connaissez pas.
- Comparer les prix avec un ou plusieurs comparateurs de prix.

C'est cette seconde attitude que je vous propose d'adopter. Pour cela nous partirons d'un exemple très simple : vous souhaitez changer de réfrigérateur.(Mais si puisque je vous le dis !)

Tout ce qui est expliqué ci-dessous vaut pour n'importe quel produit bien évidemment.

Lorsque l'on désire acheter un produit, comme changer son réfrigérateur, soit nous connaissons le modèle que nous désirons acheter, soit nous ne savons pas très bien, soit encore le choix sera dicté par notre budget.

Trouver des comparateurs de prix

Voici la démarche à suivre pour comparer les prix et trouver le produit qui correspond à un ou plusieurs critères de recherche :

1. **Ouvrez votre navigateur Web, comme Internet Explorer 9.**

2. **Dans le champ de recherche situé dans son coin supérieur droit, tapez « Réfrigérateurs » et appuyez sur Entrée.**

   Si vous achetez autre chose qu'un réfrigérateur, tapez le nom générique du produit : lave-vaisselle, lecteur MP3, chaussettes, sous-vêtements, voiture, etc.

   Le moteur de recherche, Google par exemple, va vous proposer divers liens dont certains vous renvoient vers des comparateurs de prix, comme le montre la Figure 4.3.

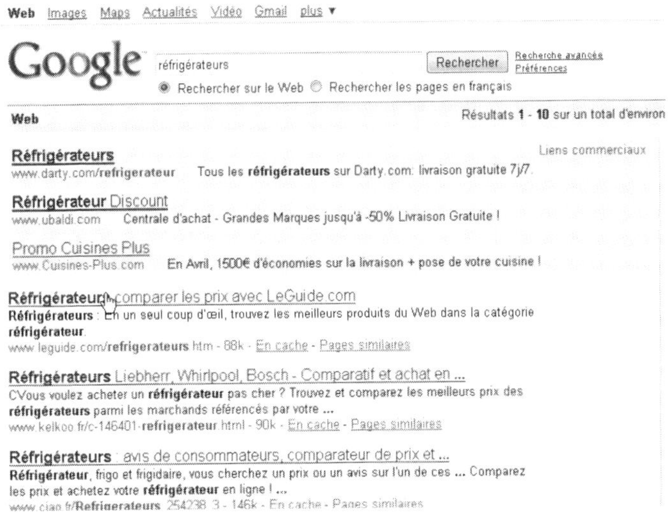

Figure 4.3 : Un moteur de recherche permet de trouver facilement un comparateur de prix.

3. **Cliquez sur un des liens renvoyant vers un comparateur de prix.**

   Vous accédez au site Web du comparateur, comme à la Figure 4.4.

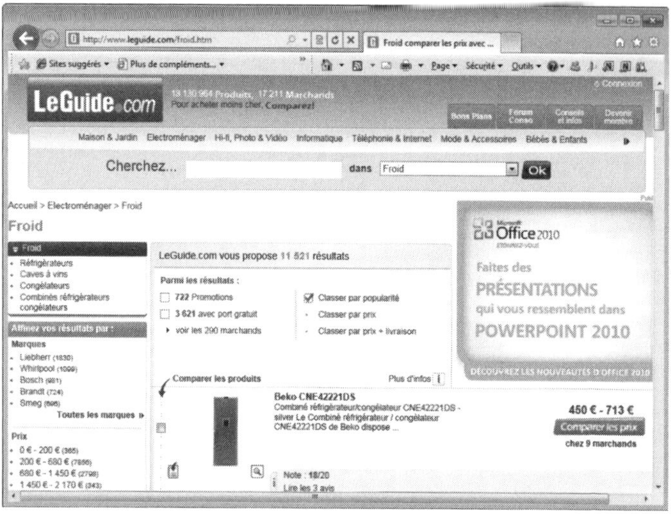

Figure 4.4 : Un comparateur de prix.

Dans la mesure où votre recherche porte sur des réfrigérateurs, le comparateur compare les prix des réfrigérateurs. Mais comment trouver la meilleure offre ?

Utiliser un comparateur

Maintenant que vous voici à comparer les prix, comment allez-vous utiliser les multiples fonctionnalités de ce comparateur ? Les étapes suivantes en expliquent la procédure :

1. **Dans un comparateur de prix, vous pouvez affiner les résultats de plusieurs manières :**

   • Selon la marque. Peut-être êtes-vous sensible à une marque, c'est-à-dire un fabricant, plus qu'à un autre. Dans ce cas, cliquez sur la marque du produit qui vous intéresse. (Rares sont les comparateurs qui ne proposent pas cette option.)

TRUC

Dans la page des résultats du comparateur, toutes les marques ne sont pas forcément affichées. Vous trouverez généralement un lien du type `Plus de marques`. Il suffit de cliquer dessus pour accéder à d'autres fabricants de réfrigérateurs (par exemple). Ne vous laissez pas intimider et restreindre par les propositions par défaut du comparateur de prix. Les marques les plus en vue payent pour être citées en premier dans un comparateur.

- En fonction du prix. C'est peut-être le critère de recherche le plus sensible pour vous. N'oubliez pas qu'Internet doit permettre de faire de bonnes affaires, sinon autant aller dans un magasin traditionnel. Les comparateurs listent des fourchettes de prix. Vous voyez d'ailleurs le nombre de produits existants dans la fourchette spécifiée.

Bien entendu, en fonction du produit convoité, d'autres critères peuvent être proposés. Ainsi, en électroménager, la classe énergétique, voire la consommation annuelle d'électricité, est un critère extrêmement sensible pour tout consommateur qui garde une attitude citoyenne, et qui veille à ne pas pénaliser la survie de la planète par son comportement consumériste.

Comme il est fondamental de définir un ou plusieurs critères pour ne pas passer des heures et des heures à éplucher tous les modèles, je vous propose de comprendre la méthode de sélection en passant à la deuxième étape.

2. **Définissez le type de produit.**

   Pour mon réfrigérateur (toujours lui !), je sais qu'il me faut un modèle à 2 portes. Je clique donc sur ce critère dans le volet gauche du comparateur.

3. **Choisissez en fonction de la marque ou de votre budget.**

   Comme je suis un consommateur averti, je dépense, certes, mais pas n'importe comment. J'opte pour le budget comme le montre l'étape suivante.

4. **Cliquez sur la fourchette correspondant au budget dont vous disposez.**

   Ici je ne veux pas dépenser plus de 550 euros. Je clique donc sur la fourchette 490 € à 550 €.

   Le comparateur fait une première sélection qui présente :

   1. Les réfrigérateurs 2 portes…

   2. … dont le prix se situe entre 490 et 550 euros.

   À partir de ces résultats vous disposez de nouvelles options :

   - Consulter les modèles d'une marque précise.

   - Trier les résultats par prix total voire par promotion.

   - Taper directement les références d'un modèle dans le champ « Vous recherchez » (ou équivalent), et cliquer sur le bouton Rechercher.

5. **Comme je veux faire une bonne affaire, je clique sur Prix total car ce dernier prend en compte les frais de livraison.**

TRUC

Le comparateur de prix propose généralement d'effectuer un tri par prix croissants ou décroissants. Il suffit alors de cliquer sur un signe + ou un signe -, voire de cliquer une nouvelle fois sur le lien `Prix total`. L'ordre de présentation de divers produits se fait en fonction de la fourchette de prix dans laquelle il se trouve.

6. **Faites défiler le contenu de la fenêtre du comparateur et cochez les cases des modèles de réfrigérateur que vous désirez comparer, comme le montre la Figure 4.5.**

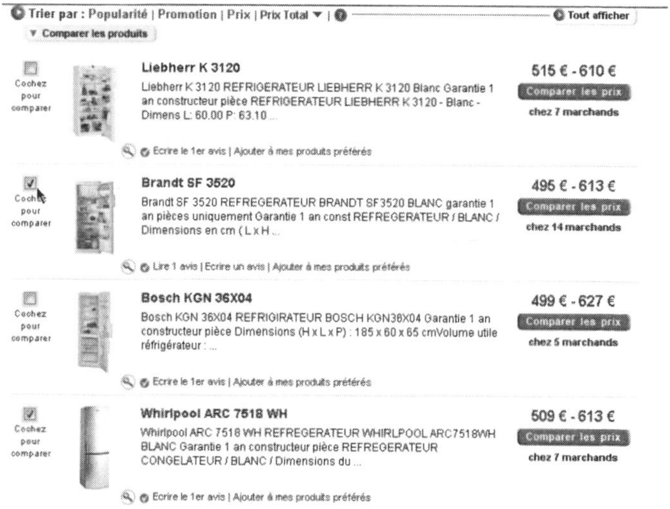

Figure 4.5 : Cochez ce que vous désirez comparer.

7. **Une fois les produits cochés, cliquez sur le bouton Comparer les produits.**

La Figure 4.6 montre que le comparateur affiche les modèles pour vous permettre d'en comparer les caractéristiques techniques. Cela va orienter le choix du modèle qui répond le mieux à vos besoins.

8. **Dès que vous avez vu le modèle qui vous convient, cliquez sur le bouton Comparer les prix.**

Le comparateur affiche la liste des prix et des sites qui vendent ce produit. Vous pouvez trier cette liste en fonction de critères identiques à ceux présentés à l'étape 1.

Figure 4.6 : La première comparaison est d'ordre technique.

Si aucun modèle ne vous convient, relancez une recherche comme expliqué au début de cette procédure.

9. **Pour trouver le modèle le moins cher, cliquez sur Prix total.**

   Il vous faudra alors sortir la calculette pour ajouter au prix indiqué le montant des frais de ports. Le produit dont le prix indique « Livraison : Gratuite » est bien entendu l'idéal !

   Le critère de sélection que vous appliquez aux meilleures offres proposées par le comparateur de prix peut être très subjectif. Certes, le prix est important, mais la disponibilité ne l'est pas moins. Si êtes dans l'urgence du produit, vous accepterez peut-être de payer plus cher et de le recevoir dans les meilleurs délais. Dans ce cas, cliquez sur le lien `Disponibilité` pour réorganiser la liste des produits trouvés en fonction des stocks disponibles. Dans ce cas, seuls les produits mentionnant « Disponibilité : En stock » auront votre préférence.

10. **Dès qu'un produit proposé par un site spécifique semble bien vous convenir, cliquez sur le bouton Voir cette offre.**

    Le comparateur vous envoie directement sur la page Web du site traitant de ce produit. Si vous êtes séduit, commandez comme nous l'expliquons plus loin dans ce chapitre.

Le prix n'est pas l'unique critère d'un achat par correspondance. Certains d'entre vous préféreront payer un peu plus cher un produit car le site propose de payer en 3 fois sans frais (nous en reparlerons).

Comparer les prix d'un modèle précis

Dans la précédente section, nous avons appris à comparer les prix d'un produit sur lequel le choix n'est pas complètement arrêté. Il s'agissait d'un réfrigérateur dont le prix importait plus que le modèle ou la marque en elle-même. En revanche, lorsque vous connaissez le modèle exact de l'appareil que vous désirez acheter, la démarche est un peu différente.

WORLD WIDE WEB

Nous allons baser notre exemple sur un autre comparateur de prix très populaire, Kelkoo que vous trouverez à l'adresse `www.kelkoo.fr`.

1. **Ouvrez votre navigateur Web et rendez-vous sur un comparateur de prix, en l'occurrence Kelkoo.**

   Partons de l'hypothèse que vous souhaitez acheter un appareil photo numérique Nikon D90.

2. **Dans le champ Que recherchez-vous, commencez par taper le nom précis du modèle d'appareil photo numérique objet de votre recherche.**

   Il s'agit ici du Nikon D90. Dès que vous commencez à taper des lettres, une liste déroulante affiche des résultats correspondants. Plus vous saisissez de lettres et plus le choix s'affine automatiquement. Comme le montre la Figure 4.7, il suffit de cliquer sur « nikon d90 ».

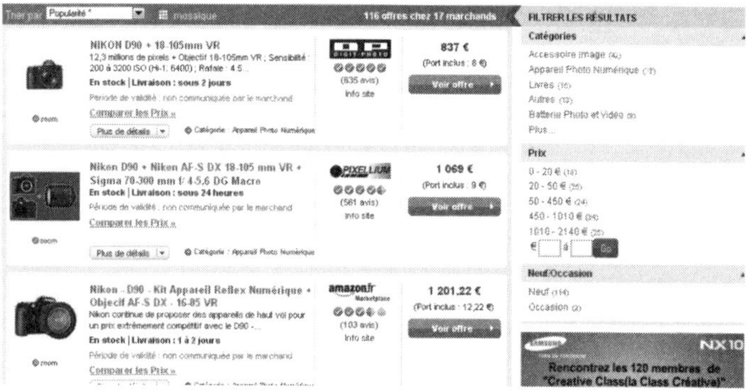

Figure 4.7 : Le comparateur propose des produits en fonction de votre saisie.

TRUC

Une autre méthode consiste à ignorer cette liste de proposition. Dans ce cas, vous tapez entièrement « Nikon D90 » et vous appuyez sur Entrée ou vous cliquez sur le bouton Chercher.

Le comparateur de prix indique le nombre d'offres trouvées. C'est assez impressionnant. Il va falloir trier tout cela pour trouver la meilleure d'entre-elles.

3. **Cliquez sur la flèche de la liste Trier par.**

   Chez Kelkoo, vous avez le choix entre Popularité, Du moins cher au plus cher, et Du plus cher au moins cher. Si les deux dernières options parlent d'elles-mêmes, peut-être que Popularité vous est moins familière. Il s'agit d'un tri des offres en fonction de la popularité du site Web qui le vend. Cette popularité se base sur le nombre d'avis favorables que les internautes ont émis sur le site. C'est un moyen d'acheter en toute confiance.

4. **Cliquez sur Du – cher au + cher.**

   Les résultats sont alors très étonnants car vous trouvez des produits à… 5 euros ! Ne vous méprenez pas. Il s'agit de simples accessoires. Pour limiter la recherche à l'appareil photo numérique lui-même, vous devez passer à l'étape 5.

5. **Dans le volet droit de Kelkoo, sous la rubrique Filtrer les résultats Catégories, cliquez sur Appareil Photo Numérique.**

   Cette fois c'est bon. Comme le montre la Figure 4.8, vous avez la liste des différents prix croissants du Nikon D90.

Figure 4.8 : Les offres allant de la moins cher à la plus cher.

Il est à noter que le prix est indiqué port compris. Si vous souhaitez avoir plus d'informations sur le produit sans quitter le comparateur, cliquez sur Plus de détails.

Bien que ce ne soit pas véritablement un danger, je tiens malgré tout à vous préciser que certains comparateurs de prix incluent dans leurs résultats les matériels d'occasion, c'est-à-dire vendus sur des sites spécialisés dans ce domaine comme nous l'expliquons à la section « Le marché de l'occase », plus loin dans ce chapitre.

6. **Faites défiler le contenu des offres. Dès que l'une d'elles vous intéresse, cliquez sur le bouton Voir l'offre.**

   Vous êtes alors directement envoyé sur la page Web du site présentant le produit qui vous intéresse. L'achat se passe comme expliqué dans la prochaine section.

Choisir, commander, et payer

Comme nous venons de le voir, vous pouvez arriver sur un site marchand depuis un comparateur de prix. Bien entendu rien ne vous y oblige. Le comparateur est souvent utilisé pour trouver le meilleur prix sur un produit bien précis. Toutefois, dans de nombreuses circonstances, vous déambulerez dans des magasins virtuels exactement comme vous déambulez dans les rayons des boutiques que vous fréquentez habituellement dans la réalité. Fondamentalement, le choix des produits n'est pas tellement différent de celui effectué avec un comparateur de prix. La seule différence est que, dans une boutique précise, vous êtes pieds et poings liés aux prix pratiqués. Ensuite, commander et payer sont deux opérations qui se déroulent de la même façon quelle que soit la manière par laquelle vous avez accédé aux produits.

Choisir un produit en ligne

WORLD WIDE WEB

Prenons un exemple simple en visitant le site Web appelé Rue du commerce, qui propose tout ce qui touche principalement à l'informatique et à l'audiovisuel. Pointez votre navigateur sur l'URL `www.rueducommerce.fr`. Comme ce site a toujours des annonces à faire, un anniversaire à fêter ou des promotions à communiquer, cliquez directement sur l'animation qui apparaît, ou attendez quelques secondes avant de parvenir à la page d'accueil du site.

Voici comment acheter un disque dur externe et une imprimante sur un site Web comme Rue du commerce :

TRUC

Dans la mesure où tous les sites marchands fonctionnent sensiblement de la même manière, les étapes ci-dessous peuvent être reproduites pour la majorité des achats que vous effectuez en ligne, et ceci quel que soit le site choisi.

1. **Repérez-vous dans l'interface du site.**

La première fois que l'on arrive sur un site marchand, c'est un peu la foire. Il y a des publicités dans tous les sens, des messages qui clignotent, et des bannières dont le contenu ne cesse de changer.

TRUC

La page d'accueil de ce magasin diffuse systématiquement une publicité promotionnelle. Pour la passer immédiatement, cliquez sur le lien Accès direct au site, situé en bas et au centre de l'offre.

2. **Localisez la barre de navigation qui contient en fait tous les rayons du magasin en ligne, comme le montre la Figure 4.9.**

Figure 4.9 : Les rayons d'un magasin virtuel prennent souvent la forme d'onglets.

3. **Notre achat intéressant l'informatique, placez le pointeur de la souris sur l'onglet Informatique.**

   Une liste de catégories apparaît.

4. **Parcourez la liste et cliquez sur Disque dur.**

   Vous accédez à une page affichant quelques promotions sur certains disques durs. Cependant, ne perdons pas de vue que vous souhaitez acheter un disque dur externe.

5. **Dans la section Disque dur, cliquez sur Disque dur externe comme à la Figure 4.10.**

   Vous accédez à une sous-catégorie qui permet de mieux définir le type de disque dur externe qui vous convient. Si votre budget est limité, effectuez une recherche en cliquant sur une des options de la section Par gamme de prix. (Vous trouverez des critères de recherche équivalents sur les autres sites Web marchands.)

6. **Par exemple, cliquez sur Disque dur de bureau pour choisir un disque dur que vous connecterez à votre PC de bureau ou portable.**

   Comme le nombre de disques durs disponibles est colossal, bien plus que vous ne le proposera jamais un magasin réel, vous

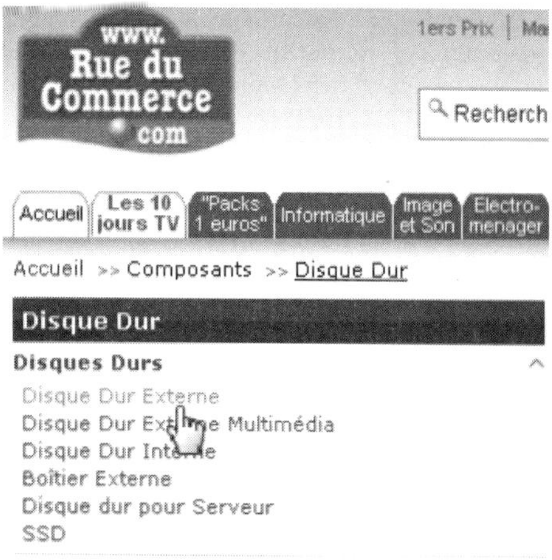

Figure 4.10 : Pour choisir votre disque dur externe.

devez une fois encore restreindre les résultats en précisant davantage les options techniques de votre disque dur.

Bien entendu, si vous n'y connaissez rien, consultez l'ensemble des offres que vous classerez en fonction du prix, plus loin dans cette procédure.

7. **Dans les huit options affichées vous pouvez préciser :**

   - La marque : cette liste affiche l'ensemble des marques de disques durs vendus sur le site. Si vous avez une marque préférée, choisissez-la. Si la marque qui vous intéresse n'est pas vendue sur ce site, allez ailleurs !
   - Format : définit la taille du disque dur lui-même. En général, vous opterez pour un disque dur de 3,5 pouces.
   - La capacité : il s'agit de préciser la capacité de stockage du disque dur exprimée en giga-octets.
   - La mémoire cache : critère technique auquel vous risquez de ne pas comprendre grand-chose. Sachez simplement que plus la mémoire cache est élevée plus le disque dur transmet rapidement les données au processeur pour les traiter.
   - La rotation par minute : critère technique important car la vitesse de rotation détermine la rapidité d'accès aux données du disque. Elle est en général de 5 400, 7 200 ou 10 000 tours par minute. Si vous faites de la vidéo ou du son, optez pour un disque dur dont la vitesse de rotation est d'au moins 7 200 tours. 5 400 tours suffisent pour le stockage de

données, et s'avèrent un peu faible pour traiter des informations en temps réel comme l'exigent les programmes vidéo et audio.

- Interface : critère essentiel pour que le produit soit compatible avec votre PC. En règle générale, vous choisirez une interface de type USB 2.0. En d'autres termes, le disque dur externe se connectera à une prise USB 1 ou 2.0 de votre ordinateur.

  - En stock : cochez cette case pour que le site n'affiche que les disques durs disponibles.

- Prix max : permet de limiter la recherche à votre budget maximal.

8. **Une fois vos critères de recherche définis, cliquez sur le bouton OK.**

TRUC

Si la recherche est infructueuse, supprimez un ou deux critères de recherche et cliquez de nouveau sur OK.

Le site liste les disques durs externes disponibles répondant à vos critères de recherche.

9. **Pour comparer plus facilement les prix, cliquez sur la petite flèche de gauche située dans la colonne Prix afin de trier par prix croissants (Figure 4.11).**

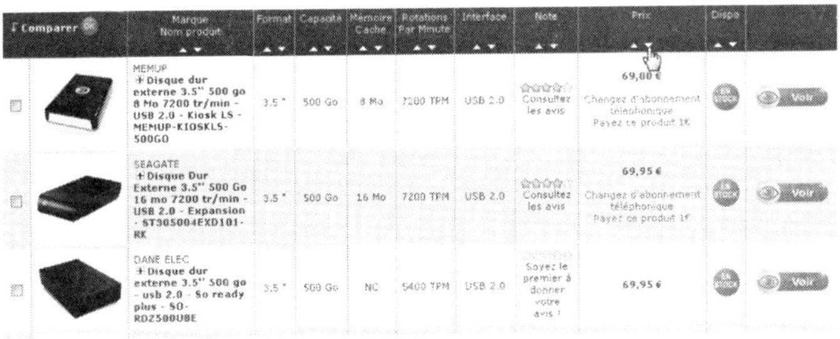

Figure 4.11 : Trier les résultats par prix croissants.

Au sein d'un site marchand, vous pouvez comparer plusieurs modèles entre lesquels vous hésitez.

10. **Cochez la case située à gauche de chaque modèle que vous souhaitez comparer, puis cliquez sur le bouton OK en haut de la colonne Comparer.**

Comme le montre la Figure 4.12, une nouvelle fenêtre de votre navigateur Web affiche un comparatif technique des modèles à

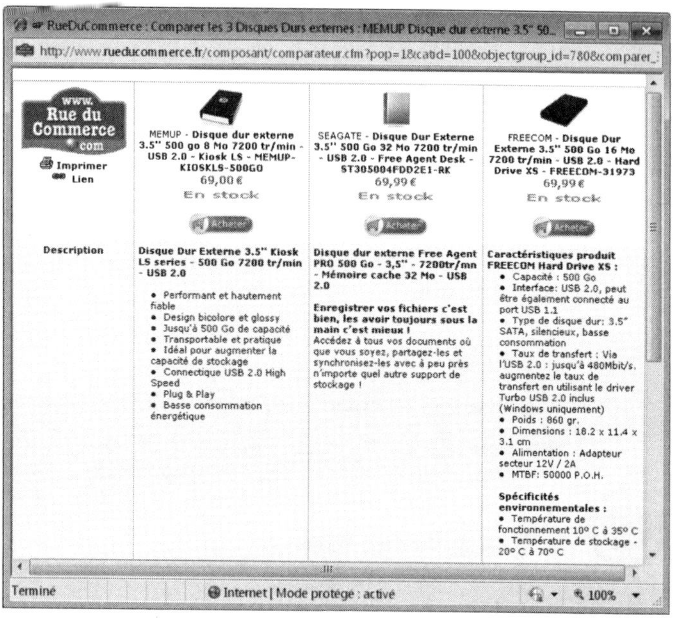

Figure 4.12 : Comparez plusieurs modèles pour bien choisir.

ne pas confondre avec les comparateurs de prix que nous avons étudiés plus haut dans ce chapitre.

11. **Dès que vous trouvez un modèle qui vous convient, cliquez sur le bouton Acheter. Si vous ne comparez pas de modèles, cliquez sur Voir, puis dans la nouvelle fenêtre qui s'affiche, cliquez sur Acheter.**

12. **En bas de la fenêtre qui apparait vous voyez deux boutons : Finaliser ma commande et Poursuivre mes achats.**

    Finaliser ma commande signifie que vous désirez valider votre commande et la régler. Poursuivre mes achats signifie que vous avez d'autres emplettes à faire.

13. **Comme nous voulons également acheter une imprimante, cliquez sur Poursuivre mes achats.**

    TRUC

    Ne vous inquiétez pas si vous cliquez sur Terminer ma commande. Au moment de la valider vous aurez la possibilité d'ajouter d'autres produits… fort heureusement.

    Vous revenez à la page Web dans laquelle vous avez effectué le choix du disque dur.

14. **Placez de nouveau le pointeur de la souris sur l'onglet Informatique.**

15. **Dans la liste qui apparaît, cliquez sur Imprimante/Scanner.**

16. **Dans la section Imprimante/Scanner de la nouvelle page qui s'affiche, cliquez sur le type d'imprimante que vous désirez acheter.**

    Ici, nous optons pour ce que le grand public utilise le plus souvent, c'est-à-dire une imprimante jet d'encre multifonction.

17. **Cliquez sur Multifonction Jet d'encre.**

    À titre indicatif je vous apprends (ou vous rappelle) qu'une imprimante multifonction fait office de scanner et d'imprimante.

    Le site précise le nombre de rayons dans lesquels vous pouvez trouver votre bonheur. Vous pouvez choisir une imprimante en fonction de votre budget, ou bien privilégier ses capacités techniques.

18. **Choisissez l'imprimante en fonction de son prix, de sa qualité (photo), ou de sa marque.**

    Souhaitant m'offrir une imprimante photo, je clique sur Qualité photo.

    Vous voici dans une page semblable à celle où vous avez choisi votre disque dur externe. La différence ici est que les critères de sélection sont définis pour une imprimante :

    - Marque : permet de sélectionner l'imprimante en fonction de son constructeur, par exemple Epson.
    - Vitesse monochrome : critère qui intéresse les utilisateurs qui impriment beaucoup de texte et qui souhaitent une vitesse d'impression rapide.
    - Vitesse couleur : idem que pour la vitesse monochrome mais pour les photos et les graphiques.
    - Lecteur de cartes : choisissez Oui si vous désirez imprimer directement vos photos depuis la carte mémoire de votre appareil photo numérique, c'est-à-dire sans passer par un ordinateur.
    - Ecran LCD : option souvent liée à la précédente car un écran LCD permet de sélectionner plus aisément les photos à imprimer directement depuis la carte mémoire.

- Format papier maximum : permet de sélectionner les imprimantes en fonction de la dimension maximale du papier qu'elle prend en charge. En règle générale, vous optez pour du A4.
- En stock : permet de n'afficher que les imprimantes immédiatement disponibles.
- Prix max : permet d'indiquer une somme que vous ne souhaitez pas dépasser.

19. **Une fois vos critères définis, cliquez sur OK.**

    Comme à la Figure 4.13, le résultat peut se limiter à une seule imprimante.

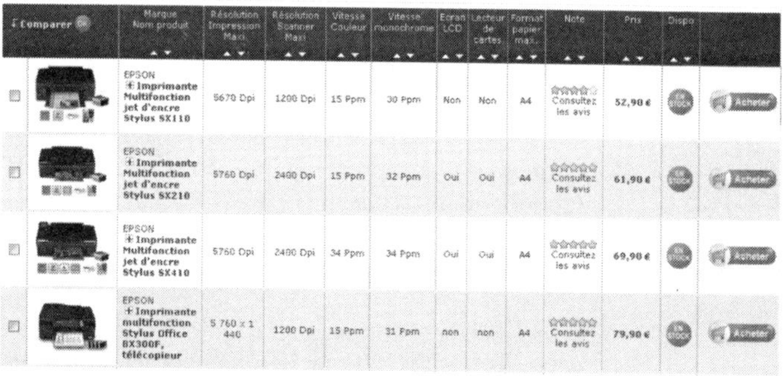

Comparer	Marque Nom produit	Résolution Impression Maxi	Résolution Scanner Maxi	Vitesse Couleur	Vitesse monochrome	Ecran LCD	Lecteur de cartes	Format papier max.	Note	Prix	Dispo	
	EPSON Imprimante Multifonction jet d'encre Stylus SX110	5670 Dpi	1200 Dpi	15 Ppm	30 Ppm	Non	Non	A4	Consultez les avis	52,90 €		Acheter
	EPSON Imprimante Multifonction jet d'encre Stylus SX210	5760 Dpi	2400 Dpi	15 Ppm	32 Ppm	Oui	Oui	A4	Consultez les avis	61,90 €		Acheter
	EPSON Imprimante Multifonction jet d'encre Stylus SX410	5760 Dpi	2400 Dpi	34 Ppm	34 Ppm	Oui	Oui	A4	Consultez les avis	69,90 €		Acheter
	EPSON Imprimante multifonction Stylus Office BX300F, télécopieur	5 760 x 1 440	1200 Dpi	15 Ppm	31 Ppm	non	non	A4	Consultez les avis	79,90 €		Acheter

Figure 4.13 : Mes critères de choix ne correspondent, sur ce site, qu'à un seul modèle d'imprimante.

20. **Pour connaitre les caractéristiques techniques de l'imprimante proposée, cliquez sur sa photo ou sur le texte de la colonne Marque – Nom du produit.**

21. **Pour passer commande de ce modèle, cliquez sur le bouton Acheter de la page des critères ou de la page des détails de l'appareil.**

    Si vous n'avez plus d'achat à faire, cliquer sur le bouton Finaliser la commande. Si vous pensez effectuer d'autres achats, cliquez sur Terminer mes achats.

Valider votre panier

Dans le vocabulaire de l'e-commerce, *valider un panier* signifie passer commande, en cliquant sur le bouton Finaliser ma commande de votre panier.

Envisageons une hypothèse très souvent rencontrée : vous avez commencé à remplir votre panier de quelques produits, puis vous choisissez de continuer vos achats. Mais plus rien ne vous tente. Voici comment terminer malgré tout votre commande :

1. **Sur la page principale du site ou sur la page du produit que vous consultez, cliquez sur Valider de la toute petite section Mon panier (ou équivalent).**

   La Figure 4.14 montre cette action sur le site Rue du commerce.

Figure 4.14 : Validation d'un panier bien garni.

TRUC

Pour passer commande auprès d'un site Web, il est souvent nécessaire d'ouvrir un compte. Cette inscription est gratuite. Elle sert uniquement à conserver en mémoire vos coordonnées afin que vous ne soyez pas obligé de les communiquer chaque fois que vous effectuez une commande sur ce site. Rassurez-vous ! Vous ne communiquez pas vos informations bancaires mais simplement l'adresse de facturation et de livraison. Vous disposerez ainsi d'un espace client au sein de ce site. Cet espace permettra de consulter vos commandes passées et en cours, d'en suivre l'évolution, et d'imprimer vos factures. Vous accédez à votre compte client grâce à un nom d'utilisateur et à un mot de passe.

Lorsque vous validez un panier, vous accédez à un récapitulatif identique à celui de la Figure 4.15. Ce récapitulatif est celui qui s'affiche chaque fois que vous ajoutez un produit à votre panier.

WORLD WIDE WEB

Vous constatez qu'un certain nombre d'options d'achat ont été ajoutées. Il s'agit en général d'assurances en cas de casse et/ou de panne. Vous n'êtes pas obligé d'y souscrire.

2. **Pour supprimer un produit que vous ne voulez plus acheter ou pour ne pas souscrire aux assurances proposées, cochez les cases de la section Supprimer (identifiée parfois par l'icône d'une corbeille).**

3. **Cliquez sur un des boutons OK des produits et des services que vous refusez.**

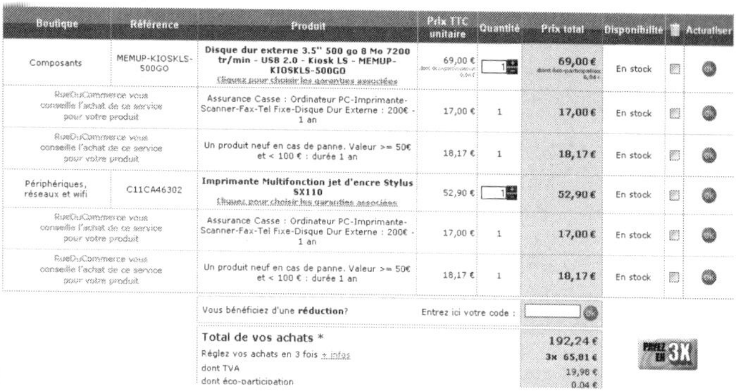

Figure 4.15 : Récapitulatif des produits commandés avant validation de l'achat.

Le contenu de votre panier s'actualise, ne montrant que les produits et services que vous souhaitez commander. Le prix s'ajuste en conséquence.

4. **Si vous vous ravisez et désirez commander d'autres produits, cliquez sur le bouton Poursuivre mes achats, situé en bas à droite du récapitulatif.**

   Dans ce cas, suivez la procédure décrite dans la précédente section.

5. **Si vos achats vous conviennent, cliquez sur le bouton Finaliser ma commande.**

   Il va falloir payer, comme nous l'expliquons dans la section suivante.

Régler la commande et choisir le mode de livraison

Le fait de valider un panier vous envoie généralement dans votre espace client. Si vous avez déjà acheté sur ce site, indiquez votre e-mail ou votre pseudo, et tapez votre mot de passe, comme à la Figure 4.16. Sinon, vous devez créer un compte client. Pour cela, activez l'option Non, c'est la première fois que je commande sur RueDuCommerce(ou équivalent), et suivez la procédure d'inscription.

Une fois inscrit, voici comment régler votre commande et déterminer son mode de livraison :

1. **Pour pouvoir calculer le prix réel de votre commande, indiquez le mode de livraison choisi.**

   Ces modes de livraison varient d'un site à un autre. Toutefois, globalement, nous retrouvons un peu partout les mêmes.

2. **Une fois le mode de livraison choisi, cliquez sur Valider et continuer.**

   Vous accédez à une page de confirmation de paiement comme le montre la Figure 4.17.

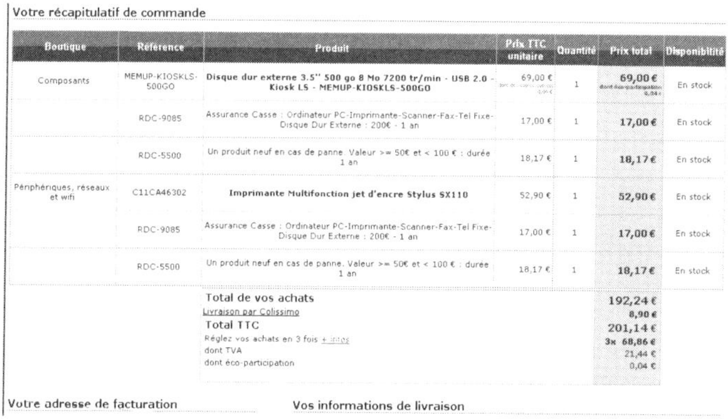

Votre récapitulatif de commande

Boutique	Référence	Produit	Prix TTC unitaire	Quantité	Prix total	Disponibilité
Composants	MEMUP-KIOSKLS-500GO	**Disque dur externe 3.5" 500 go 8 Mo 7200 tr/min - USB 2.0 - Kiosk LS - MEMUP-KIOSKLS-500GO**	69,00 €	1	**69,00 €**	En stock
	RDC-9085	Assurance Casse : Ordinateur PC-Imprimante-Scanner-Fax-Tel Fixe-Disque Dur Externe : 200€ - 1 an	17,00 €	1	**17,00 €**	En stock
	RDC-5500	Un produit neuf en cas de panne. Valeur >= 50€ et < 100 € : durée 1 an	18,17 €	1	**18,17 €**	En stock
Périphériques, réseaux et wifi	C11CA46302	**Imprimante Multifonction jet d'encre Stylus SX110**	52,90 €	1	**52,90 €**	En stock
	RDC-9085	Assurance Casse : Ordinateur PC-Imprimante-Scanner-Fax-Tel Fixe-Disque Dur Externe : 200€ - 1 an	17,00 €	1	**17,00 €**	En stock
	RDC-5500	Un produit neuf en cas de panne. Valeur >= 50€ et < 100 € : durée 1 an	18,17 €	1	**18,17 €**	En stock
		Total de vos achats			192,24 €	
		Livraison par Colissimo			8,90 €	
		Total TTC			201,14 €	
		Réglez vos achats en 3 fois + infos			3x 68,86 €	
		dont TVA			21,44 €	
		dont éco-participation			0,04 €	

Votre adresse de facturation

Vos informations de livraison

Figure 4.17 : Regardez bien le contenu de votre commande avant de la régler.

3. **Vérifiez votre adresse de facturation et de livraison.**

   Si des données ont changé ou si vous avez commis une erreur, cliquez sur le bouton Modifier afin de saisir les bonnes informations vous concernant.

4. **Cochez l'option par laquelle vous avez pris connaissance des conditions générales de vente.**

   Sans activation de cette option, vous ne pouvez pas commander !

5. **Choisissez un mode de paiement.**

   C'est peut-être le moment le plus critique, surtout si vous effectuez votre premier achat sur Internet. En effet, vous avez peur ! Voici les modes de paiement généralement proposés, et leurs avantages et leurs inconvénients :

   - Paiement par carte : vous réglez vos achats avec une des nombreuses cartes bancaires ou de crédit existantes. Que risquez-vous ? Je vous conseille de vous reporter à la section « Le problème des cartes bancaires » en début de chapitre. Le moyen de paiement le plus sûr reste le système e-carte bleue.

   - Paiement en plusieurs fois : c'est un des grands avantages du Web. À partir d'une certaine somme, vous pouvez régler en

3 fois (avec de petits frais), ou en plusieurs mensualités en effectuant un prêt auprès d'un organisme partenaire du site sur lequel vous achetez.

- Paypal : système de paiement sécurisé sur Internet, qui est principalement utilisé sur des sites de ventes aux enchères ou de matériels d'occasion.
- Chèque ou mandat : vous avez peur de délivrer des informations bancaires sur le Web ? Dans ce cas, envoyez un chèque. Votre commande sera traitée par le site dès réception de votre chèque. Idem si vous optez pour le mandat.

6. **Suivez les instructions liées au mode de paiement choisi.**
7. **Une fois l'ensemble de la procédure terminée, vous recevez un mail de confirmation.**

   Si les produits sont en stock, vous les recevrez dans les 72 heures. Normalement, vous êtes débité au moment de l'expédition.

Les cookies

Peut-être avez-vous entendu ou lu d'horribles histoires au sujet de ces petites choses appelées *cookies* que certains sites visités vous envoient, soi-disant pour vous espionner, dérober les secrets de votre disque dur, ravager votre ordinateur, injecter de la cellulite dans vos cuisses pendant que vous dormez, dérober les confitures dans l'armoire, bref, rendre votre existence infernale. À la suite d'investigations très complètes, nous avons fini par découvrir que ces étranges créatures sont loin d'être aussi méchantes et même peuvent vous aider dans vos achats à distance.

Un *cookie* n'est rien d'autre qu'un petit morceau de texte envoyé par un site Web à un PC accompagné d'une demande (et non pas d'une commande) de renvoyer le *cookie* lors des visites ultérieures au même site. Le *cookie* est stocké sur votre ordinateur sous la forme d'un petit fichier (pas plus de 4 Ko de texte). Et c'est tout ! Vous pouvez le vérifier en consultant un fichier ayant pour nom cookies.txt si vous utilisez Netscape. Internet Explorer crée un fichier séparé pour chaque *cookie*. En ce qui concerne les achats en ligne, les *cookies* permettent à votre serveur Web de mieux suivre votre caddie virtuel contenant les produits sélectionnés mais non encore achetés, même si vous déconnectez votre ordinateur entre-temps. Si vous ne voulez vraiment pas que des *cookies* restent stockés dans votre ordinateur, reportez-vous au Chapitre 2.

Bravo ! Vous venez de mener à bien un achat sur Internet. Bientôt, vous ne pourrez plus vous en passer.

Fini le supermarché !

À la lecture du titre de cette nouvelle section, n'allez surtout pas conclure que le fait de surfer sur la vague d'Internet va désormais vous permettre de vivre d'amour et d'eau fraîche.

Rassurez-vous ou inquiétez-vous, mais il va tout de même falloir, malgré votre ordinateur et Internet, continuer à faire vos courses quotidiennes ou hebdomadaires, c'est-à-dire acheter vos salades, vos conserves, vos boissons, vos produits d'entretiens, vos surgelés, j'en passe et des meilleurs (ou des pires). En quoi alors Internet vous est-il utile dans cette vie quotidienne parfois rébarbative ? Eh bien, vous allez pouvoir faire vos courses alimentaires (et autres) dans des supermarchés ou des superettes virtuelles, comme celui illustré à la Figure 4.18.

Figure 4.18 : Un supermarché en ligne.

Les avantages et les inconvénients du supermarché en ligne

Bien qu'Internet présente de nombreux inconvénients, je suis tout de même là pour vous en montrer les aspects les plus positifs. Je dois dire qu'en matière de courses, de commissions, et autres synonymes, le supermarché en ligne présente des avantages indéniables. Ces avantages ne sauraient toutefois masquer quelques inconvénients.

Voici une liste des avantages que nous trouvons dans les supermarchés en ligne :

- Vous gérez votre temps ! C'est peut-être l'aspect le plus important dans une vie de plus en plus trépidante où faire ses courses est plus une contrainte qu'un plaisir. En effet, vous décidez de l'heure à laquelle vous irez dans le supermarché en ligne.
- Un supermarché en ligne est ouvert 24h/24, 7j/7 ! Finis les samedis après-midi passés à déambuler dans les rayons la liste de courses dans une main et le caddie dans l'autre.
- Un supermarché en ligne vous présente toutes les promotions du jour sans que vous soyez obligé de passer votre temps à comparer les prix de tel ou tel produit.
- Vous êtes instantanément informé sur les nouveaux produits.
- Vous êtes seul dans les rayons ! Terminées les bousculades, les « pardons », « excusez-moi », « Pardon Monsieur, vous qui êtes grand vous pourriez m'attraper le paquet de café qui se trouve tout là-haut ».
- Vous connaissez en temps réel le montant de vos achats !
- Vous n'êtes plus obligé de faire tous les rayons pour retrouver un produit particulier qui a changé de place suite à un réaménagement du magasin.
- Vous connaissez immédiatement les produits manquants ce qui vous évite de perdre du temps à les chercher. (Parce que là vous n'êtes pas prêt de les trouver !)
- Vous ne faites plus la queue au rayon traiteur, boucherie, charcuterie, et surtout à la caisse !
- Vous n'êtes plus contraint d'emmener vos enfants avec vous qui au bout de 10 minutes commencent à échapper à votre vigilance, déballent tout dans les rayons, et tentent à grand renforts de cris et de colère d'obtenir un paquet de bonbon, de gâteau, ou toute autre cochonnerie alors que pour leur santé ils ne comprennent pas qu'ils doivent manger 5 fruits et légumes par jour.
- Vous ne courez plus dans les rayons parce que vous avez garé votre voiture à l'étage et que le supermarché ne vous offre qu'une heure de parking gratuit.
- Vous faites un geste écologique puisque vous économisez du carburant et que vous n'émettez pas de CO_2 !

Les avantages semblent si nombreux que l'on se demande où sont les inconvénients. Il y en a quand même :

- En ligne, vous vous coupez du monde réel et du contact avec les commerçants, à qui il arrive d'être fort agréables (si si) !
- Certains prix sont plus chers. (Oui mais le coup d'opportunité n'est-il pas plus important quand on pense à tous les avantages que propose le supermarché en ligne.)
- Vous n'avez pas accès au produit 1er Prix.
- Vous ne pouvez pas apprécier la qualité des fruits, des légumes, du poisson, et de la charcuterie à la découpe.
- Vous ne pouvez par regarder la date limite de consommation.
- Que faire si un produit est ouvert ?
- Que faire s'il manque des berlingots dans le paquet de lessive ?
- Finalement votre geste écologique n'est pas aussi important que cela puisqu'un camion viendra vous livrer.
- En dessous d'une certaine somme des frais de préparation s'ajoutent à votre commande.
- Vous habitez peut-être dans une zone où le supermarché ne livre pas. Dans ce cas, vous devrez faire vos courses dans le magasin le plus proche de chez vous.
- Si votre ordinateur ou votre connexion haut débit est en panne, vous risquez de faire un sérieux régime. (Enfin, vous pouvez toujours faire vos courses à la supérette en attendant.)
- Vous ne pourrez pas aller dans la galerie marchande annexée au super marché.
- Vous êtes obligé d'acheter des quantités plus importantes pour que cela vaille le coup.

TRUC

Avantages ? Inconvénients ? Et si vous testiez, rien qu'une fois, les supermarchés en ligne ? Si cela vous convient, vous poursuivrez cette expérience, et dans le cas contraire, vous irez vous détendre ou vous stresser au supermarché du coin.

Acheter dans un supermarché en ligne

Pour acheter dans un supermarché en ligne encore faut-il en trouver un. Pas d'inquiétude à ce sujet. La majorité des grandes et petites enseignes proposent un équivalent virtuel. Vous pouvez ouvrir un moteur de recherche comme Google et y taper « Supermarché en ligne ». Vous trouverez alors une liste de sites permettant de faire vos courses. Je pense toutefois que vous aurez une préférence pour le site du supermarché où vous avez l'habitude vous rendre dans la réalité car vous connaissez les produits qui y sont disponibles.

Si vous ne désirez pas effectuer la recherche suggérée, voici quelques sites à visiter :

- `www1.ooshop.com` : version en ligne de l'enseigne Carrefour.
- `www.houra.fr` : supermarché en ligne du groupe Cora.
- `www.expressmarche.com` : version en ligne de l'enseigne Intermarché.
- `www.auchandirect.fr/frontoffice` : version en ligne de l'enseigne Auchan.
- `www.telemarket.fr`
- `www.natoora.fr` : supérette en ligne qui dispose d'un superbe rayon bio.

Quel que soit le supermarché que vous choisissez, le principe des achats en ligne est sensiblement le même. La première question qui se pose est de savoir si vous vivez dans une ville éligible.

Êtes-vous éligible ?

L'éligibilité est une notion très simple à appréhender. Il s'agit de savoir si le supermarché où vous désirez faire vos courses en ligne effectue des livraisons dans votre ville, donc à votre domicile.

Voici comment connaître votre éligibilité :

1. **Commencez par vous rendre dans un supermarché en ligne, comme** `http://www.auchandirect.fr/frontoffice/`.

2. **Sur le site cherchez un lien permettant de savoir si votre région est desservie par le supermarché.**

   Comme le montre la Figure 4.19, il est possible qu'un message propose immédiatement de vérifier votre éligibilité.

   Il est important de vérifier au plus tôt si votre zone géographique se situe dans le secteur de livraison du supermarché. Il serait en effet dommage de faire intégralement vos courses pour finalement vous apercevoir que vous ne pouvez pas être livré.

Figure 4.19 : Le supermarché peut-il vous livrer ?

Certains supermarchés en ligne vérifient cette éligibilité lorsque vous ajoutez un premier produit à votre caddie virtuel.

3. **Tapez votre code postal, et cliquez sur OK.**

   La réponse tombe immédiatement comme le montre la Figure 4.20.

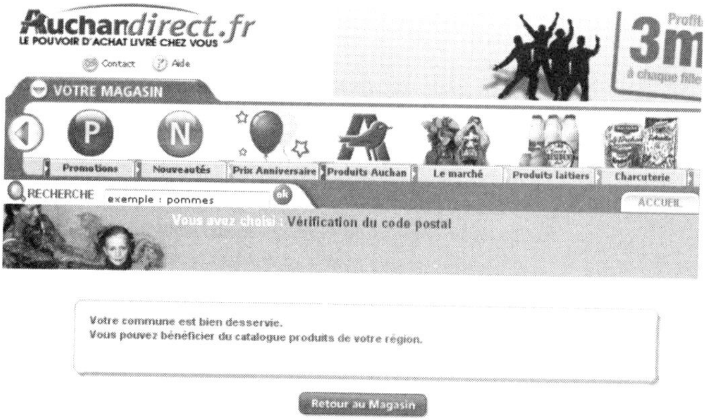

Figure 4.20 : Ouf ! Je peux être livré !

Si vous n'êtes pas éligible par un site cela ne signifie pas que vous ne le serez pas par un autre. Tentez votre chance ailleurs !

Dès que vous êtes éligible, vous pouvez commencer vos achats. Nous verrons qu'il est nécessaire de s'inscrire pour profiter de certains avantages, et notamment des cartes de fidélité.

1, 2, 3... partez dans les rayons virtuels

Les explications qui suivent s'appliquent à tous les supermarchés virtuels. Il peut exister quelques variantes qui, toutefois, ne remettent pas en cause la procédure ci-dessous.

Voici comment se déroulent vos courses dans un supermarché virtuel :

1. **Connectez-vous au site Web du supermarché dans lequel vous souhaitez faire vos courses.**

   Nous basons notre exemple sur Ooshop de l'enseigne Carrefour, mais rien ne vous empêche de suivre cette procédure sur le site de votre choix.

2. **Dans l'interface du site, placez le pointeur de la souris sur le rayon dans lequel vous voulez acheter des produits.**

   Par exemple, sur la Figure 4.21, je veux effectuer un achat dans boîtes de conserves dans le rayon Epicerie.

3. **Cliquez sur la catégorie de produits dont vous désirez voir les marchandises.**

   Ici, j'ai choisi Conserves & bocaux. Le rayon Epicerie vous ouvre les portes de cette catégorie de produit. En d'autres termes, je choisis quel type de conserves et/ou de bocaux je désire acheter.

4. **Cliquez sur la sous-catégorie de produits qui vous intéresse.**

   Je souhaite acheter des légumes en conserve. Je clique donc sur Légumes.

5. **Dans le rayon des conserves de légumes, cliquez sur le type de légumes en conserve que vous désirez acheter, comme à la Figure 4.22.**

   Comme je souhaite acheter des haricots verts, je clique sur Haricots verts & épinards.

6. **Faites défiler le contenu de la page pour voir tous les produits proposés.**

   La liste est assez impressionnante. Vous avez souvent plus de choix que dans votre magasin réel. Le prix est indiqué en gros

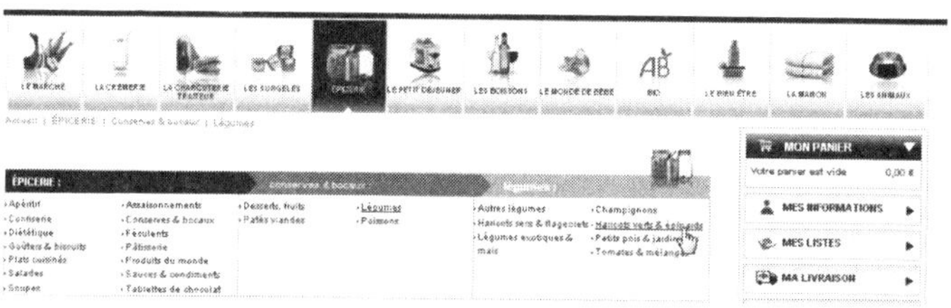

Figure 4.22 : En quelques clics vous êtes devant les produits qui vous intéressent.

avec juste en-dessous le prix au kilo. Donc, pas de mauvaises surprises.

7. **Indiquez la quantité de produit à acheter par des clics successifs sur le petit bouton + situé à droite du champ qui affiche le chiffre 1.**

   La Figure 4.23 montre que je veux acheter 2 boîtes de haricots verts extra fins.

Figure 4.23 : Indiquez le nombre de boîtes à acheter.

TRUC

À l'inverse d'un magasin réel, vous pouvez trier les produits des rayons d'un magasin virtuel. Ainsi, dans notre rayon des haricots verts, je peux :

- Trier par prix au kilo croissant ou décroissant, ou par prix à l'unité croissant et décroissant. Pour cela, cliquez sur la liste Trier par et choisissez votre option de tri.

- Voir les produits d'une marque spécifique. Pour cela, cliquez sur la liste Voir, et choisissez la marque qui vous intéresse.
- Afficher les produits par liste ou par images en cliquant sur l'une des icônes de la section Afficher par.

Vous constatez qu'il est très rapide de trouver les produits d'une marque spécifique.

8. **Dès que vous avez trouvé le produit et spécifié sa quantité, cliquez sur le bouton dont l'icône est un caddie, comme à la Figure 4.24.**

Figure 4.24 : Ajouter ce produit dans votre caddie.

Il suffit maintenant de regarder la section Mon Panier pour voir que le produit a été ajouté, qu'il indique le nombre d'articles que vous y avez mis, et le prix total de vos achats en cours (Figure 4.25).

9. **Poursuivez vos achats selon ce même principe.**

10. **Pour ajouter plus rapidement un produit dans votre panier, tapez sa marque et son nom dans le champ Rechercher.**

Par exemple, si vous désirez acheter du cappucino Nescafé, tapez « Nescafé cappucino » dans le champ Rechercher du supermarché virtuel, et cliquez sur OK.

La Figure 4.26 montre tous les types de capuccino de cette marque qui ont été trouvés.

Figure 4.25 : À tout moment vous savez où vous en êtes de vos achats.

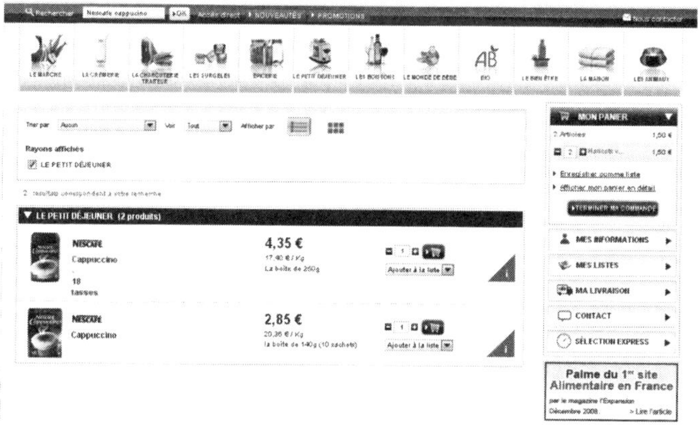

Figure 4.26 : Trouver rapidement ce que vous cherchez.

11. **Pour retirer un produit ou une quantité d'un produit de votre panier, affichez la section Mon Panier du site, et cliquez sur le bouton – situé à droite de la quantité d'article que vous avez mis dans votre caddie virtuel.**

Le panier et son montant sont immédiatement mis à jour.

Faites vos courses en répétant l'ensemble de ces étapes. Mettez dans le panier, enlevez, ajoutez, faites comme bon vous semble !

12. **Une fois vos courses effectuées, affichez le contenu de votre caddie en cliquant sur le bouton Afficher mon panier en détail.**

    Vous accédez au récapitulatif de votre commande, illustré à la Figure 4.27.

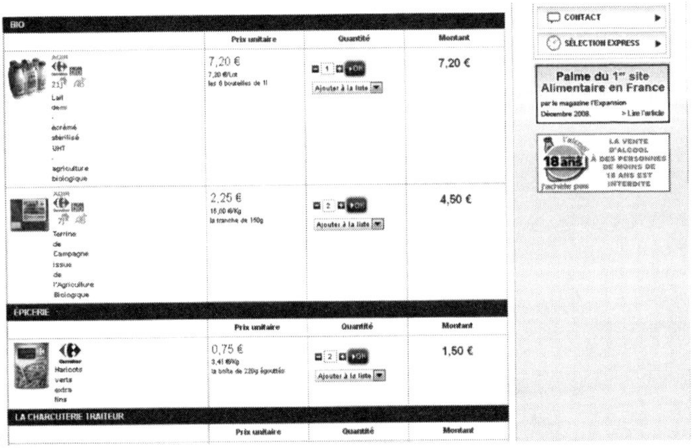

Figure 4.27 : Vérifiez vos courses avant de passer à la caisse.

    Vous pouvez ajouter et supprimer des quantités.

13. **Pour reprendre vos courses si vous vous apercevez que quelque chose manque, faites défiler le contenu de la page et cliquez sur le lien** `Reprendre vos courses`**.**

    Votre panier est bien entendu conservé. Tout ce que vous allez acheter maintenant y sera automatiquement ajouté.

14. **En bas de cette page, vous disposez de deux autres options :**

    - Vider le panier : le message est clair. Si vous cliquez dessus, le panier est entièrement vidé. Vous n'avez plus qu'à recommencer la procédure ou à prendre votre voiture pour aller faire vos courses.
    - Valider ma commande : vous êtes sûr du contenu de votre panier et vous allez passer commande.

Je vous propose donc de valider votre commande comme cela est expliqué dans la prochaine section.

Pour vous montrer comment se déroule un achat dans un supermarché virtuel, nous avons fait nos courses tout simplement. Sur l'ensemble des articles que nous souhaitions acheter, seuls trois n'étaient pas vendus sur le site. Pas grave, nous irons faire un tour à pied à la supérette du quartier.

Passer commande (Valider votre panier)

Vous voici arrivant à la caisse de votre supermarché virtuel en toute sérénité. Pas de bruit, pas de bousculades, pas de musique insupportable, pas de publicités et pas d'annonces personnelles. Ouf !

Pour valider votre panier et payer :

1. **Vous pouvez valider votre panier de deux manières différentes :**

   - Par un clic sur Terminer ma commande dans la section Mon Panier du site.
   - Par un clic sur le bouton Valider ma commande en bas de votre panier affiché en détail à la fin de la précédente procédure.

   Normalement, lors d'un premier achat dans un supermarché en ligne, vous devez créer un compte client. Cela vous évitera de saisir vos coordonnées de livraison à chaque fois que vous reviendrez y faire vos courses.

   La création du compte peut se faire avant de commander. Toutefois, elle peut s'effectuer après. Sachez que, dans ce cas, votre panier est heureusement gardé en mémoire.

   En général, vous ne pouvez valider une commande que si elle dépasse un certain montant. Ainsi, sur Ooshop, le montant minimum est de 60 euros. Un message apparait si votre commande est inférieure à cette somme.

2. **Dans le message qui vous invite à créer votre compte, cliquez sur OK ou sur Cliquez ici (ou encore tout terme validant le fait que vous souhaitez créer votre compte).**

   Vous accédez à un formulaire d'inscription semblable à celui de la Figure 4.28.

3. **Remplissez le formulaire et cliquez sur Valider.**

   Un message confirme la création du compte et vous propose d'afficher ce compte ou de faire vos courses.

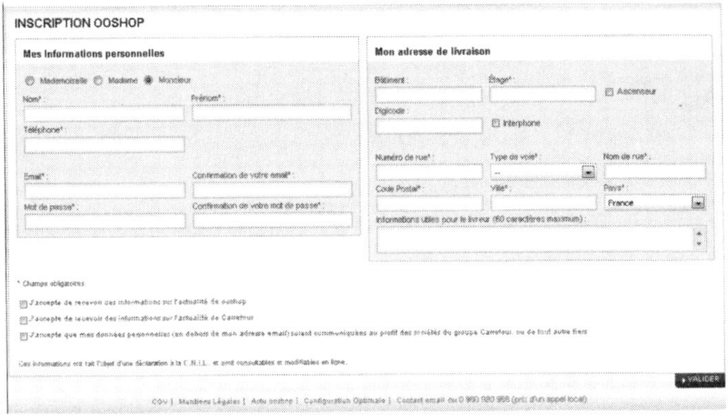

Figure 4.28 : Créez un compte pour faciliter vos futurs achats et automatiser certaines tâches.

4. **Cliquez sur l'option qui vous permet d'accéder à votre panier, et sur le bouton qui termine votre commande.**

   Vous allez enfin pouvoir payer !

5. **Si vous avez un code de promotion, saisissez-le.**

   C'est une dernière occasion de pouvoir vérifier le contenu de la commande et d'y apporter des modifications.

6. **Si tout vous paraît correct, cliquez sur le bouton Valider ma commande.**

   Vous accédez à la page de livraison, illustrée à la Figure 4.29.

7. **Vérifiez que votre domicile est bien sélectionné comme lieu de livraison.**

8. **Ensuite, cliquez sur la tranche horaire du jour où vous désirez être livré.**

   Un message vous remercie de faire désormais partie de la grande famille du supermarché en ligne où vous venez de faire vos courses. Fermez ce message.

9. **De retour à la page Livraison, lisez le récapitulatif.**

10. **Si besoin, cliquez sur Imprimer mon panier afin de garder une trace de votre commande.**

    C'est un peu un ticket de caisse.

11. **Indiquez au livreur ce qu'il doit faire en cas d'absence de votre part.**

Par exemple, vous serez livré le lendemain à la même heure mais en étant facturé. Ou alors, le livreur peut déposer vos courses chez votre voisin.

12. **Prenez connaissance des conditions générales de ventes !**

    Oui ! C'est impératif ! Vous devez savoir dans quoi vous mettez les pieds.

13. **Cliquez sur Accepter les CVG et payer.**

14. **Dans la nouvelle page Web qui apparaît, vous pouvez :**

    - Régler par carte bancaire.
    - Régler en téléphonant à un chargé de clientèle pour le prix d'un appel local.

15. **Une fois le paiement accepté, la page Web affiche un message de confirmation.**

    Gardez précieusement ces informations en cas de litige.

    Maintenant, vous pouvez quitter Internet et reprendre une activité normale.

Et voilà ! Le tour est joué. Vous avez tranquillement fait vos courses depuis votre domicile ou votre bureau.

Avant de valider un panier, rien ne vous empêche d'ouvrir un nouvel onglet dans Internet Explorer 9 et de faire exactement les mêmes courses dans un autre supermarché virtuel. Comparez la note finale, et commandez chez le moins cher.

Il y a un autre avantage aux achats effectués dans un supermarché en ligne. Vous avez passé un certain temps à faire vos courses, c'est-à-dire à sélectionner des produits dans des rayons thématiques. Or, nous achetons presque toujours les mêmes choses chaque semaine. Imaginez-vous être obligé de refaire ces mêmes gestes encore et encore exactement comme cela se déroule dans un magasin réel. Non, et vous avez raison ! C'est pour cela que la prochaine section vous explique comment créer des listes de courses qui permettront de faire vos achats en deux ou trois clics de souris.

Les listes pour vous faciliter la vie

Vous pouvez créer des listes de course à tout moment, c'est-à-dire en validant votre panier en tant que liste, en transformant un panier payé en liste, ou encore en créant une liste sans acheter.

Créer une liste

Restons dans notre hypothèse actuelle : nous avons payé nos courses. Comment créer, malgré cela, une liste de courses à partir d'un panier qui ne semble plus accessible :

1. **Connectez-vous de nouveau au site de votre supermarché en ligne.**

   Ici nous revenons chez Ooshop.

2. **Si nécessaire connectez-vous à votre compte en tapant votre identifiant et votre mot de passe.**

   La création d'un compte est décrite dans la précédente section.

3. **Dans la section Mon compte (ou équivalent), cliquez sur le lien qui permet d'accéder aux détails de votre compte.**

   Dans notre exemple, il s'agit de Mon compte en détail.

4. **Dans vos Informations personnelles, localisez la section Mes courses, et cliquez sur Dernières commandes.**

   Vous accédez aux dernières commandes réalisées sur ce site. Normalement, il n'y en a qu'une !

5. **Dans l'historique des commandes, cliquez sur l'icône de la disquette de la colonne Enregistrer en tant que liste, comme le montre la Figure 4.30.**

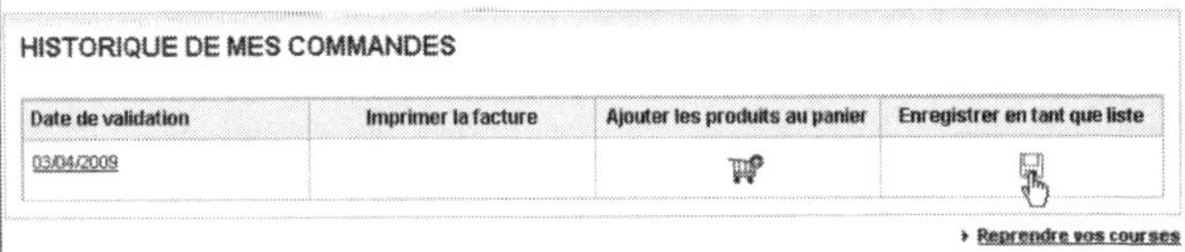

Figure 4.30 : Transformer une commande en liste de courses.

   La liste est ajoutée à la liste des listes (Ah !). Selon le site, vous pouvez conserver plusieurs listes.

   Par défaut, la liste est identifiée par la date de votre commande. Voici comment lui donner un nom plus personnel :

6. **Dans la section Mon panier, cliquez sur Mes listes.**

   Vous développez le contenu de cette section en faisant apparaitre le libellé Gérer mes listes.

7. **Cliquez sur le nom de la liste (une date).**

   Ceci affiche le contenu de la liste ainsi que ses références.

8. **Cliquez sur Renommer.**

9. **Dans la boîte de dialogue Renommer une liste, tapez le nouveau nom de la liste et cliquez sur OK.**

   Voilà, la liste est renommée.

Voyons maintenant comment commander rapidement à partir d'une liste.

Commander avec une liste

Le gros avantage des listes est de pouvoir accélérer le remplissage de votre caddie. Finalement, seul le premier achat en ligne prend du temps. Par la suite, ce n'est que répétition d'une même tâche que je vous dévoile dans les étapes qui suivent :

1. **Connectez-vous au site du supermarché et à votre compte.**

2. **Dans la section Mon Panier, cliquez sur Mes listes.**

3. **Cliquez sur le nom de la liste dont vous désirez voir le contenu et probablement commander les produits.**

   La liste et ses produits apparaissent. Vous pouvez la modifier ou la conserver en l'état.

4. **Pour supprimer un article de la liste, cliquez sur Supprimer de la liste.**

5. **Faites défiler le contenu de cette liste et cliquez sur Ajouter les produits de la liste au panier.**

   Vous allez passer commandes des produits de cette liste.

   Consultez le panier ! Il contient tous les articles de la liste. Bien entendu, vous pouvez modifier des quantités, supprimer certains articles, mais aussi compléter vos achats en cliquant sur le lien `Reprendre vos courses`, situé tout en bas de la liste des produits.

Vous comprenez l'importance des listes. En deux temps trois mouvements elles permettent de refaire des courses similaires à celles qui exigeaient jusqu'alors que vous sortiez la voiture, les sacs, remplissiez le caddie, vidiez le caddie sur le tapis de la caisse, remettiez les articles dans vos sacs, vos sacs dans la voiture, puis de la voiture à la maison, et enfin sortir les produit des sacs pour les ranger dans vos placards et votre réfrigérateur. Arrêtez ça !

Le marché de l'occase !

Les affaires sont les affaires, et les bonnes sont bien meilleures que les mauvaises. Chouette observation ne trouvez-vous pas ? Nous n'avons pour le moment abordé les achats sur Internet que du point de vue des produits neufs. D'ailleurs, en matière alimentaire, il est préférable d'acheter des articles qui n'ont jamais été utilisés. Je me vois assez mal finir la boîte de cassoulet qu'une personne aura entamée depuis plusieurs semaines. Bien, trêve de plaisanterie. Je vous l'ai dit et vous le répète : Internet est l'endroit rêvé pour les bonnes affaires. Or, bien souvent, les bonnes affaires se trouvent sur le marché de l'occasion. Internet est devenu le meilleur support qui soit pour trouver l'introuvable, partout dans le monde, et à des prix défiants toute concurrence.

Le marché de l'occasion se présente sous deux formes sur Internet :

- La forme classique de petites annonces sur quantité de sites pluralistes ou spécialisés.
- La forme d'enchères, largement popularisées par le système eBay, où particuliers et professionnels vendent au plus offrant ou au plus réactif.

Que concluez-vous sur le marché de l'occasion ? Une chose bien simple : si vous pouvez acheter, c'est aussi parce que vous pouvez vendre !

Dans les sections qui suivent, nous allons découvrir l'achat et la vente d'occasion sur Internet en passant par des sites de ventes classiques et de ventes aux enchères.

L'achat et la vente d'occasion classiques

Internet est devenu un support de publication de petites annonces absolument incontournable. Voici les avantages des petites annonces en ligne :

- Vous pouvez vendre tout ce que vous désirez dès lors que les matériels et autres produits n'entrent pas en conflit avec les conditions d'utilisation du site.
- Vous pouvez publier gratuitement une annonce dans plusieurs catégories. Par exemple, si vous vendez un livre d'informatique,

vous publierez l'annonce aussi bien dans la rubrique Livres qu'Informatique.

- La gratuité permet de publier une même annonce sur plusieurs sites afin de toucher le plus grand nombre de personnes.
- Vous ne payez que sur le produit de votre vente. Pas de publications facturées au nombre de mots et de lignes.
- Vous mettez à jour vos annonces sans aucune difficulté.
- Les vendeurs sont notés par les acheteurs ce qui permet d'acheter en toute confiance auprès des vendeurs qui ont les meilleurs notes.
- Vous trouvez des produits inimaginables. Un ami a récemment trouvé une développeuse de photo couleur d'un constructeur réputé qui a cessé son activité, victime qu'il est de la technologie numérique. Il n'y avait que deux modèles disponibles dans le monde, un en Allemagne et l'autre en Pologne.
- Vous trouvez parfois du matériel neuf à des prix imbattables.
- Si ce que vous cherchez n'est pas en vente d'occasion dans une des rubriques du site, des liens commerciaux permettent de vous rabattre aisément sur un matériel neuf.

Nous allons commencer par vous apprendre à acheter sur un site de matériel d'occasion, et ensuite vous expliquer comment vendre vos propres objets.

Trouver un matériel d'occasion

Pour acheter du matériel d'occasion, vous devez trouver un site de petites annonces en ligne. Comme souvent, cette recherche peut s'effectuer de plusieurs manières :

- Dans un moteur de recherche comme Google, tapez simplement « sites de vente d'occasion ». Comme le montre la Figure 4.31, une liste impressionnante de sites apparaît dans votre navigateur Web.
- Dans un moteur de recherche, tapez le nom du matériel que vous recherchez. Par exemple, saisissez « Nikon D200 occasion » pour trouver cet appareil photo numérique sur le marché de l'occasion.
- Passez par un comparateur de prix comme kelkoo.fr. En effet, certains comparateurs permettent d'effectuer une recherche du

Figure 4.31 : Trouver des sites de vente d'occasion en ligne.

meilleur prix sur le matériel neuf et d'occasion. Les comparateurs de prix ont été étudiés un peu plus haut dans ce chapitre.

Quelle que soit la méthode utilisée pour accéder à un site de vente de matériels d'occasion, la procédure de recherche et d'achat est sensiblement la même d'un site à un autre.

WORLD WIDE WEB

Comme nous ne pouvons pas étudier la procédure mise en place sur tous les sites existants, nous allons baser notre exemple sur l'un des sites les plus réputés, je veux parler de PriceMinister que vous trouverez à l'adresse `www.priceminister.com`.

1. **Ouvrez votre navigateur Web, et rendez-vous sur le site PriceMinister à l'adresse indiquée ci-dessus.**

   Vous accédez à la page d'accueil du site, illustrée à la Figure 4.32. Les informations sont tellement nombreuses que vous risquez d'être un peu déconcerté. Ne vous inquiétez pas, les recherches et les achats sont faciles à réaliser.

TRUC

Je ne vous oblige pas à acheter *via* PriceMinister. Vous remarquez que je dis "*via*" et non pas "sur". En effet, vous effectuez vos achats auprès de particuliers ou de professionnels, le site n'est qu'un intermédiaire, sans vendeur ce dernier ne saurait exister. Bien entendu, vous pouvez aller, et je vous le conseille, sur d'autres sites de ventes d'occasion afin de comparer les produits et les prix. Vous trouverez une liste de bonnes adresses dans la dernière section de ce chapitre.

Figure 4.32 : Le site de petites annonces PriceMinister.

2. **Pour rechercher un matériel, un livre, ou je ne sais quoi d'autre, plusieurs possibilités s'offrent à vous :**

   - Tapez directement le nom de ce que vous cherchez : dans le champ Rechercher, saisissez le nom du produit d'occasion que vous cherchez, par exemple « Nikon D200 ». Dans la liste affichant « Sur tout le site », vous pouvez sélectionner une rubrique afin de limiter le nombre de résultats. Ensuite, cliquez sur OK.

   - Si vous ne savez pas précisément ce que vous voulez : effectuez une recherche dans la catégorie correspondant au produit qui vous intéresse. Dans l'exemple d'un appareil photo numérique, vous allez consulter la catégorie Image & Son.

   - Si vous désirez avoir une vue plus précise des rubriques : cliquez sur le bouton Voir les produits. Le nombre de rubriques qui apparaît est assez impressionnant. Il n'y a plus qu'à cliquer sur le lien de la rubrique dans laquelle vous désirez trouver la perle rare.

TRUC

Peu importe la méthode utilisée pour trouver un matériel quel qu'il soit. L'achat se déroule toujours de la même manière comme le prouvent les étapes suivantes.

3. **Pour acheter, par exemple, un appareil photo numérique d'occasion sans être fixé sur la marque mais plutôt sur votre**

budget, placez le pointeur de la souris sur le bouton Image & Son.

Comme le montre la Figure 4.33, un menu déroulant permet de préciser le type de matériel objet de votre recherche.

Figure 4.33 : Chercher un produit d'occasion en fonction de son type.

4. **Cliquez sur Appareil Photo numérique.**

5. **Définissez un critère de recherche basé sur la marque, la résolution (nombre de pixels), ou le prix.**

   TRUC

   Vous pourrez mixer deux critères. Ainsi, en choisissant une marque, vous aurez la possibilité de réduire la recherche à une fourchette de prix.

   Supposons que votre budget soit limité à 350 euros.

6. **Dans le critère Prix, cliquez sur De 200 à 350 €.**

   TRUC

   Vous remarquez qu'un chiffre est affiché entre parenthèses à droite de chaque fourchette de prix. Il indique le nombre de produits disponibles dans cette fourchette.

7. **(Facultatif) Une fois la fourchette de prix spécifiée, vous pouvez de nouveau affiner votre recherche par marque ou par résolution.**

8. **Par exemple, cliquez sur Nikon.**

Une fois encore, un critère reste disponible : Résolution.

9. **Cliquez sur Plus de 10 mégapixels.**

   Certes, vous cherchez un matériel d'occasion, mais de qualité tout de même !

   Les offres disponibles dans les appareils photos Nikon, dont le prix se situe entre 200 et 350 euros, avec un capteur de plus de 10 mégapixels apparaissent, comme à la Figure 4.34.

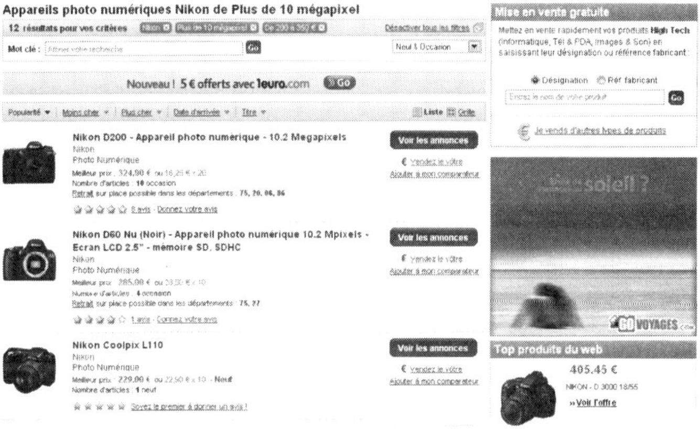

Figure 4.34 : Votre recherche d'un appareil photo numérique d'occasion commence à se préciser.

10. **(Facultatif) Dans la section où vous avez défini vos critères de sélection, vous pouvez demander au site d'afficher Tout les matériels vendus, uniquement le matériel Neuf, ou d'Occasion.**

    Si vous cliquez sur Occasion uniquement, vous avez dix appareils de disponibles. (Attention, le nombre d'offres sera plus ou moins important en fonction de l'actualité de ce site.)

Dans la description de chaque produit, vous remarquez la présence de la rubrique Nombre d'articles. Elle indique combien d'articles neufs et d'occasion sont vendus sur le site.

11. **Si vous désirez comparer plusieurs offres, il vous suffit de cliquer sur le lien Ajouter à mon comparateur.**

12. **Si l'un des modèles vous intéresse, cliquez sur le bouton Voir les annonces.**

    Dans notre exemple, je souhaite voir les annonces du Nikon D200. Je clique logiquement sur le bouton Voir les annonces situés à sa droite.

Une page affiche l'ensemble des annonces disponibles. Comme le montre la Figure 4.35, dix appareils me sont proposés : 3 sont d'occasion, et 1 est neuf.

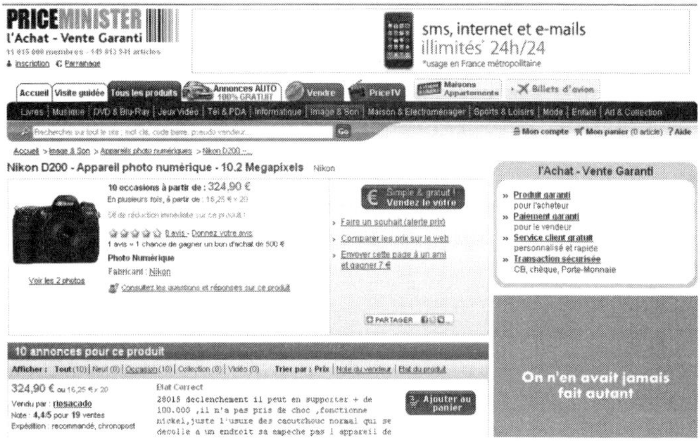

Figure 4.35 : Dix appareils photo numérique me sont proposés.

13. **Pour chaque annonce, vous pouvez cliquer sur le lien :**

    `Voir le détail de l'annonce`. Cette action affiche des informations plus précises sur l'annonce concernée. Vous pouvez notamment accéder aux questions qui ont déjà été posées au vendeur à propos de cet article, ou bien vous pouvez poser la vôtre. Il est également possible de négocier le prix.

    `Poser une question`. Utile lorsque vous avez un doute ou une question technique à laquelle le vendeur n'a pas encore répondu.

14. **Dès qu'un modèle vous convient, achetez-le par un clic sur Ajouter au panier.**

    Nous verrons un peu plus tard comment se déroule cette opération. Pour le moment, détaillons les options d'un achat d'occasion.

Les options d'achat

Lorsque vous êtes intéressé par un produit, vous devez veiller à un certain nombre de choses avant d'en décider l'achat. Nous allons les détailler en nous basant sur le contenu de la Figure 4.35 (voir plus haut) :

- **Note du vendeur :** sur les sites de ventes d'occasion, la note est souvent sur 5. Plus elle est élevée, et plus vous pouvez avoir confiance dans le vendeur. Lorsque vous avez un doute, vous pouvez détailler la note et lire les avis émis par les différents acheteurs qui, je le rappelle, attribuent obligatoirement une note après la réception de la marchandise. Pour lire les avis, cliquez sur le pseudonyme du vendeur affiché dans la section Vendu par. Vous accédez à un nouveau contenu relatif à l'appareil et au profil du vendeur. C'est ce profil qui nous intéresse. Comme à la Figure 4.36, cliquez sur le lien `Voir ses notes`. Vous accédez aux commentaires des acheteurs. À vous de vous faire une opinion en fonction de leurs observations.

Figure 4.36 : Il est conseillé de savoir ce que les anciens acheteurs pensent du vendeur. C'est la solidarité du marché de l'occasion.

- **Poser une question au vendeur :** cliquez sur ce lien si vous désirez demander des précisions au vendeur. Vous accédez à la rubrique Poser une question. Dans le champ de saisie qui vous est proposé, vous disposez de 250 caractères pour poser la question. Une fois le texte tapé, cliquez sur le bouton Envoyer ma question. Pour que l'envoi puisse être réalisé, vous devez créer un compte auprès du site. Eh oui ! C'est ça la grande famille de l'occasion. Donc, le site vous propose d'y procéder immédiatement. La création d'un compte est expliquée dans la section consacrée à la vente, plus loin dans ce chapitre.

Achetez !

Un site de petites annonces, c'est un peu comme un supermarché. Vous déambulez dans des rayons virtuels à la recherche d'un ou plusieurs produits qui vous intéressent. Une fois que vous les avez trouvés, vous devez vous constituer un panier. La procédure d'achat est un jeu d'enfant :

1. **Dans la majorité des pages affichant un matériel, vous disposez d'un bouton Ajouter au panier.**

   Le nom de ce bouton peut varier d'un site de vente à un autre.

2. **Cliquez sur ce bouton pour ajouter le produit à votre panier.**

   Le contenu de votre panier s'affiche, comme à la Figure 4.37. Il récapitule les produits déjà mis dans votre panier, le prix de l'article, les frais de livraison, et quelques options supplémentaires.

Figure 4.37 : Votre panier ! (Le mien en l'occurrence.)

L'option Mémorisez-le pour acheter une prochaine fois permet de vous constituer une sorte de liste de produits à acheter. Bien entendu, comme l'achat n'est pas immédiat, rien n'assure que les produits inscrits dans votre liste seront encore disponibles lorsque vous vous déciderez à les acheter.

3. **Pour commander le produit, cliquez sur Terminer ma commande.**

   La validation de la commande impose l'ouverture gratuite d'un compte client.

4. **Cliquez sur le bouton Ouvrir un compte.**

   Vous accédez au formulaire de création d'un compte dont vous devez remplir les champs et sélectionner les options (Figure 4.38).

5. **En bas de la page, cliquez sur le bouton Créer mon compte.**

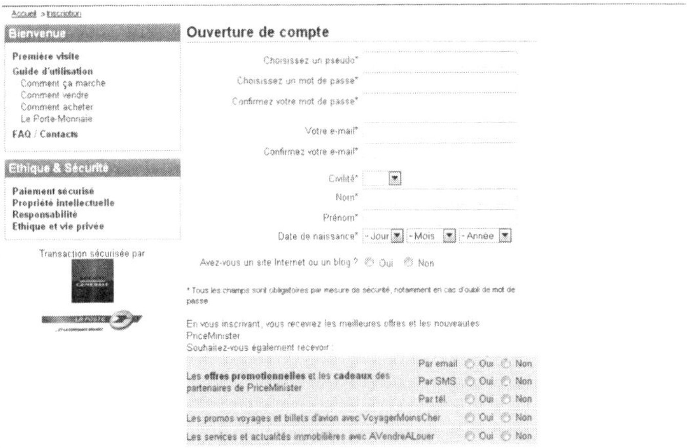

Figure 4.38 : La création d'un compte passe par ce type de formulaire.

Comme pour tout formulaire, si une information est erronée ou déjà utilisée par un autre compte, un message vous demande de modifier les données en cause.

6. **Dans la page Adresse de livraison, indiquez précisément vos coordonnées postales.**

   C'est essentiel pour recevoir vos produits !

   TRUC

   Un mail vous confirmera votre inscription sur le site et vous invitera à mettre immédiatement quelque chose en vente. (Voir la prochaine section.)

7. **Cliquez sur Continuer.**

8. **Il ne reste plus qu'à confirmer votre commande, et à en payer le prix.**

   Vous remarquez qu'une option vous est proposée par défaut : Contrat « Bris & vol ». Pour prendre connaissance des conditions et de la portée de cette garantie, cliquez sur ce lien. Si vous ne souhaitez pas souscrire cette assurance, décochez l'option.

9. **Cliquez sur Continuer.**

10. **Sélectionnez votre mode de paiement, et cliquez sur Continuer.**

    Une fois encore, pour un achat sur Internet, nous conseillons le système e-carte bleue présenté au début de ce chapitre.

11. **Allez jusqu'au bout de la procédure de paiement.**

Vous recevrez rapidement l'acceptation ou le refus du vendeur. En cas d'acceptation, l'objet commandé vous parviendra selon le mode d'expédition spécifié dans l'annonce. En cas de refus, votre carte bancaire n'est pas débitée.

TRUC

Vous remarquerez que sur la majorité des sites de ventes de matériel d'occasion, vous pouvez bénéficier de facilités de paiement.

Vous verrez que l'on se prend facilement au jeu de la vente de matériel d'occasion, d'autant qu'il y a des affaires à faire. Alors, rapidement vous sentirez naître en vous le besoin de laisser tomber les brocantes pour vendre directement vos matériels en ligne.

Vendre du matériel d'occasion

Vous savez, l'occasion n'est qu'une idée. Je veux dire ici que rien ne vous empêche de vendre un produit neuf sur un site de petites annonces de ce type. Qui n'a pas vendu un cadeau de Noël jamais utilisé ? Vous ! C'est le moment d'apprendre à le faire.

Pour vendre sur un site comme celui-ci, vous devez créer un compte. Votre compte est créé dès lors que vous avez acheté un produit, comme cela est expliqué dans la précédente section. En revanche, si vous venez sur un tel site pour vendre sans aucune intention d'acheter, commencez par créer un compte, au moins ce sera fait. Pour cela, cliquez simplement sur le lien `Inscription`, affiché dans le coin supérieur gauche de la page d'accueil du site PriceMinister. Si vous vous inscrivez sur un autre site, cherchez un lien de ce type. Ensuite, reportez-vous aux étapes de la précédente section consacrée à la création d'un compte.

Une fois votre compte créé, voici comment vendre un produit d'occasion :

1. **Dans la page d'accueil de PriceMinister, cliquez sur l'onglet Vendre maintenant, illustré à la Figure 4.39.**

2. **Faites défiler le contenu de la page pour afficher la partie inférieure de la section Que souhaitez-vous vendre ?**

4. **Dans le champ Mise en vente rapide, tapez le code barre du produit que vous désirez vendre.**

   Ce code barre figure sur l'emballage du produit. Il peut s'agir de n'importe quel article, comme un livre.

5. **Une fois le code barre saisi, cliquez sur Go.**

Figure 4.39 : Vendez !

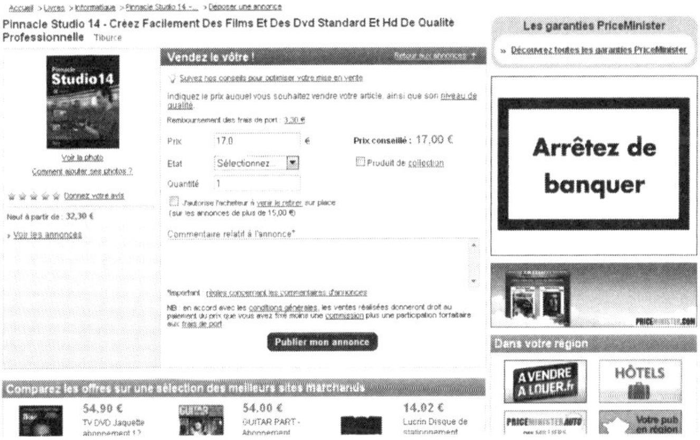

Figure 4.40 : Une mise en vente rapide.

Si le produit est répertorié par PriceMinister, il l'affiche et préconise un prix de vente comme le montre la Figure 4.40.

6. **Dans la page de mise en vente, spécifiez les points suivants :**

   - Prix. Le prix indiqué est une suggestion. Il tient compte de plusieurs paramètres comme l'ancienneté du produit et le prix de vente relevé dans d'autres annonces. Rien ne vous empêche de le modifier en tapant un autre prix dans ce champ.

   - État. Dans cette liste, sélectionnez l'état de votre produit. Vous avez le choix entre : Comme neuf, Très bon état, Bon état, et État correct. Attention ! Ne mentez pas ! Si vous surévaluez l'état de votre produit, vous serez sanctionné par l'acheteur qui vous mettra une mauvaise note avec un commentaire adapté. Vous remarquez également qu'au regard des états proposés, vous ne pouvez pas vendre des reliques sans aucune valeur et qui sont dans un état lamentable.

- Quantité. Indiquez le nombre d'exemplaires que vous vendez si, bien entendu, vous en avez plusieurs. À chaque vente réalisée, la quantité disponible sera automatiquement actualisée.

7. **Dans le champ Commentaire relatif à l'annonce, décrivez le produit, les raisons de sa vente, « faites l'article » comme on dit.**

   Pour ne pas contrevenir à la charte de fonctionnement du site, cliquez sur le lien `Règles concernant les commentaires d'annonce`. Respectez ces règles sinon votre annonce risque d'être annulée.

8. **Une fois l'ensemble de ces renseignements fournis, cliquez sur Publier mon annonce.**

   Vous accédez à une page indiquant que l'annonce a été enregistrée. En fait, l'annonce a été ajoutée à votre inventaire. Vous avez la possibilité d'ajouter une vidéo ou une photo. (En général, lorsque le produit est connu du site, la photo est ajoutée automatiquement.)

9. **Surveillez votre courrier électronique pour répondre aux messages que vous envoie le site afin de valider et d'ouvrir votre boutique en ligne.**

Lorsque vous vendez des articles, vous ne recevez pas directement de l'argent. Les sommes sont consignées dans un « porte-monnaie ». Grace à lui, vous pourrez acheter directement des produits mis en vente sur PriceMinister, ou bien demander à ce que l'argent vous soit envoyé ou viré sur votre compte bancaire. Vous en saurez davantage à la prochaine section.

Dès lors que vous validez l'ouverture de votre boutique, vos futures annonces seront passées très rapidement puisque vous avez déjà fournis la majorité des renseignements vous concernant.

Vous pourrez facilement gérer votre boutique comme l'explique la prochaine section.

Gérer votre boutique

La gestion de la boutique permet de faire un certain nombre de choses :

- Faire le bilan de toutes vos ventes.
- Consulter les notes et les commentaires de vos acheteurs.
- Gérer vos annonces.
- Gérer vos stocks.
- Indiquer votre absence.
- Définir vos préférences de vendeur.
- Gérer votre porte-monnaie.

Pour gérer votre boutique :

1. **Allez sur PriceMinister et connectez-vous à votre compte.**

   Vous devez pour cela fournir le nom d'utilisateur (pseudo) et le mot de passe que vous avez créé lors de l'ouverture de votre compte.

   Vous accédez immédiatement à votre compte, comme le montre la Figure 4.41.

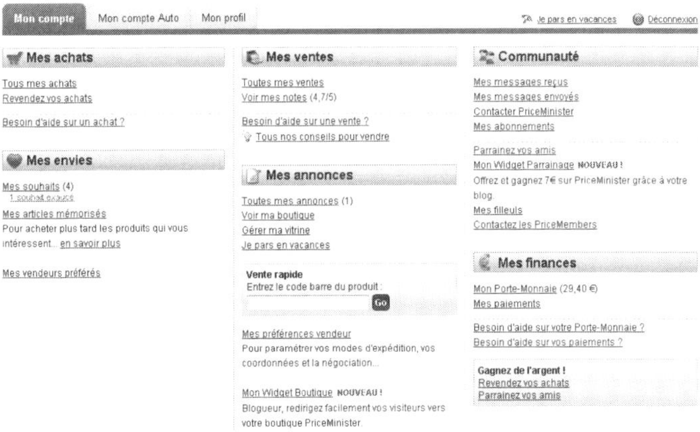

Figure 4.41 : Gérer votre compte.

2. **Pour modifier les informations vous concernant ainsi que votre mot de passe, cliquez sur le lien approprié de la section Mes Informations.**

3. **Cliquez sur les catégories que vous désirez consulter.**

   Vous pouvez gérer vos ventes, voir vos notes, consulter l'ensemble de vos annonces, *etc.*

Voyons, par exemple, comment supprimer un article que vous ne possédez plus :

4. **Dans la section Mes Annonces, cliquez sur Toutes mes annonces.**

   Vous accédez à votre inventaire.

5. **Localisez le produit à retirer de la vente.**

6. **Sous le descriptif du produit, cliquez sur le bouton Supprimer.**

   Dans votre inventaire, vous pouvez également modifier l'annonce pour, par exemple, indiquer un nouveau prix.

   Lorsque vous partez en vacances, il est important de le signaler au site. En effet, cela évite de rater des ventes faute d'avoir répondu à temps, et surtout de voir PriceMinister décider arbitrairement que vous êtes en vacances du fait de votre silence. Pour spécifier aux acheteurs que vous êtes absent :

7. **Dans la section Mes annonces, cliquez sur Je pars en vacances.**

   Si vous n'êtes pas connecté à votre compte, tapez votre pseudo et votre mot de passe.

8. **Dans la fenêtre Je pars en vacances, activez l'option Je connais ma date de retour, et tapez la date à laquelle vous pourrez vendre de nouveau des produits. Sinon, activez l'option Je ne connais pas ma date de retour (Figure 4.42).**

Figure 4.42 : Vous partez en vacances ? Indiquez-le à vos acheteurs.

9. **Cliquez sur Valider.**

Un e-mail vous avertit de la mise en vacances de votre boutique. Si vous avez indiqué une date de retour, votre inventaire sera automatiquement réactivé à la date indiquée. En revanche, si vous ne connaissez pas votre date de retour, vous devrez cliquer sur le lien du message qui vous a été envoyé pour réactiver votre boutique, ou bien le faire directement sur le site. Dans ce cas, retournez à la section Mes annonces et cliquez sur le lien `Je rentre de vacances`. Un message demande confirmation. C'est tout.

L'un des points les plus importants de votre activité de vendeur d'occasion est la gestion de votre porte-monnaie. En effet, c'est à travers lui que vous gérez vos entrées et éventuellement vos sorties d'argent. Voici comment l'utiliser :

1. **Accédez à votre compte PriceMinister.**
2. **Dans la section Mes finances, cliquez sur le lien** `Mon porte monnaie`**, comme à la Figure 4.43.**

Figure 4.43 : Gérez votre porte monnaie de vendeur (et d'acheteur).

Lorsque vous avez vendu quelque chose, votre porte-monnaie est crédité du montant de cette vente.

Vous accédez ainsi à la page de gestion de votre porte monnaie. Il contient tout l'historique de ventes réalisées sur le site depuis la création de votre compte.

3. **Si vous utilisez votre porte monnaie pour acheter sur PriceMinister, vous pouvez en augmenter le crédit en cliquant sur le lien** `Alimenter mon porte monnaie par chèque ou par virement bancaire`**.**

Toutefois, vous n'êtes pas obligé de dépenser sur PriceMinister l'argent gagné sur ce site.

4. **Pour que l'argent de votre porte monnaie soit transféré sur votre compte bancaire traditionnel, cliquez sur Demander un reversement vers mon compte bancaire dans la section Gestion des reversements vers mon compte bancaire.**

   Comme le montre la Figure 4.44, vous avez le choix entre un reversement ponctuel et un reversement régulier.

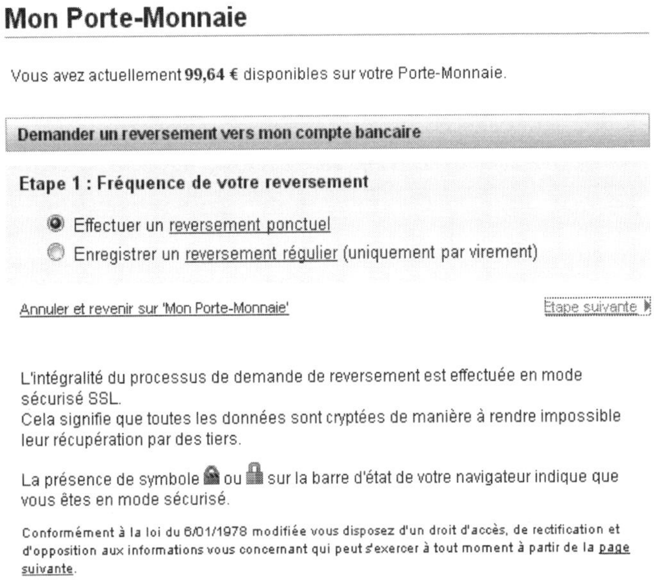

Figure 4.44 : Demandez un versement du montant de votre porte monnaie sur votre compte bancaire traditionnel.

Voici une explication sur ces deux types de versement :

- Reversement ponctuel : cela vous permet de récupérer tout ou une partie de votre porte monnaie en une seule fois. Vous pouvez demander un reversement par chèque ou par virement bancaire. Toutefois, ce reversement ne peut se faire que si vous disposez d'au moins 30 euros dans votre porte-monnaie.

- Reversement régulier : cela vous permet de reverser automatiquement le solde de votre porte-monnaie selon une périodicité de 10 jours. Ce reversement ne peut se faire que par virement et sera d'au moins 10 euros à chaque fois. Il est cependant possible d'indiquer un montant minimum devant rester sur votre porte-monnaie de manière à réaliser de futurs achats sur PriceMinister.

Bien entendu, si vous achetez régulièrement sur PriceMinister, il est conseillé de laisser suffisamment d'agent dans votre porte-monnaie. Cette réserve évitera de devoir payer vos achats par carte bancaire.

Nous en avons terminé avec notre découverte du fonctionnement des sites de ventes de matériel neuf ou d'occasion. Ces systèmes marchent à la manière des bons vieux hebdomadaires où vous publiiez autrefois vos annonces. La grande différence est leur gratuité et toutes les fonctions qui permettent de gérer une véritable petite boutique en ligne. Internet ne s'arrête pas là dans la vente de produits neufs ou d'occasion. En effet, comme nous l'expliquons dans la prochaine section, il est possible de vendre et d'acheter aux enchères.

L'achat et la vente aux enchères

Sur Internet, il existe une seconde manière de vendre et d'acheter des produits neufs et d'occasion. Il s'agit des enchères. Même si vous n'avez jamais fréquenté les salles de ventes où un commissaire priseur scande les fameux « une fois, deux fois, trois fois... », puis écrase violemment son maillet sur la table en criant « Adjugé, vendu ! », vous savez *grosso modo* ce qu'est une vente aux enchères.

Un des sites les plus réputés en la matière se nomme eBay. Vous y trouvez tout ce que vous ne trouvez pas ailleurs et ceci quelle qu'en soit la qualité. Récemment, des êtres humains se sont symboliquement mis en vente sur eBay pour attirer l'attention d'éventuels employeurs.

Le principe des enchères sur Internet est le même que dans la vie réelle. Vous mettez en vente des produits avec une mise de base. Vous déterminez ensuite la durée de l'enchère au terme de laquelle l'internaute le plus offrant emporte l'objet.

Cette section vous explique comment acheter et vendre aux enchères sur eBay. Toutefois, vous pouvez appliquer ces procédures sur d'autres sites de ce type dont vous trouverez une liste dans la section « Les adresses utiles », en fin de chapitre.

Nous découvrirons également un autre type d'enchères qui, sans être une arnaque, n'en pose pas moins un problème d'évaluation des risques. Il s'agit des sites qui mettent aux enchères des objets neufs à un prix de départ de 0 euros. Attrayant non ? Lisez l'encadré, « Quand les enchères perdues vous coûtent de l'argent », plus loin dans ce chapitre, pour comprendre qu'il n'y a pas de philanthropisme sur Internet.

Acheter aux enchères

Pour acheter aux enchères, il faut accéder à un site de vente aux enchères et y ouvrir un compte.

Vous constaterez que, à l'instar des sites de vente de matériels d'occasion, vous pouvez effectuer l'ouverture de ce compte au moment de valider votre enchère. Vous en concluez qu'il est possible de déambuler dans un site de vente aux enchères sans créer de compte. En revanche, pour profiter de toutes ses fonctionnalités, l'ouverture d'un compte est indispensable.

Ouvrir un compte sur un site de vente aux enchères

Nous allons baser notre propos sur le très célèbre site de vente aux enchères eBay. Pour y créer un compte qui vous permettra d'acheter mais aussi de vendre, suivez cette procédure :

1. **Ouvrez votre navigateur Web et accédez au site** `http://www.ebay.fr/`.

   Vous arrivez sur la page d'accueil du site, illustrée à la Figure 4.45. Il est alors très facile de vous y inscrire.

Figure 4.45 : eBay, le plus grand site de vente aux enchères du monde.

Une inscription à eBay ne vous coûte absolument rien. Je vous conseille donc de créer votre compte une bonne fois pour toutes. Ainsi, vous ne serez pas freiné dans votre élan de vendre ou d'acheter. Vous existerez pour eBay tout comme eBay existera pour vous.

2. **Cliquez sur le lien** `Inscrivez-vous`, **situé en haut à droite de la page d'accueil.**

   Le grand intérêt de cette inscription est de vous ouvrir les portes de tous les eBay du monde entier. Il vous sera alors facile de trouver un matériel que vous pensiez absolument introuvable.

3. **Remplissez le formulaire de la nouvelle page qui apparaît.**

   Si vous avez déjà ouvert un compte sur un site de vente d'occasion, ce formulaire vous sera familier. S'il s'agit de votre toute première inscription, sachez que les informations que vous allez communiquer ici sont importantes pour recevoir les produits que vous achèterez et pour vendre les vôtres.

   eBay veille au respect de votre vie privée donc à la confidentialité des informations que vous fournissez ici.

4. **Une fois le formulaire rempli et les conditions générales d'utilisation du site acceptées, cliquez sur le bouton J'accepte les conditions ci-dessous, situé en bas de la page.**

   Une fois la validation effectuée, une page vous indique qu'un message a été envoyé à l'adresse mail saisie. C'est ce message qui va vous permettre d'activer votre compte eBay.

5. **Relevez votre courrier électronique.**

6. **Dans le message envoyé par eBay, cliquez sur le bouton Activer maintenant.**

   Cette action affiche une nouvelle page dans votre navigateur Web. Elle confirme votre inscription sur eBay et ce que vous pouvez y faire, c'est-à-dire acheter ou vendre.

Avant de vendre du matériel aux enchères, voyons comment acheter aux enchères.

Faire monter les enchères

Une fois votre inscription validée et votre compte eBay activé, vous pouvez :

- Rechercher un objet en tapant son nom et en sélectionnant une catégorie d'articles.

- Parcourir toutes les catégories du site.

TRUC

Si vous ne choisissez pas l'une ces deux propositions, et que vous vous décidez de remettre à plus tard votre découverte d'eBay, vous devrez aller sur le site et ouvrir une session. Cette ouverture de session se fait par saisie de votre pseudo et de votre mot de passe (indiqués dans le formulaire d'inscription). Pour que votre session eBay reste ouverte, c'est-à-dire pour que vous n'ayez plus à ressaisir ces données si vous fermez votre navigateur Web, cochez la case Maintenir ma session ouverte toute la journée.

TRUC

Vous recevrez également un nouveau mail vous félicitant pour votre inscription. Il suffira alors de cliquer sur le bouton Commencer pour accéder directement à la page de vente aux enchères par catégories d'objets (Figure 4.46).

La procédure qui suit explique comment participer à une enchère :

1. **Dans la page de bienvenue d'eBay, cliquez sur le lien** `Enchères et achat immédiat`

   Vous accédez à la page de vente par catégories, illustrée à la Figure 4.46.

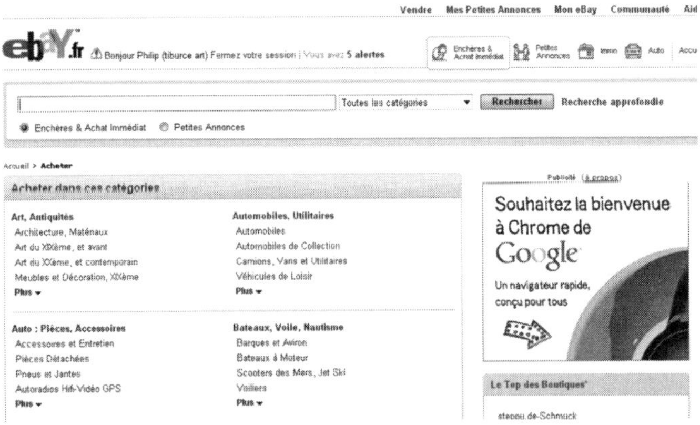

Figure 4.46 : Vos enchères vont bientôt pouvoir commencer.

2. **Dans la liste des catégories, cliquez sur celle où vous désirez chercher un objet plus ou moins rare.**

   Si vous ne trouvez pas de catégorie en lien direct avec l'objet recherché, cliquez sur le lien `Plus`. Cette action développe le contenu de la catégorie.

3. **Cliquez sur le lien correspondant à la catégorie susceptible de proposer l'objet recherché.**

   Si vous ne recherchez rien de particulier, les catégories vous permettent tout simplement de vous promener dans cette sorte d'immense salle des ventes virtuelle qu'est eBay.

   Vous accédez au contenu de la catégorie sur laquelle vous avez cliqué. Là aussi, il est possible de regarder tous les objets vendus aux enchères.

4. **Pour préciser votre recherche, définissez des critères dans la section Affiner la recherche.**

   Comme le montre la Figure 4.47, vous pouvez choisir une sous-catégorie, définir une fourchette de prix, l'état de l'objet, voire ne demander que les objets proposés par des vendeurs particuliers.

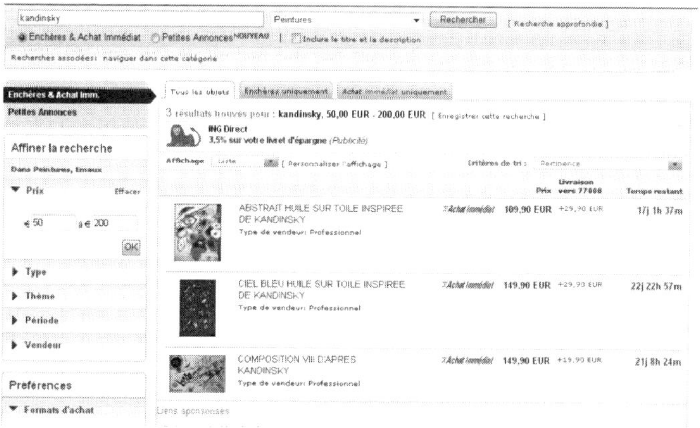

Figure 4.47 : Affinez votre recherche pour trouver plus rapidement un objet.

5. **Une fois que vous avez choisi une sous-catégorie, vous pouvez encore y affiner votre recherche.**

   Par ce principe, il est possible de trouver des objets très rares, notamment quand il s'agit d'objets d'art.

6. **Pour élargir la recherche à tous les sites eBay du monde entier, faites défiler le contenu de la page jusqu'à afficher la section Lieu du volet gauche. Là, activez l'option « dans le monde entier ».**

   De précision en précision, vous finirez bien par trouver ce qui vous intéresse. En ultime recours, vous pouvez tapez le nom de l'objet ou de son auteur dans le champ Recherche situé en haut de la page comme à la Figure 4.48. Vous constatez qu'à mesure que vous tapez des caractères, eBay vous fait des suggestions. Cliquez sur la suggestion correspondant à votre recherche.

Figure 4.48 : Une ultime précision pour trouver une œuvre de Kandinsky par exemple.

Une fois que vous êtes face à une liste d'objet, voici comment en décrypter les codes de gauche à droite :

- Photo : correspond à la photo de l'objet à droite de laquelle figure une brève description de l'objet, ainsi que le pays de résidence de l'acheteur.
- P : ce symbole indique que le vendeur accepte le système de paiement Paypal.
- Achat immédiat : définit un produit sans enchères ou un prix à partir duquel les enchères en cours tombent. En d'autres termes, l'achat immédiat se fait dans l'instant. Vous n'avez pas à attendre la fin de la durée de mise en vente aux enchères.
- x Enchères : précise le nombre d'enchères en cours sur l'objet.
- x Euros : prix de vente actuel, c'est-à-dire de la dernière enchère. À droite de ce prix figurent les frais de livraison estimés (nous verrons en effet que cela ne reflète pas toujours la réalité).
- Livraison vers : indique les frais de ports vers votre habitation.

- Temps restant : exprimé en jours, heures, et minutes, sauf bien entendu quand il ne reste plus que quelques heures ou quelques minutes.

7. **Cliquez sur la photo de l'objet qui vous intéresse.**

   Comme le montre la Figure 4.49, vous accédez à une page qui détaille l'enchère en cours et qui vous offre un certain nombre de possibilités.

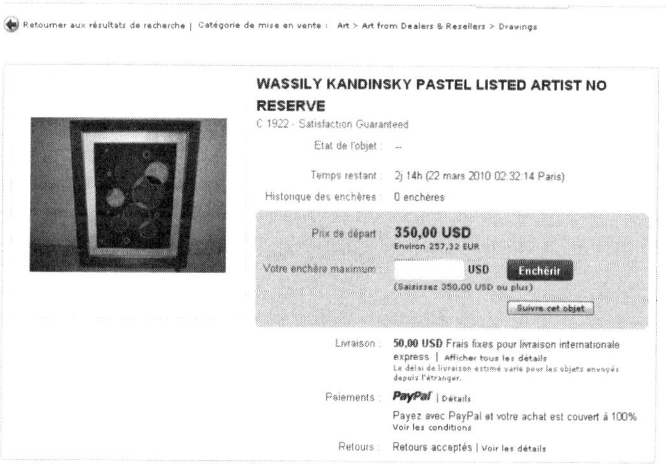

Figure 4.49 : Faites monter les enchères !

   Faites défiler le contenu de la page pour accéder à la description du produit et à des photos supplémentaires. Attention car lorsqu'un objet est vendu à l'étranger, la description est très souvent dans la langue du pays de vente. Pour connaitre le montant des frais de ports et le mode de paiement, cliquez sur l'onglet Livraison et paiements. Pour trouver des objets se rapprochant de celui que vous cherchez, cliquez sur l'onglet Objets similaires. Enfin, l'onglet Acheter en toute sécurité rappelle quelques principes de base pour acheter en toute confiance.

8. **Pour faire monter l'enchère en cours, tapez une nouvelle offre dans le champ Votre enchère maximum, et cliquez sur le bouton Enchérir.**

   Ne faites pas n'importe quoi ! Enchérir est un acte responsable. En effet, si personne n'a enchérit sur votre dernière enchère et que la durée de mise en vente arrive à son terme, vous êtes dans l'obligation d'acheter l'objet au prix de votre enchère. Alors, pas de blague. En cas de litige, et si vous êtes fautif, vous engagez votre responsabilité civile et pénale, et vous serez très mal noté en tant qu'acheteur. Qui voudra vous vendre quoi que ce soit par la suite ?

Lorsque vous enchérissez, vous êtes tenu informé des enchères qui seront plus élevées que les vôtres.

Un système permet d'enchérir automatiquement jusqu'à une certaine somme.

Pour connaitre l'historique des enchères et ainsi avoir une idée sur les chances que vous avez d'emporter l'objet, cliquez sur le lien `Afficher l'historique`, juste en-dessous du compte à rebours.

Vous retrouvez sur eBay à peu près les mêmes services que sur un site de vente d'occasion. Ainsi, la rubrique Mon eBay permet de connaitre :

- Le récapitulatif de toutes vos actions.
- Les affaires à suivre.
- Les enchères en cours.
- Les objets achetés.
- Vos ventes.
- Vos recherches favorites.
- Vos messages.

Maintenant que vous connaissez la procédure générique de recherche et d'achat d'objets vendus aux enchères sur eBay, voyons comment vendre vos propres objets.

Vendre aux enchères

Sur eBay, vous vendez des objets allant des plus communs aux plus rares. Tout peut être vendu aux enchères dès lors que rien ne contrevient à l'éthique du site.

Comme vous avez déjà un compte sur eBay, la mise en vente d'un objet est très facile à réaliser :

1. **En haut de la page d'accueil d'eBay, placez le pointeur de la souris sur le bouton Vendre. Dans le menu local qui s'affiche, cliquez sur Vendre.**

   Si vous souhaitez des conseils de vente supplémentaires, cliquez sur le lien `Comment vendre`.

2. **Cliquez sur le bouton Mettre votre objet en vente.**

3. **Dans le champ Mettre vente votre objet, décrivez-le en quelques mots.**

4. **Activez l'option Mise en vente simplifiée, et cliquez sur Commencer à vendre, comme à la Figure 4.50.**

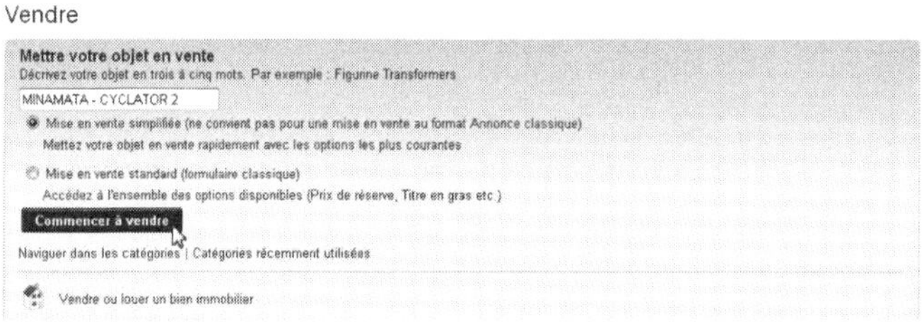

Figure 4.50 : Mise en vente simplifiée d'un objet.

5. **Dans la nouvelle étape Créer votre annonce, tapez un titre descriptif de votre objet.**

6. **Cliquez sur le bouton Trouver une catégorie. Si la catégorie dans laquelle vous désirez vendre n'est pas affichée, cliquez sur Naviguer dans les catégories.**

   Par exemple, comme je désire vendre une interface audio, je choisis PC: Informatique > Composants > Cartes son, comme à la Figure 4.51.

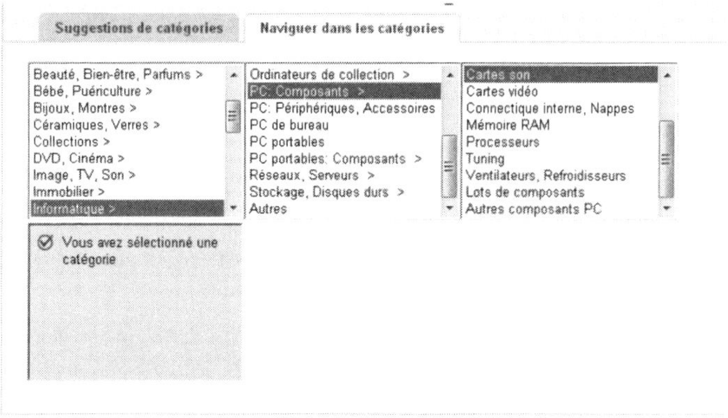

Figure 4.51 : La catégorie dans laquelle je veux vendre mon objet.

7. **En bas de la page, cliquez sur le bouton Continuer.**

8. **Pour remplir automatiquement la description du produit vendu, indiquez les informations demandées dans le champ**

Marque, type de produit ou modèle. Ensuite, cliquez sur Rechercher.

Lorsque le produit est rare ou obsolète, aucune réponse n'est trouvée.

9. **Dans la section Ajoutez des photos à votre annoncée, cliquez sur le bouton Ajouter.**

   Notez que la première photo est gratuite. Chaque photo supplémentaire coûte 0,15 euro.

10. **Décrivez votre objet sans la section 4 de la procédure de mise en vente. Indiquez son état, c'est-à-dire neuf ou occasion.**

    Ici, l'honnêteté est primordiale. Ne faites pas croire que vous vendez ce que vous ne possédez pas. Cette manœuvre s'appelle de l'escroquerie !

11. **Dans la section 5, indiquez le prix de départ et la durée de l'enchère comme à la Figure 4.52.**

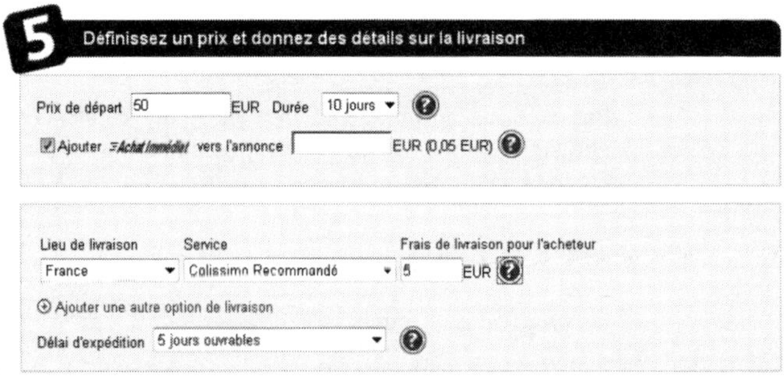

Figure 4.52 : Prix de départ de la mise en vente.

12. **Indiquez les modes de livraison possibles, et si nécessaire modifiez le lieu où le produit est disponible.**

13. **Sélectionnez un mode de paiement, et offrez des options supplémentaires à vos acheteurs.**

    Il est recommandé d'opter pour Paypal, même si ce service de paiement en ligne prend une petite commission au passage. Vous êtes en effet certain d'être payé.

14. **Cliquez sur Enregistrer et continuer.**

    En bas de cette fenêtre, vous trouverez le prix d'insertion dont vous êtes redevable auprès de ebay.

Vous accédez à un récapitulatif de votre commande. Vérifiez toutes les informations, apportez les modifications qui s'imposent, prévisualisez l'annonce, et cliquez sur Mettre votre objet en vente. Une nouvelle page Web vous félicite pour cet exploit, comme à la Figure 4.53.

Figure 4.53 : Bravo, votre première mise en vente est un succès.

Voilà ! Nous en avons terminé avec le grand principe des enchères. S'il y a vraiment un coin sur le Web où vous pouvez faire des affaires, c'est bien ici.

ATTENTION !

Quand les enchères perdues vous coûtent de l'argent

Nous voyons se développer de nos jours un nouveau type d'enchères. Il s'agit de sites qui mettent en vente des articles neufs à un prix défiant toute concurrence puisque la mise de départ est de, tenez-vous bien, 0 euros ! Waouh !!! « Je le veux ! » vous écriez-vous avec un enthousiasme non dissimulé. En effet, qui ne souhaiterait pas acquérir un objet dont la mise à prix est si faible.

Comment se déroule la vente ? D'abord, il n'y a pas d'escroquerie. Bonne nouvelle ! En effet, vous devez vous inscrire gratuitement sur le site, comme à l'adresse `www.ziinga.com`. Et là vous pouvez immédiatement enchérir sur divers articles souvent initialement très chers (comme des téléviseurs LCD, des ordinateurs portables etc.). L'offre est d'autant plus séduisante que vous avez accès au prix de vente des objets dont l'enchère est terminée. Vous constatez alors que les articles sont effectivement vendus à environ 30 % de leur prix en magasin. Mais comment est-ce possible ? Vous remarquez que les produits sont mis en vente pendant un certain nombre d'heures. Par exemple un portable est mis en vente pendant 10 heures avec une mise à prix de zéro euro. Derrière son écran, chaque internaute qui souhaite acheter l'objet clique tout simplement sur le bouton Offrez. Là, l'enchère augmente de 0,01 euro (une misère), et le temps de mise en vente augmente lui aussi entre 10 secondes et 2 minutes en fonction de l'objet vendu. Vous remarquez aussi que peu de personnes enchérissent quand il reste de nombreuses heures avant la clôture de l'enchère. Mais, restez sur le site, et observez ce qui se passe quand l'heure fatidique de résolution des ventes s'approche, c'est-à-dire quand il reste quelques minutes voire secondes, et surtout quand le compteur atteint quasiment 0. Les enchères fleurissent et le temps augmente. Si vous avez la chance de faire une offre et que le compteur atteint 0 seconde, l'objet est à vous pour le prix indiqué. Charmant n'est-ce pas ? Imaginez que vous cliquiez pour emporter un ordinateur portable pour la modique somme de 100 euros alors qu'il en coûte 600 ! Mouais. Vous vous dites c'est trop beau pour être vrai. Et vous avez raison. D'abord, il faut beaucoup de ténacité pour emporter une enchère qui, comme vous le verrez, s'accélère plus on s'approche du terme. De plus, combien cela vous coûte-t-il ? Vous allez me répondre : « le prix affiché ! » Certes, mais pas seulement. Voici comment fonctionne ce type de site :

En réalité, lorsque vous vous inscrivez, vous passez un contrat avec le site par lequel vous achetez, sans rien dépenser dans un premier temps, le droit de faire des enchères. Voilà une astuce des plus intelligentes. Sachez qu'à chaque fois que quelqu'un clique sur le bouton Offrez, il lui en coûte entre 0,30 et 0,90 euros en fonction de l'objet convoité. Donc, lorsque vous emportez une enchère, vous payez le prix affiché plus votre nombre de clics sur ledit bouton multiplié par le prix du clic. Imaginez ceci : vous emportez une enchère à 100 euros, mais en 100 clics sur le bouton Offrez. Si le clic vaut 0,50 centimes, l'objet vous revient à 100 + (100 x 0,5) = 100 + 50 = 150 euros. Certes, cela reste très intéressant pour un ordinateur portable qui en coûte 600. Alors, comment ce site peut-il parvenir à proposer des objets neufs si peu chers. Tout simplement en faisant payer ceux qui perdent cette enchère. Ainsi, si vous aviez perdu l'enchère malgré vos 50 clics, vous auriez tout de même été obligé de payer 25 euros au site. Faites ce calcul assez simple. Sachant que la mise à prix est de zéro centime, et que l'objet a atteint la somme 100 euros cela signifie que 10 000 clics ont été effectués, soit un gain de 10 000 x 0,5 = 5 000 euros pour Ziinga. Dans ces conditions, facile de proposer un ordinateur portable de 600 euros ! En conclusion : vous pouvez faire une superbe affaire, mais aussi perdre de l'argent si vous ne l'emportez pas, voire si vous tombez contre quelques acharnés, payer le produit plus cher qu'il ne vaut en réalité. À vous de juger !

Nous allons terminer ce chapitre en vous indiquant quelques bons plans pour vendre et acheter sur Internet. Ces plans s'agrémentent d'adresses Internet de sites qui vous seront d'une grande utilité.

Les bons plans pour vendre et acheter

Voici quelques autres sites d'achats sur le Web que nous avons visités. Il nous est même arrivé d'y commander des articles.

Livres et produits culturels

Bien que, dans un magasin virtuel, il ne vous soit pas possible de feuilleter un livre avant de l'acheter, si vous savez ce que vous voulez, il vous est facile de l'acquérir.

- **Amazon** (`www.amazon.fr`) : c'est l'une des plus grandes *success stories* du commerce du livre en ligne. Parti de rien (si vous acceptez l'idée que quelques millions de dollars ne représentent plus grand-chose de nos jours), Amazon compte aujourd'hui parmi les plus grands sites marchands consacrés aux livres d'Internet. Malheureusement, il a du mal à atteindre un bon équilibre financier et continue de supporter d'assez lourdes pertes financières qui, curieusement, ne semblent pas trop compromettre son existence. Son catalogue est absolument énorme, et vous pouvez recevoir en quelques jours la plupart des articles qui y figurent. Cette entreprise dispose aussi d'un programme par lequel d'autres sites Web peuvent vous faire connaître leurs livres favoris, créant ainsi une librairie virtuelle. Les prix pratiqués sont parfois légèrement supérieurs à ceux en vigueur dans les librairies en raison des frais de port.
- **La FNAC** (`www.fnac.com`) : en France, le site de la FNAC vous permet de commander en ligne des livres, des disques, des voyages, des spectacles, *etc.*, pouvant être livrés sous vingt-quatre heures, mais offre également d'autres informations dans le domaine culturel ou multimédia.

  Sachez, toutefois, que vous ne pourrez pas accéder à ce site si votre navigateur refuse les *cookies*.

Prêt-à-porter

Vous trouverez sur Yahoo! des tonnes d'autres références dans ce domaine.

- **La Redoute** (`www.redoute.fr`) : un catalogue très complet (sous-ensemble du catalogue imprimé) est proposé avec un classement par type d'articles. On peut aisément choisir la taille et la couleur lorsqu'il s'agit d'un vêtement. Il est possible d'effectuer l'achat soit par Internet, en mode sécurisé, soit par Minitel.

- **Les 3 Suisses** (`www.3suisses.fr`) **:** la présentation du catalogue permet d'effectuer facilement son choix. La commande finale peut être faite en ligne ou par Minitel.
- **Cdiscount** (`www.cdiscount.com`) **:** site pluridisciplinaire qui offre un lien Prêt-à-porter pour Homme, Femme et Chaussures (?!). Vous y trouverez souvent des vêtements de grandes marques à des prix (fra)cassés.

Ordinateurs

Avant d'acheter dans ces boutiques en ligne, assurez-vous qu'elles acceptent les retours de marchandises en cas d'insatisfaction et qu'elles accordent une garantie suffisante.

Voici quelques vendeurs réputés :

- **Dell Computer** (`www.dell.com`) : on y trouve un catalogue complet ainsi que la possibilité d'établir des configurations sur mesure.
- **Apple Computer** (`http://store.apple.com/fr`) : beaucoup d'informations sur les produits Apple et la possibilité d'acheter des systèmes complets et des mises à jour.

Ces deux magasins virtuels ne sont pas les seuls, loin de là ! Généralement, les boutiques virtuelles les plus connues, comme Rue du commerce, Top achat, Cdiscount, Pixmania, *etc.*, vendent des PC à la carte ou prêts à l'emploi. Des facilités de paiement sont souvent proposées.

Lesarnaques.com

Si vous avez peur d'un site parce que vous n'en connaissez pas la réputation, visitez `www.lesarnaques.com`. Saisissez l'objet de votre recherche, c'est-à-dire le nom du site, et vous tomberez sur une série d'articles rapportant les problèmes rencontrés par les consommateurs. Si ces problèmes vous semblent graves et systématiques, ne commandez pas auprès de ce site. Vous-même pouvez rapporter des problèmes et converser avec des clients dans un forum. Lesarnaques.com peut également vous aider à régler un litige avec les vendeurs peu scrupuleux. Cependant, à la lecture de ces expériences diverses et variées, ne tombez pas dans la paranoïa.

La garantie Or

Ce contrat est proposé par la plupart des sites commerciaux. Il s'agit d'une assurance supplémentaire, donc un surcoût qui vous garantit, en plus de la garantie légale d'un an, le remplacement de votre matériel par un neuf s'il tombe en panne dans l'année de la garantie légale. À vous de décider si cette garantie est judicieuse.

ATTENTION ! Cette garantie est souvent ajoutée par défaut à votre panier virtuel. Donc, regardez bien le récapitulatif de votre commande avant de la valider. Si vous ne souhaitez pas cette garantie cliquez sur le lien qui permet de la supprimer. Souvent, les sites insistent et vous renvoient vers une page vantant les mérites de cette garantie. Cela vous oblige à chercher l'option permettant de désactiver la souscription de ce contrat.

La check-list de l'acheteur en ligne

Voici quelques-unes des questions que vous devez vous poser lorsque vous effectuez des achats en ligne. Vous pourrez remarquer qu'elles ne sont pas très différentes de celles qui s'appliquent aux achats traditionnels.

- Est-ce que la description des articles est suffisamment claire pour que vous vous rendiez bien compte de la nature de votre achat ?
- Est-ce que les prix proposés sont compétitifs, comparativement à d'autres entreprises de VPC ou au commerce traditionnel ?
- Est-ce que les produits proposés sont en stock, sinon quel est leur délai de livraison ?
- Est-ce que l'entreprise jouit d'une bonne réputation ? (Voir l'astuce quelques lignes plus haut.)
- Pouvez-vous suivre votre commande en ligne ?
- Pouvez-vous entrer en contact direct avec un interlocuteur du site ?
- Pouvez-vous rendre les articles ne convenant pas ?

Les adresses utiles

WORLD WIDE WEB Pour illustrer un propos aussi vaste que l'achat et la vente en ligne, nous avons été obligé de nous baser sur des exemples précis. Dans la mesure où ces choix ont imposé de parler de sites et d'enseignes plus que d'autres, ne croyez pas que nous soyons de parti pris. Seule l'expérience vous fidélisera à tel ou tel site. Pour cette raison voici quelques adresses supplémentaires.

Les comparateurs de prix

- www.kelkoo.fr
- www.achetezfacile.com
- www.i-comparateur.com
- www.monsieurprix.com
- www.acheter-moins-cher.com/
- www.quiestlemoinscher.com

Les sites standards de vente en ligne

- www.rueducommerce.com
- www.cdiscount.com
- www.topachat.com
- www.pixmania.com/fr
- www.discounteo.com
- www.monsieurdiscount.com
- www.fnac.com
- www.alapage.com
- www.chapitre.com

Les supermarchés en ligne

- www.ooshop.com (Carrefour)
- www.auchandirect.fr/frontoffice/ (Auchan)
- www.expressmarche.com (Intermarché)
- http://courses.monoprix.fr/
- www.coursesu.com (U)

- www.houra.fr (Casino)
- www.supermarche.tv
- www.coursengo.com
- www.natoora.fr (Bio)

Les sites de petites annonces

- www.priceminister.com
- www.2xmoinscher.com
- www.leboncoin.fr
- www.venduweb.com
- www.annonz.com
- http://paris.kijiji.fr
- www.gusbazar.com
- www.topannonces.fr

Les sites d'enchères

- www.ebay.fr
- www.aucland.fr
- www.freebazar.net
- www.onatoo.com
- www.toutencheres.com

Chapitre 5

Ne soyez pas égoïste ! Partagez !

Dans ce chapitre :

- Créer un réseau domestique.
- Faire communiquer tous vos ordinateurs sans utiliser de câbles.
- Connecter votre ordinateur portable à la maison et en voyage.

De plus en plus de foyers possèdent plusieurs ordinateurs : un dans le bureau, un autre dans le salon et un autre encore dans la chambre de l'adolescent qui vit à la maison.

Vous n'avez pas besoin de souscrire un abonnement auprès d'un fournisseur d'accès Internet (FAI) pour chacun de ces ordinateurs. Il suffit de les raccorder à un réseau – soit avec des câbles spéciaux, soit par un système sans-fil, soit par courant porteur (CPL) – et de les configurer pour qu'ils partagent le même modem et accèdent ainsi au Net les uns indépendamment des autres. Ce chapitre explique comment établir ces deux types de réseau.

Internet pour tous vos ordinateurs

Au début de l'ère de ces ordinateurs gigantesques inaccessibles au commun des mortels derrière la baie vitrée d'une immense salle climatisée, un de mes amis quelque peu visionnaire clamait haut et fort qu'un jour, les ordinateurs seraient partout. Bien évidemment, il fut pour cela brûlé vif en place publique, une coutume héritée de l'époque où l'Inquisition n'encourageait guère la recherche scientifique (un certain Giordano Bruno en garde pour l'éternité un cuisant souvenir). Mais l'histoire a donné raison à mon ami.

Aujourd'hui, les ordinateurs sont de plus en plus petits, et il devient difficile de trouver un foyer où il n'y en a pas au moins un. Lorsque plusieurs ordinateurs se trouvent sous un même toit, pourquoi ne pas faire en sorte qu'ils puissent tous se connecter en même temps à Internet ?

Les connexions haut débit facilitent la mise en place de systèmes où chacun des ordinateurs peut se connecter au Net, tout en étant dans des endroits aussi différents que la chambre des parents, le salon et la salle de jeux des enfants, une mansarde, un garage ou, pour les privilégiés, la terrasse au bord de la piscine à vagues. Cette connexion à Internet est d'autant plus agréable à utiliser qu'elle est partagée. En effet, la ligne téléphonique n'est pas monopolisée par un ordinateur pendant que les autres attendent, chacun leur tour, que la connexion soit libérée pour en profiter. Avec le haut débit, le téléphone n'accapare plus la ligne et la bande passante est si large que chacun peut simultanément aller sur Internet, envoyer et recevoir des courriers électroniques, discuter dans un *chat room* ou par une messagerie instantanée (comme MSN – Windows Live Messenger), regarder la télévision, et même téléphoner par Internet si ces options ont été souscrites.

Pour partager une même connexion Internet entre plusieurs ordinateurs, vous devez les connecter à un réseau local, parfois appelé LAN (*Local Aera Network*) par les techniciens ; ces initiales figurent aussi souvent sur le matériel, comme les routeurs, commutateurs et autres équipements. Ensuite, vous connectez ce réseau – et non pas chaque ordinateur – à Internet. Comme l'indique son nom, un réseau local est limité à un lieu bien précis, un immeuble par exemple. D'abord réservé aux entreprises, le réseau local s'est banalisé, à tel point que quiconque possède au moins deux ordinateurs se dépêche d'en créer un.

La Figure 5.1 présente un réseau local typique : un modem câble ou ADSL est connecté à un *routeur*, c'est-à-dire un boîtier qui relie votre réseau local à Internet. Puis, vous connectez chaque ordinateur à un concentrateur ou à un point d'accès, si vous avez développé un réseau sans-fil. Ensuite, chaque ordinateur doit être connecté au réseau local pour partager et profiter de tous les matériels qui sont raccordés au routeur.

Il n'est pas impératif que tous les ordinateurs d'un réseau local utilisent la même version de Windows – voire même Windows. Vous pouvez connecter au même réseau local des PC tournant sous Windows ou Linux, et des Mac qui, par définition, fonctionnent sous Mac OS. En fait, ils communiquent tous par le même protocole réseau, c'est-à-dire celui utilisé par Internet lui-même.

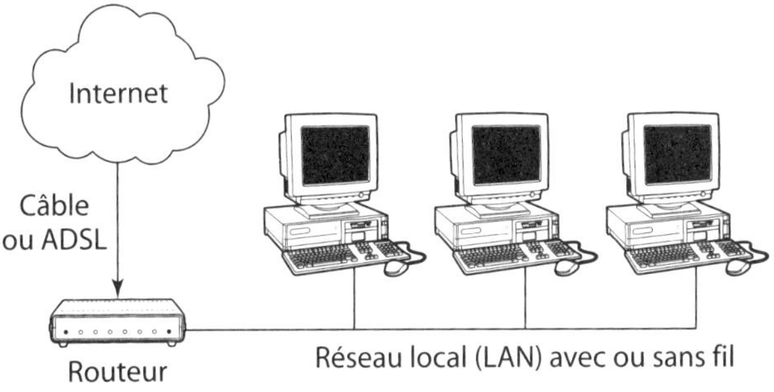

Figure 5.1 : Prêt à ce que toute la famille surfe sur le Web !

Créez d'abord un réseau local

Les réseaux locaux (ou réseau local) existent en deux variétés : avec et sans-fil. Un réseau à fil est dit *câblé*. Dans ce cas, un câble part de chaque ordinateur et se raccorde à un boîtier central. Le réseau sans-fil, lui, utilise des signaux radio et non pas des câbles. Si tous vos ordinateurs sont dans la même pièce, préférez le réseau câblé ; en revanche, s'ils sont dans des pièces distantes, voire certains à l'étage et d'autres au rez-de-chaussée, il est plus facile de créer un réseau sans-fil, bien que ce dernier soit légèrement plus lent. Il est possible de combiner les deux systèmes. Beaucoup de routeurs sans-fil disposent de prises pour des câbles, permettant ainsi de relier physiquement des ordinateurs.

TRUC

Il est également possible et facile de développer un réseau à moitié sans fil. Pardonnez ce paradoxe, car d'aucun pourrait dire qu'un réseau est avec ou sans fil, mais pas à moitié. Pourtant, cette vision ferait fi de la technologie dite CPL (courant porteur). Il s'agit d'utiliser les prises de courant murales de votre appartement ou de votre maison pour créer un réseau local. Chaque prise est une sorte de terminal Ethernet. Pour accéder au réseau, donc à ses ordinateurs et à Internet, il suffit de raccorder votre ordinateur à cette prise CPL via un simple câble Ethernet RJ-45. Cette technologie évite de créer un réseau Wi-Fi, c'est-à-dire un réseau à onde électromagnétique, et s'avère plus sécurisé dans la mesure où votre réseau CPL est invisible aux personnes qui habitent dans votre quartier et qui utilisent eux aussi un réseau sans fil (Wi-Fi). Votre compteur électrique sert de pare-feu matériel.Au centre : le concentrateur ou le routeur

Pour créer un réseau, vous avez besoin d'un boîtier spécifique qui permet de connecter les ordinateurs entre eux au réseau local. Ce boîtier peut prendre plusieurs formes :

- Un *concentrateur* (Figure 5.2), c'est-à-dire une espèce de boîte à peine plus grande qu'un annuaire, équipé de prises spécifiques pour recevoir les câbles réseau et pour servir de point de connexion au réseau. C'est lui qui connecte tous les ordinateurs du réseau local.

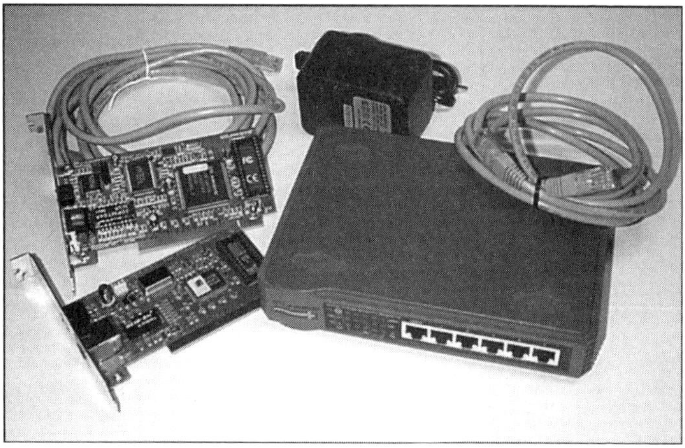

Figure 5.2 : Un concentrateur et ses cartes réseau.

- Un *commutateur* (Figure 5.3), qui est un type plus sophistiqué de concentrateur car il accélère la vitesse du réseau.

Figure 5.3 : Un commutateur.

- Un *point d'accès* (Figure 5.4), qui est un concentrateur sans-fil. Il dispose d'une ou deux antennes radio à la place de prises.
- Un *routeur* (Figure 5.5) qui, comme un concentrateur, facilite l'accès à Internet et dispose de fonctionnalités comme un pare-feu. De plus en plus de modems font aujourd'hui office de routeurs.

Figure 5.4 : Un point d'accès.

Figure 5.5 : Un routeur.

Nous recommandons l'utilisation d'un routeur car il protège efficacement le réseau des tentatives d'intrusion. Il existe des routeurs avec ou sans-fil. La version à câbles dispose de nombreuses prises selon le nombre d'ordinateurs que vous devez y connecter. En règle générale, les routeurs sans-fil n'ont qu'une seule prise, destinée à recevoir le câble du modem, et une antenne pour communiquer avec les ordinateurs du réseau. Certains modèles sont à la fois à câble et sans-fil, permettant de relier directement les ordinateurs se trouvant à proximité. L'avantage ? Le débit d'une liaison par câble est autrement plus élevé que celui d'une liaison sans-fil.

TRUC

Question légitime de votre part : « Mais *quid* de ma *Box* ? ». En effet, vous avez probablement souscrit à l'offre haut débit d'un des prestataires. Vous avez alors reçu une Freebox, une Neufbox, et autre Bbox. Devez-vous investir dans un routeur pour créer votre réseau local et ainsi permettre à tous les ordinateurs de la famille d'accéder à Internet ? Non ! Ces *Box* ont généralement des fonctions de routeur. Par exemple, la Freebox permet de créer un réseau Wi-Fi, mais aussi de connecter directement des ordinateurs à ses prises Ethernet, ce qui permet de créer un réseau CPL si vous ne souhaitez pas recourir au Wi-Fi.

Configurer un routeur

Les routeurs sont livrés avec un câble de type *Ethernet*. Ce dernier permet d'y raccorder le modem. Un câble Ethernet est équipé à chaque extrémité d'une prise RJ-45 qui ressemble à celle du téléphone, mais en plus gros et avec huit minuscules connecteurs au lieu de six.

TRUC

Bien entendu, vous n'avez pas à vous soucier de raccorder votre *Box* à un routeur si celle-ci joue également le rôle de routeur, ce qui devrait d'ailleurs être le cas.

Configurer un routeur pour des connexions ADSL exigeant un nom d'utilisateur et un mot de passe

La plupart du temps, le routeur accepte toutes les demandes de connexions. Mais parfois, une connexion ADSL exige un nom d'utilisateur et un mot de passe, que vous devez alors indiquer au routeur.

Les instructions de configuration des routeurs sont génériques ; autrement dit, elles se ressemblent toutes. Elles peuvent cependant varier sur quelques points de détail, d'où l'intérêt de se fier au manuel. Par conséquent, tout ce que nous expliquons ici vaut pour votre l'activation de la fonction routeur de votre *Box*.

La configuration d'un routeur s'effectue avec le navigateur Web de votre ordinateur. Comme un routeur ne possède ni écran ni interface, vous devez passer par un ordinateur connecté au routeur afin d'effectuer sa configuration. Même si vous installez un réseau sans-fil, la configuration initiale est plus simple si l'ordinateur est connecté par câble à la prise Ethernet du routeur, car il sait aussitôt avec quelle machine il communique. Suivez ces étapes :

1. **Éteignez le routeur et l'ordinateur.**

2. **Branchez le câble Ethernet dans la prise réseau de votre ordinateur et insérez l'autre extrémité dans la prise Ethernet du routeur.**

   En cas de doute, reportez-vous au manuel du routeur.

3. **Allumez le routeur, puis l'ordinateur.**

4. **Démarrez le navigateur Web et saisissez l'adresse du routeur dans la barre d'adresse du logiciel. Vous affichez alors la page d'accueil du routeur, avec ses paramètres de configuration.**

   Habituellement, l'adresse est **192.168.0.1** (c'est-à-dire une des adresses réservées aux utilisateurs d'un réseau local). Si l'adresse Web ne fonctionne pas, consultez la documentation livrée avec le routeur.

   Avec certaines Box, comme la Freebox qui sert d'exemple à nos explications, il faut accéder à son compte haut débit directement sur le site du FAI (en l'occurrence Free). Les identifiants donnés par Free lors de votre souscription à l'offre haut débit sont votre numéro de téléphone Free (ou votre ancien numéro de téléphone si vous êtes totalement dégroupé et avez demandé la portabilité de votre numéro), et un mot de passe imposé par Free, mais que vous personnaliserez ultérieurement. Une fois ces informations saisies dans la page d'accès à votre compte, vous pouvez configurer le routeur comme expliqué ci-dessous.

5. **Si la page de configuration du routeur exige un mot de passe, consultez le manuel livré avec le routeur et saisissez-le.**

   Vous accédez à votre routeur, comme à la Figure 5.6. Parfois, l'accès aux commandes de configuration est direct, parfois vous devrez les découvrir parmi les diverses pages proposées.

6. **Si vous disposez d'une connexion haut débit qui exige un nom d'utilisateur et un mot de passe, cherchez le champ où vous devez les saisir.**

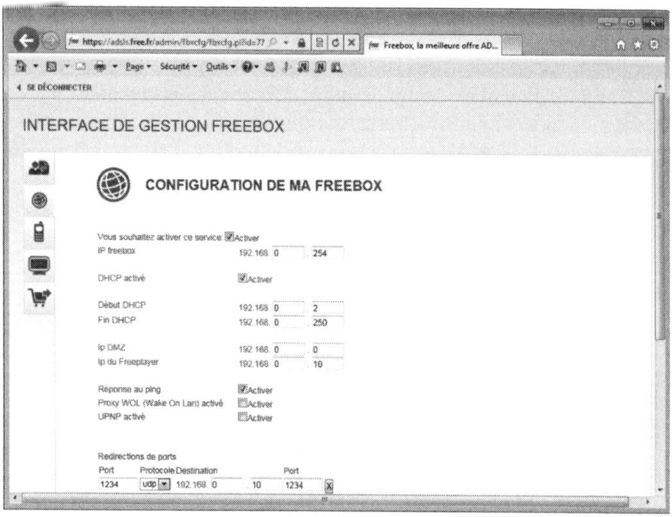

Figure 5.6 : Le navigateur Web permet d'accéder aux paramètres de votre routeur. Ici, la page d'activation de la fonctionnalité routeur d'une Freebox.

Suivez les instructions figurant dans le manuel du routeur ou cliquez sur les onglets et/ou les liens jusqu'à ce que vous les trouviez. Sur beaucoup d'équipement d'importation, ces termes sont restés en anglais : *Username* pour le nom d'utilisateur, *Password* pour le mot de passe.

7. **Au besoin, cliquez sur le bouton Enregistrer** (*Save*), **Terminé** (*Done*), **Envoyer, ou OK pour valider ces informations.**

   Sur certains équipements, ces commandes de fin ne sont pas proposées.

Désormais, votre routeur sait comment se connecter à votre compte ADSL.

Connecter votre réseau local au modem

Raccordez le routeur à votre modem câble ou ADSL (sauf dans le cas d'un modem-routeur, comme la Freebox, puisque ces deux équipements sont fusionnés). Allumez le modem si ce n'est déjà fait, redémarrez le routeur et vérifiez que vous parvenez à surfer sur le Web. En cas d'échec pas, vérifiez le câble du modem, assurez-vous que la connexion Internet a bien reconnu votre nom d'utilisateur et votre mot de passe.

Raccorder vos ordinateurs au réseau local

Une fois le routeur configuré, le réseau local ne peut être créé qu'avec des câbles s'il s'agit d'un réseau filaire, ou des adaptateurs CPL si vous optez pour le courant porteur. Un réseau local filaire ou CPL utilise des câbles Ethernet que vous trouverez dans toutes les boutiques de fournitures informatiques, électriques, électroniques, voire au rayon informatique des grandes surfaces ou de certains magasins multimédias. À chaque extrémité d'un câble Ethernet se trouve une prise RJ-45 qui ressemble à un gros connecteur téléphonique. Vous aurez besoin d'un câble pour chaque ordinateur à relier au réseau, plus un autre pour la liaison avec le modem (Figure 5.7).

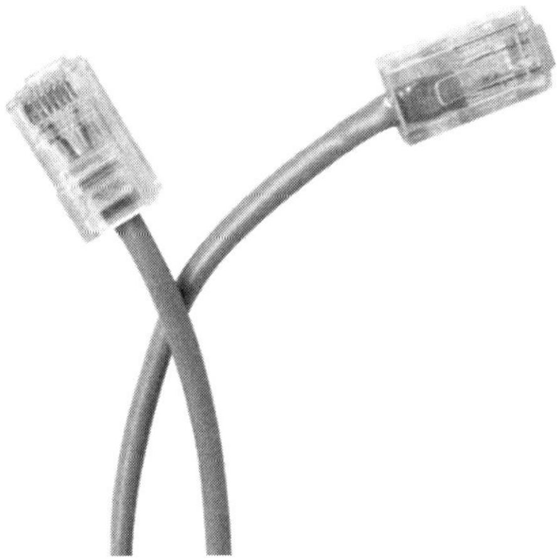

Figure 5.7 : Un câble Ethernet.

La création d'un réseau local avec Windows 7 est extrêmement simple :

1. **Éteignez et débranchez tous les ordinateurs de votre futur réseau.**

   Débranchez-les aussi de la prise électrique.

2. **Débranchez tous les périphériques de tous les ordinateurs : moniteurs, imprimantes, modems, *etc.***

4. **Tirez des câbles entre le routeur et chaque ordinateur.**

5. **Si vous êtes abonné à l'Internet à haut débit, branchez le modem à la prise WAN (*Wide Area Network*, réseau étendu) du routeur.**

Sur les routeurs, le port WAN est réservé au modem. Les ordinateurs se branchent sur les ports LAN , qui sont numérotés. Le choix d'un port numéroté est libre.

Les utilisateurs qui se connectent en bas débit peuvent laisser leur modem téléphonique branché à l'ordinateur. Lorsque, par la suite, ce dernier sera allumé et connecté, tous les autres ordinateurs auront accès à Internet.

6. **Allumez tous les ordinateurs et leurs périphériques.**

   Rallumez les ordinateurs, les écrans, imprimantes, modems, *etc.*

7. **Sélectionnez un emplacement pour le réseau.**

   Lorsqu'au démarrage Windows 7 détecte le nouvel équipement de réseau, il demande de préciser son emplacement : Domestique, de Bureau, ou Réseau public. Windows 7 adapte automatiquement le niveau de sécurité à l'environnement choisi : il est considéré comme sûr chez soi ou au bureau, mais moins sûr en public (chambre d'hôtel, cybercafé...).

   C'est tout. Le réseau est installé et les ordinateurs communiquent entre eux et peuvent se connecter à Internet.

Si le réseau n'a pas été établi, redémarrez les ordinateurs.

Si vous connectez un Mac à votre réseau local, celui-ci l'identifiera probablement sans que vous ayez à lever le petit doigt. Si vous devez ou voulez configurer votre connexion réseau sous Mac OS X, cliquez sur le menu Apple/Préférences Système. Dans la fenêtre éponyme, cliquez sur Réseau. Dans la liste Afficher, choisissez Ethernet intégré, puis cliquez sur le bouton TCP/IP.

TRUC

Avec une *Box* qui joue le rôle de routeur, vous reliez directement votre ordinateur à la *Box via* un câble Ethernet. En effet, la plupart des ordinateurs récents disposent d'un adaptateur réseau Ethernet installé sur leur carte mère. Dès lors, l'ordinateur est reconnu sur le réseau, et vous pouvez immédiatement surfer sur le Web.

TRUC

Si vous préférez un réseau sans fil, des identifications supplémentaires liées à un plus haut niveau de sécurité sont nécessaires comme l'explique la prochaine section.

À bas les câbles ! Vive la Wi-Fi

Si vos ordinateurs sont répartis à plusieurs endroits de votre habitation, par exemple à un étage et au rez-de-chaussée, il n'est pas très aisé de tirer des câbles dans toute la maison pour créer un réseau local. Un réseau sans-fil au standard Wi-Fi – le plus répandu actuellement – s'impose.

De nombreux ordinateurs portables intègrent des fonctionnalités Wi-Fi. Si ce n'est pas le cas, vous devrez ajouter un adaptateur Wi-Fi sous la forme d'une carte PCI interne, d'une sorte de clé USB, ou encore d'une carte PC *Card*. Les constructeurs d'équipement Wi-Fi ont fait un effort remarquable pour standardiser ce protocole de communication, ce qui est une très bonne chose pour le consommateur. Si le protocole semble donc bien établi, le point sensible de la Wi-Fi est de savoir jusqu'à quelle distance du routeur les ordinateurs peuvent capter un signal suffisamment fort pour être en liaison avec le réseau, et par conséquent pour accéder à Internet. Seuls les systèmes équipés d'une antenne directionnelle pourront se trouver assez loin du routeur. Théoriquement, la portée du signal Wi-Fi est d'une centaine de mètres sans obstacle entre le routeur et l'ordinateur, mais dans une habitation, cette distance est beaucoup plus réduite. Murs, cloisons, bibliothèque bourrée de livres et autres obstacles font barrage aux rayons hertziens. La portée n'excède alors guère vingt ou trente mètres et le débit maximal de 54 Mbps est considérablement réduit.

Les différentes normes du Wi-Fi

Les standards du Wi-Fi ont été adoptés dès 1999 par un groupe de fabricants, le WECA (*Wireless Ethernet Compatibility Alliance*, `http://www.wi-fi.org/`), devenu ensuite la *Wi-Fi Alliance*. Cette dernière regroupe actuellement plus de deux cents fabricants de matériel de réseau sans-fil.

La Wi-Fi Alliance a élaboré un ensemble de tests certifiés par l'IEEE (*Institute of Electrical and Electronics Engineers*) qui a intégré le Wi-Fi aux standards de réseau sans-fil sous le numéro 802.11. Au fil des ans, plusieurs versions ont été déclinées. Le standard 802.11b, aujourd'hui obsolète, n'autorisait que des transferts à 11 Mégabits par seconde. Le standard 802.11a, adopté en même temps que le « b », était paradoxalement plus perfectionné, avec notamment une fréquence de 5 gHz moins sensible aux interférences des téléphones sans-fil que le standard 802.11b, cadencé à 2,4 gHz. Aujourd'hui, presque tout l'équipement Wi-Fi est au standard 802.11g. Compatible avec les deux standards précédents, il offre un débit de 54 Mbps.

Lorsque vous achetez de l'équipement Wi-Fi, assurez-vous, en lisant les spécifications sur l'emballage, qu'il est bien au standard 802.11g, à 54 Mbps.

Il est question d'un standard Wi-Fi 802.11n à 100 Mbps, encore expérimental. Mais chaque chose en son temps...

Mais, sauf si vous habitez un grand château aux ailes et dépendances très éloignées, il serait vraiment très étonnant que tous les ordinateurs présents dans votre modeste chaumière ne puissent profiter du réseau sans-fil.

TRUC

Si vous utilisez une *Box*, celle de Free par exemple, vous devez préalablement activer les fonctionnalités Wi-Fi exactement comme vous activez celle du routeur, c'est-à-dire sur votre compte Free haut débit. Aucun adaptateur Wi-Fi n'est nécessaire sur votre Box. En revanche, il faudra en équiper vos ordinateurs de bureau. Contrairement aux portables, il est rare que le Wi-Fi soit intégré dans les ordinateurs de bureau.

Définir un mot de passe

Il serait singulier et même inquiétant qu'un individu se promène dans votre maison et se connecte à votre réseau sans-fil. On ne rentre pas chez vous comme dans un moulin ! Oui, mais il est assez facile d'y entrer autrement. Imaginez quelqu'un, avec un ordinateur portable, stationné dans sa voiture non loin de chez vous. Son adaptateur Wi-Fi recherche la présence de réseau Wi-Fi. Pas de chance, il tombe sur le vôtre ! Il utilisera votre connexion sans-fil, et vous aurez bien du mal à vous en apercevoir. Sauf si vous voyez votre imprimante se mettre en marche toute seule et si des fichiers, importants ou non, deviennent introuvables là où vous les aviez stockés sur votre disque dur. La fragilité du Wi-Fi impose de sérieuses précautions.

La plus sûre est l'adoption d'un mot de passe crypté au format *WEP*. On parle de clé WEP (*Wired Equivalent Privacy,* confidentialité équivalente au filaire). Cette clé est un code alphanumérique codé sur 64 ou 128 bits. Pour éviter qu'un pirate puisse facilement craquer votre clé WEP, choisissez le codage sur 128 bits. Certes, cela vous fait entrer une clé de vingt-six caractères, mais plus elle est longue, plus elle est sûre, ou du moins réputée telle. Chaque ordinateur devra utiliser cette clé WEP lors de son premier accès au réseau Wi-Fi.

TRUC

Des équipements Wi-Fi plus sécurisés utilisent un mot de passe de type *WPA* (*Wi-Fi Protected Access*). Si vos matériels le permettent, utilisez une clé WPA plutôt que WEP, car la longueur d'une clé WPA n'est pas limitée.

Nous verrons dans la prochaine section comment définir une clé.

Créer la connexion Wi-Fi

Voici comment créer un réseau Wi-Fi :

1. **Activez l'adaptateur réseau, si nécessaire.**

   Sur de nombreux ordinateurs potables, l'adaptateur Wi-Fi est inactif afin d'économiser la batterie. Pour l'activer, cliquez sur le bouton Démarrer, ouvrez le Panneau de configuration, Dans la barre d'adresses, cliquez sur le petit triangle noir, et choisissez Tous les panneaux de configuration. Dans la liste, optez pour Centre de mobilité. Cliquez sur le bouton Activer le sans fil comme à la Figure 5.8. S'il ne se passe rien, étudiez attentivement le manuel.

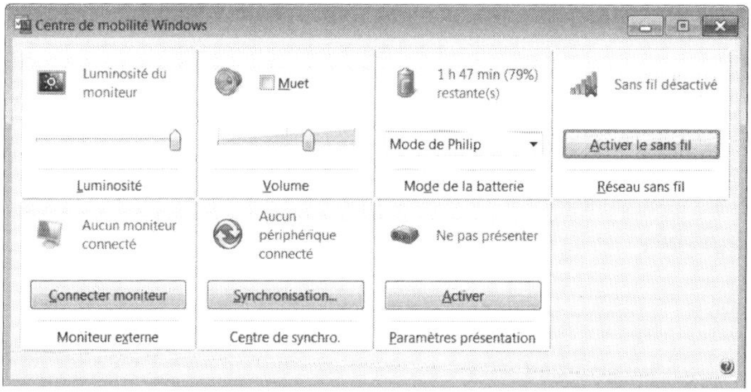

Figure 5.8 : Activez le sans fil dans le Centre de mobilité Windows.

TRUC

Sur un ordinateur de bureau, vous devez connecter l'adaptateur à un port USB, et installer le pilote qui va permettre à votre ordinateur d'utiliser le Wi-Fi présent dans votre maison. Reportez-vous au manuel d'installation de votre adaptateur Wi-Fi. Un adaptateur Wi-Fi qui se connecte à une prise USB de votre ordinateur ressemble à celui illustré à la Figure 5.9.

2. **Dans le menu Démarrer, choisissez Connexion.**

   Windows montre tous les réseaux sans-fil qui se trouvent à portée et indique la force de leur signal (Figure 5.10). Ne vous étonnez pas de voir plusieurs réseaux en même temps, car ceux des proches voisins sont aussi détectés. Pour le moment, le réseau se réduit à votre seul routeur servant de point d'accès Wi-Fi.

   Au moment de se connecter à un réseau sans-fil, Windows 7 affiche trois paramètres. Vous pouvez les voir en plaçant le

Figure 5.9 : Un adaptateur Wi-Fi USB permet à un ordinateur de bureau de se connecter à votre réseau local sans fil.

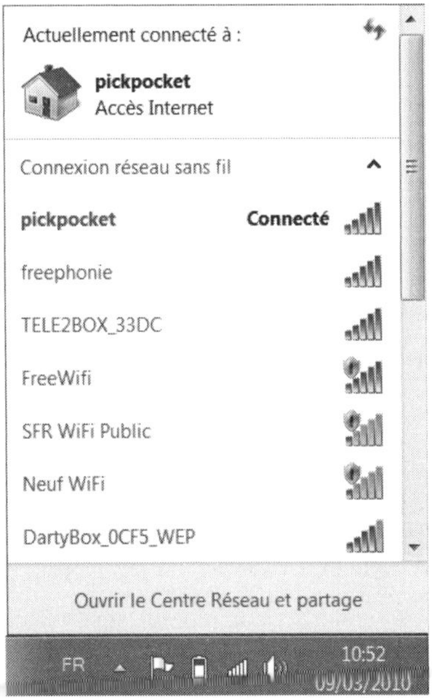

Figure 5.10 : Windows 7 a repéré un point d'accès (le routeur) à portée de l'ordinateur. Il affiche son nom, indique si le réseau est sécurisé et évalue la force du signal.

pointeur de la souris sur un des noms de réseau affiché dans la petite fenêtre de connexion :

- Le nom du point d'accès (qui est l'embryon du réseau) : comme plusieurs réseaux sans-fil peuvent émettre dans une même zone et s'interpénétrer, leur nom permet de les différencier. Choisissez celui de votre routeur.
- Sécurité : les réseaux apparaissant avec la mention « Réseau non sécurisé » n'exigent pas de mot de passe. Cela signifie que vous pouvez vous y connecter et surfer aussitôt sur le Web gratuitement, même si vous ne savez pas à qui peut bien appartenir ce réseau. Sans mot de passe, un réseau est ouvert à n'importe qui. Les réseaux non sécurisés sont parfaits pour une incursion rapide sur le Web, mais ne sont pas du tout sûrs pour des achats en ligne. Un réseau sécurisé est en revanche plus sûr car le mot de passe filtre tous les importuns.
- Force du signal : ce système à barres est comparable à l'indicateur de la qualité de réception d'un téléphone mobile : plus les barres sont nombreuses, plus le signal est fort. Si deux barres ou moins sont affichées, la connexion est terriblement sporadique.

3. **Connectez-vous au routeur en cliquant sur son nom puis sur Connecter.**

   Si vous vous connectez à un routeur (réseau) non sécurisé, sans mot de passe, Windows 7 vous prévient de cette particularité. Cliquez sur Connecter et vous voilà en ligne.

   Mais si vous vous connectez à un routeur (réseau) sécurisé, Windows 7 exige un mot de passe, comme cela est expliqué à la prochaine section.

4. **Entrez un mot de passe, puis cliquez sur OK.**

   Lorsque vous tentez de vous connecter à une connexion sans-fil sécurisée, Windows 7 affiche la boîte de dialogue de la Figure 5.11, où il demande la clé WEP ou WAP.

   La clé WEP vous a généralement été fournie avec votre équipement, mais vous pouvez en changer en accédant à la page de configuration du routeur (reportez-vous à la section « Configurer un routeur », précédemment dans ce chapitre) et en recherchant les options de sécurité.

   Le nom du réseau sans-fil n'est pas affiché ? Passez à l'Étape 6.

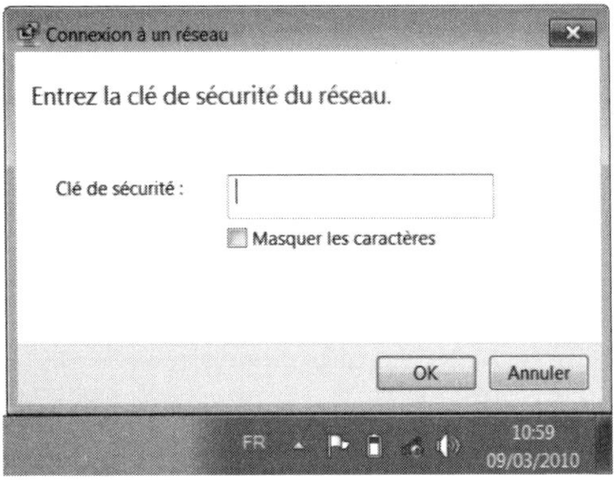

Figure 5.11 : Entrez le mot de passe du routeur puis cliquez sur OK.

5. **Connectez-vous au routeur.**

   Si le nom du routeur n'apparaît pas, c'est peut-être parce que le signal est trop faible. À l'instar des stations de radio et des émetteurs de téléphones mobiles, les réseaux sans-fil ont une portée limitée. En terrain libre, sans obstacle, le signal Wi-Fi porte à une centaine de mètres, mais en intérieur, les murs, planchers et plafonds réduisent sensiblement la zone couverte. Dans ce cas, essayez de rapprocher l'ordinateur du point d'accès ou du routeur sans-fil. Essayez différents emplacements en cliquant chaque fois sur le bouton Actualiser jusqu'à ce le réseau apparaisse.

   Lorsque cela vous sera demandé, entrez le nom du routeur et, si exigé, le mot de passe. Après avoir obtenu ces deux informations, Windows 7 ouvre la connexion. Le réseau sans-fil est créé.

Une fois connectés, les autres ordinateurs du réseau peuvent tous accéder à l'Internet et partager leurs ressources (fichiers, imprimante...).

Utiliser un ordinateur portable partout

Le seul avantage d'un ordinateur portable est de l'emmener avec vous pour travailler. Cependant, aujourd'hui, je ne vois pas l'intérêt de se trimbaler un portable si vous n'avez même pas la possibilité de consulter vos courriels dix-sept fois par jour. Si vous avez configuré votre ordinateur portable pour la connexion Wi-Fi de votre domicile, comme cela est expliqué dans la précédente section, vous n'aurez aucun mal à comprendre comment utiliser cette fonctionnalité en voyage.

À la maison et au bureau

Le nombre d'ordinateurs portables présents dans les foyers se multiplie à la vitesse grand V, même chez ceux qui n'en ont pas besoin. Le succès d'une connexion réseau dépend de votre portable, mais également du réseau mis en œuvre chez vous ou au bureau. En général, voici comment devraient fonctionner les diverses configurations :

- Si la maison et le bureau ont un réseau câblé, votre ordinateur fonctionnera par simple raccordement physique à ce réseau. Si cela ne marche pas au bureau, demandez-en la raison à l'administrateur réseau de votre société.
- Si des fichiers et des imprimantes sont partagés au bureau et pas à la maison, ou inversement, Windows ne saurait les trouver dans les deux endroits. En revanche, rien ne vous empêchera d'aller sur Internet. Ce sont deux choses totalement indépendantes.
- Si le réseau de votre domicile et celui du bureau sont sans-fil, ou si l'un est câblé et l'autre pas, créez une configuration pour chacun d'eux, comme cela est expliqué plus avant dans ce chapitre. Votre PC portable sera alors identifié sur les deux réseaux.

Espion es-tu là ?

Nous savons qu'en matière de Wi-Fi, les clés WEP assurent une grande sécurisation de votre système. Pour entrer chez vous, il faut quand même être rudement gonflé et super balèze. En revanche, l'intérêt du Wi-Fi *nomade*, c'est-à-dire réservé aux ordinateurs portables, connaît de véritables problèmes de sécurité. Par exemple, qu'en est-il si vous accédez au point Wi-Fi de tel aéroport ou de tel hôtel ? Ces réseaux Wi-Fi n'ont en effet aucune clé WEP, car ils perdraient tout leur intérêt, qui est précisément de permettre aux voyageurs de se connecter au Net sans contrainte. Partout, dans ces circonstances, vous pouvez être victime d'un espion, d'un *hacker* (pirate) qui pénètre votre système et y prend tout ce qui l'intéresse.

Heureusement, quelques précautions rudimentaires vous préserveront de bien des dangers. Lorsque vous visitez des sites Web, vérifiez que chaque site où vous saisissez un mot de passe, ou tout autre type d'informations privées, utilise un système de cryptage SSL. Pour en être certain, assurez-vous que l'adresse commence par `https://` et que la barre d'état du navigateur affiche l'icône d'un cadenas. Si le site ne propose pas ce cryptage, abandonnez l'opération et attendez d'être rentré à la maison. Pour obtenir quelques conseils sur la sécurité liée au programme de mails, consultez la section « Le problème du mail » en fin de chapitre.

Un peu de Wi-Fi avec mes frites !

Il n'y a pas si longtemps, lorsque vous alliez dans un café, vous commandiez... eh bien un café justement, ou un soda, une bière, un apéritif, enfin de quoi vous rincer le gosier. Aujourd'hui, en plus d'une boisson vous pouvez demander un accès Wi-Fi ! « Garçon un Wi-Fi s'il vous plaît ! », « Et un cappuccino, deux cafés, un thé, un Wi-Fi, et deux croissants ! » Encore faut-il que vous ayez sous la main votre ordinateur portable, fabuleuse machine du travailleur itinérant. Même si cela reste marginal en France, les points d'accès Wi-Fi ne devraient pas tarder à se développer à grande vitesse.

L'utilisation d'un point d'accès Wi-Fi dans ce genre d'établissement tient uniquement à la politique de son responsable. Ainsi, l'accès Wi-Fi est souvent gratuit pour le consommateur. Dans ce cas, vous commandez votre soda, vous allumez votre portable, et vous activez votre adaptateur Wi-Fi. Windows 7 analyse les réseaux en présence. Très vite, dans la liste des réseaux Wi-Fi disponibles, vous devez voir celui du café en question. Cliquez dessus, puis sur le bouton Connecter. C'est bon !

De nombreux portables disposent d'un bouton de connexion direct au réseau Wi-Fi. Appuyez dessus pour lancer une procédure d'analyse des réseaux sans-fil existants dans votre voisinage. Dès que l'ordinateur portable détecte des réseaux, il les affiche. Connectez-vous au réseau voulu en saisissant la clé WEP ou WPA.

Dans d'autres lieux moins sympathiques, vous devez payer pour profiter du point d'accès Wi-Fi. Cela ajoute à la connexion une étape supplémentaire qui est celle de sortir votre porte-monnaie. Une fois connecté, votre navigateur Web affichera la page d'accueil du point d'accès payant qui, en général, vous explique comment régler votre temps de connexion.

Les paiements et les modes d'utilisation existent sous de multiples formes. Cela va d'un forfait horaire que vous payez au temps de connexion, à l'achat d'un ticket affichant un code que vous devez saisir pour entrer dans le réseau. Souvent le point d'accès Wi-Fi vous laisse entrer sur le réseau, comme à la Figure 5.12, mais pour y effectuer quoi que ce soit, vous devez payer.

Une méthode plus commune consiste à souscrire un abonnement supplémentaire auprès d'un prestataire qui gère des points d'accès Wi-Fi un peu partout sur le territoire français. Mais le *nec plus ultra* est quand même l'accès gratuit depuis les cafés. Pour en savoir plus sur cette gratuité, consultez le site `www.hotcafe.fr/`.

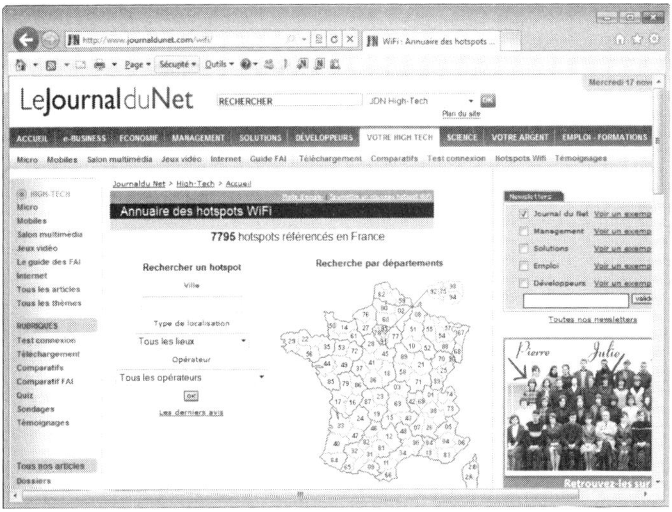

Figure 5.12 : Surfer en voyage.

Dans les aéroports, les hôtels, et ailleurs

Vous trouverez des points d'accès Wi-Fi dans les aéroports, les hôtels, les gares, *etc.* Souvent, dans les hôtels, le point d'accès Wi-Fi est un service. Qui dit service dit supplément ! Le prix varie considérablement ainsi que la méthode de connexion. Dans certains établissements, vous utilisez le point d'accès comme le minibar de votre chambre. Dans d'autres, vous demandez un code d'accès à votre arrivée. Alors, voyagez, allez dans bars, hôtels, restaurants, partout, et consultez les offres !

TRUC

Si vous rencontrez des problèmes lors d'une connexion Wi-Fi dans l'un de ces lieux, le personnel de l'hôtel, par exemple, ne saura pas vous sortir d'affaire. Il vous communiquera un numéro de téléphone commençant par 08, celui du support technique de la société qui gère ce point d'accès. Là, vous exposerez votre problème et pourrez faire état de votre mécontentement.

Le problème du courrier électronique

Les points d'accès Wi-Fi des cafés, des hôtels, des gares et des aéroports sont très pratiques mais ils sont loin d'être privés. Ceci est un vrai problème lorsque vous envoyez et recevez du courrier électronique qui doit rester confidentiel. Or, votre ordinateur doit envoyer votre nom d'utilisateur et votre mot de passe sur Internet pour pouvoir vous connecter au serveur de courrier de votre FAI.

Le plus simple est de lire le courrier directement sur le site de votre fournisseur d'accès. Presque tous permettent d'accéder à un service de messagerie ou en ouvrant leur page Web (`www.orange.fr` par exemple), en cliquant sur un lien `Messagerie` et en vous identifiant ensuite avec votre nom d'utilisateur et votre mot de passe (ceux de la messagerie, pas ceux qui ouvrent la connexion Internet).

Chapitre 6

Envoyer et recevoir du courrier électronique

Dans ce chapitre

- Configurer le courrier électronique
- Envoyer et recevoir une pièce jointe
- Envoyer et recevoir des photos
- Retrouver un courrier égaré
- Gérer les contacts

Ce chapitre décrit Windows Live Mail 2011 ainsi que quelques autres logiciels du même genre qui pourraient vous convenir. Si vous optez pour Live Mail, vous apprendrez ici comment le télécharger et l'installer, le configurer avec vos paramètres de compte, et aussi comment envoyer et recevoir du courrier.

Les options de courrier électronique de Windows 7

Il existe deux types de logiciels de messagerie : la messagerie qui réside sur un site Web auquel vous vous connectez, et la messagerie installée sur votre ordinateur (NdT : Le logiciel installé dans un ordinateur est appelé « client » en jargon informatique, par opposition au logiciel « hôte » installé sur un ordinateur distant, le serveur de messagerie en l'occurrence).

Les messageries basées sur le Web

Les messageries basées sur le Web, comme celle de Google (`www.gmail.com`), de Yahoo! (`http://fr.yahoo.com/`) ou encore d'America OnLine (AOL, `www.aol.fr`) (NdT : Et aussi celle de votre fournisseur d'accès comme Orange, Free ou autre...) vous permettent d'envoyer et de recevoir du courrier directement depuis un site Web. Pour relever les messages ou en envoyer, vous accédez au site Web, vous saisissez votre nom d'utilisateur et votre mot de passe, et une page contenant votre courrier électronique apparaît.

- **Avantages :** une messagerie basée sur le Web vous permet d'accéder à votre courrier depuis n'importe quel ordinateur, PC ou Mac, connecté à l'Internet, qu'il se trouve chez vous, dans un hôtel, chez un ami ou au beau milieu du lac d'Annecy si votre ordinateur portable est équipé d'une clé 3G. Une messagerie basée sur le Web est utile si vous possédez plusieurs ordinateurs, car le courrier se trouve à un seul emplacement, au lieu d'être éparpillé dans le disque dur de plusieurs machines.
- **Inconvénients :** vous ne pouvez pas accéder au courrier se trouvant sur le Web, si vous n'êtes pas connecté à l'Internet. Si la connexion est en panne, si l'ordinateur est dans une zone non desservie, ou si le vétuste standard téléphonique de l'hôtel empêche même une connexion par modem, vous ne pourrez pas relever votre courrier ni même accéder aux anciens messages reçus et envoyés. Enfin, la plupart des services de messagerie en ligne gratuits se payent sur la bête – vous – en faisant analyser le courrier par des robots qui tentent de déterminer qui vous êtes afin de vous envoyer de la publicité personnalisée.

TRUC

Personnellement, c'est la messagerie en ligne Gmail que je préfère. Elle est assez facile à configurer, filtre la plupart des courriers indésirables (spams), est compatible avec plusieurs marques de téléphones mobiles et elle offre plus de 7 gigaoctets d'espace de stockage.

De plus, la messagerie Gmail est extensible. Vous pouvez la configurer pour recevoir et stocker du courrier envoyé à d'autres adresses électroniques. Les fonctions de recherche sont aussi rapides et efficaces que celles de Google. Elle autorise l'envoi de pièces jointes jusqu'à 20 mégaoctets, de quoi envoyer bon nombre de photos.

Un dernier détail et non des moindres : Gmail est gratuit.

Les messageries installées dans l'ordinateur

Si vous avez déjà utilisé un PC sous Windows précédemment, vous avez sans doute connu l'un de ses logiciels de messagerie, que ce soit Outlook Express ou Windows Mail, son successeur dans Vista. Ces programmes stockent le courrier dans l'ordinateur.

- **Avantages :** beaucoup de logiciels de messagerie, y compris Live Mail, peuvent recevoir des messages envoyés à différentes adresses, ce qui est intéressant lorsque vous utilisez une adresse privée chez Orange (jean.machintruc@orange.fr), par exemple, et une adresse professionnelle au nom de votre société (jmachintruc@dupneu.com).

  De plus, contrairement à la messagerie sur le Web dont la présentation change parfois, un logiciel de messagerie est immuable, ce qui vous laisse le temps de vous familiariser avec.

- **Inconvénients :** un logiciel de messagerie est un peu plus compliqué à configurer. Il n'accepte pas forcément le courrier comportant une autre adresse. Par exemple, des sociétés près de leurs sous comme Yahoo! font payer le privilègc dc pouvoir dérouter votre courrier vers votre messagerie, ou d'acheminer celui qui en émane.

Bien que Live Mail fonctionne *grosso modo* comme feu Outlook Express et Windows Mail, il n'est pas le seul logiciel de messagerie sur la place. Son plus grand concurrent est Thunderbird (`www.mozilla-europe.org/fr/`), programmé par la même équipe de programmeurs que celle du navigateur Firefox.

TRUC

Windows Live Mail 2011 n'est pas fourni en standard avec Windows 7. Pour l'utiliser, vous devez le télécharger et l'installer comme cela est expliqué à la prochaine section.

Installer Windows Live Mail 2011

Windows 7 impose quelques préliminaires avant de pouvoir échanger du courrier électronique depuis votre PC. Vous devez d'abord disposer d'un accès Internet pour pouvoir télécharger le programme Live Mail 2011.

Une fois la connexion Internet établie, procédez comme suit pour télécharger et installer Windows Live Mail 2011 :

1. **Allez sur le site Web de Windows Live (`www.download.live.com`) puis cliquez sur le bouton Télécharger afin de télécharger le programme d'installation Windows Live Essentials.**

   Enregistrez le fichier dans le dossier Téléchargements, présent dans le volet de navigation de tous les dossiers.

2. **Dans le dossier Téléchargements, double-cliquez sur le programme d'installation que vous venez de télécharger.**

   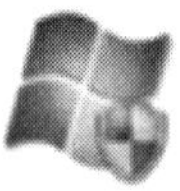

   Le programme arbore l'icône montrée dans la marge et son nom est wlsetup-web.exe. La fenêtre Contrôle de compte d'utilisateur vous demande de confirmer le démarrage du programme. Cliquez sur Oui et l'installation commence.

3. **Choisissez les programmes de Windows Live que vous désirez installer, puis cliquez sur Installer.**

   Microsoft n'est pas radin. Par défaut, il propose d'installer tous les programmes Live (ils sont succinctement décrits dans l'encadré « Qu'est-ce qu'il y a dans Live ? »). Décochez éventuellement les programmes dont vous ne voulez pas, mais veillez à ce que Mail soit sélectionné.

4. **L'installation proprement dite commence.**

   Une barre de progression indique l'avancement de l'installation. La durée des opérations – de quelques brèves minutes à quelques dizaines de minutes – dépend du débit et de la qualité de la connexion Internet.

5. **À la fin de l'installation, Windows Live propose de choisir quelques paramètres en cochant ou décochant des cases.**

   Par défaut, Windows Live propose de remplacer le moteur de recherche par défaut d'Internet Explorer par Live Search. Si vous en avez déjà choisi un autre, Google par exemple, décochez la case Définir votre moteur de recherche. Windows Mail propose aussi de remplacer la page de démarrage que vous avez éventuellement configurée par celle de MSN. Décochez la case Définir votre page d'accueil si vous ne voulez pas que Microsoft squatte cette page.

6. **Cliquez sur Continuer.**

   Windows vous propose de vous attribuer un identifiant Windows Live ID, autrement dit une adresse de messagerie spécifique pour utiliser le logiciel de conversation Messenger, la messagerie Hotmail ou le service de la console de jeux Xbox LIVE. Si vous estimez n'avoir pas besoin de cette adresse de messagerie supplémentaire, cliquez sur Fermer (si vous êtes déjà inscrit à la messagerie Hotmail, vous avez déjà l'adresse en question).

L'installation terminée, le dossier Windows Live apparaît dans le menu Démarrer/Tous les programmes. Cliquez dessus pour accéder à la liste de tous les programmes, dont Windows Live Mail 2011. Ce programme est d'ailleurs accessible directement depuis Tous les programmes.

Qu'est-ce qu'il y a dans Live ?

Il y a quelques années, Google avait déjà eu l'excellente idée de fournir un ensemble de programmes gratuits et surtout utiles. Microsoft ne pouvant être en reste, il a concocté la suite Windows Live. Le programme d'installation a placé les logiciels suivants dans votre ordinateur :

- **Barre d'outils** : c'est une barre de commandes ajoutée à Internet Explorer, qui procure un accès rapide aux programmes de Windows Live.
- **Contrôle parental** : ce programme améliore le contrôle parental déjà présent dans Windows 7.
- **Galerie de photos Windows** : logiciel de classement et d'amélioration des photos numériques.
- **Mail** : objet de ce chapitre, Live Mail est un programme de messagerie permettant d'échanger du courrier, de le stocker et de l'organiser.
- **Messenger** : ce petit programme qui s'invite à l'écran chaque fois que vous démarrez le PC permet d'envoyer des petits messages à vos amis, un peu comme des SMS.
- **Silverlight** : ce programme n'a rien à voir avec Windows Live, mais Microsoft tente de vous fourguer ce logiciel d'affichage d'animations et de vidéos sur le Web concurrent d'Adobe Flash.
- **Writer** : contrairement à ce que laisse supposer son nom (en français, *Writer* signifie « écrivain »), il ne s'agit pas d'un traitement de texte, mais d'un éditeur de blogs. Il est compatible avec des services de blogs comme WorldPress, Blogger, LiveJournal, TypePad, SharePoint, Windows Live et d'autres.

Configurer Windows Live Mail 2011

À moins d'avoir créé un compte Windows Live Mail 2011, le programme Live Mail ne connaît pas votre adresse de messagerie, ni quel courrier recevoir ou envoyer. Pour lui fournir tous ces renseignements, vous devrez remplir un formulaire.

Procédez comme suit pour que Live Mail soit capable de gérer votre messagerie :

1. **Démarrez Windows Live Mail 2011.**

Pour lancer le programme, ouvrez le menu Démarrer/Tous les programmes et cliquez sur l'icône Windows Live Mail 2011. Si vous ne l'apercevez pas, choisissez Tous les programmes > Windows Live > Windows Live Mail 2011.

Le formulaire de création du compte de messagerie de Windows Live Mail 2011 apparaît à l'écran (voir Figure 6.1).

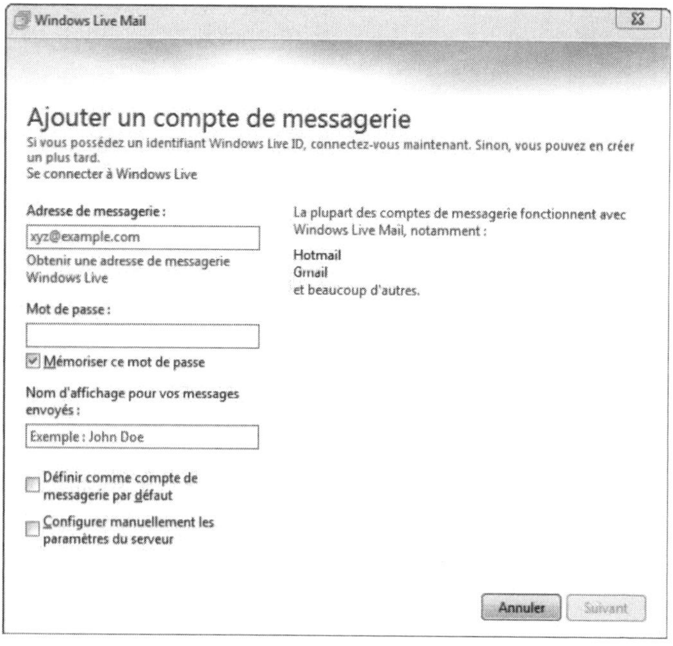

Figure 6.1 : Lors de sa première utilisation, Live Mail demande de créer un compte de messagerie.

Si la fenêtre Ajouter un compte de messagerie n'apparaît pas spontanément, cliquez sur le l'onglet Compte, puis sur le bouton Ajouter un compte de messagerie, dans le volet gauche.

2. **Saisissez votre adresse de messagerie, le mot de passe et le nom qui doit être affiché.**

   Si vous avez souscrit un compte Windows Live auparavant, ou si vous avez l'intention d'utiliser votre adresse Hotmail, cliquez simplement sur Suivant et c'est terminé ; Windows Live Mail 2011 se chargera de paramétrer la messagerie.

   Mais si vous utilisez une autre adresse de messagerie, vous devrez communiquer les informations suivantes à Live Mail :

   - Adresse de messagerie : elle est composée de votre nom d'utilisateur suivi de l'arobase @, du nom de votre fournisseur d'accès Internet et d'un suffixe. Par exemple, si votre nom d'utilisateur est jean.machintruc et que votre adresse de fournisseur d'accès est orange.fr, vous devrez saisir « jean.machintruc@orange.fr ».
   - Mot de passe : il vous a sans doute été fourni par votre fournisseur d'accès Internet, à moins que vous l'ayez choisi vous-même lorsque vous avez créé un compte en ligne (autrement dit, sur le Web). Dans tous les cas, majuscules et minuscules sont différenciées : xyz007 est différent de xYz007. Cochez la case Mémoriser le mot de passe afin de ne pas être obligé de le ressaisir chaque fois que vous démarrez Live Mail.
   - Nom d'affichage : c'est le nom en clair qui apparaît dans le champ De (celui qui, dans un message, contient le nom de l'expéditeur et permet donc de l'identifier facilement). La plupart des gens tapent leur prénom et leur nom.

3. **Cochez la case Configurer manuellement les paramètres de ce compte de messagerie, puis cliquez sur Suivant.**

   La fenêtre de la Figure 6.2 apparaît.

4. **Indiquez le type de serveur de messagerie ainsi que les serveurs de courrier entrant et de courrier sortant.**

   La fenêtre de la Figure 6.2 est sans doute celle qui intrigue le plus les débutants. Voici de quoi il s'agit :

   - Informations sur le serveur entrant – Type de serveur : vous devez indiquer ici le protocole utilisé par le serveur : POP3, IMAP ou HTTP. L'information vous est fournie par votre FAI (c'est généralement le protocole POP3).

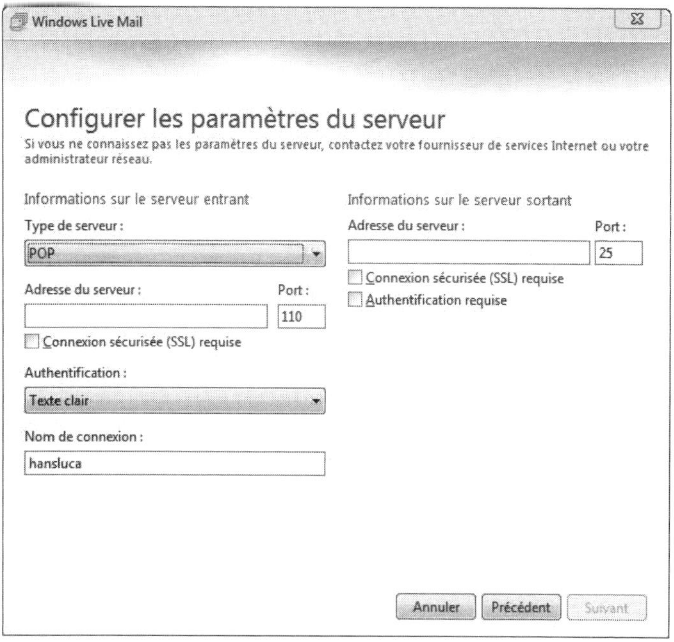

Figure 6.2 : Fournissez les renseignements concernant le courrier entrant et sortant.

- Informations sur le serveur entrant – Adresse du Serveur entrant : spécifiez l'adresse du serveur auquel vous vous connectez. Par exemple, pour un serveur POP comme celui du FAI Free, vous devez taper « pop.free.fr ».
- Informations sur le serveur sortant – Adresse du serveur : indiquez ici le nom du serveur par lequel transite le courrier que vous envoyez. Cette information vous est fournie par votre FAI. C'est généralement la même information que pour le serveur entrant, mais commençant par smtp. Ainsi chez Free, l'adresse est smtp.free.fr.

D'autres informations rébarbatives figurent dans cette fenêtre. N'y touchez pas, sauf si votre FAI le demande.

Certains FAI vous envoient ces informations techniques par la poste. Vous trouverez certaines d'entre elles, comme le nom du serveur entrant et du serveur sortant, sur leur site Web. Le support téléphonique peut aussi vous dépanner.

Le Tableau 6.1 indique les noms de serveur des principales messageries en ligne.

Tableau 6.1 : Les paramètres de courrier de quelques FAI.

Service	Type	Serveur de courrier entrant	Serveur de courrier sortant
Gmail, de Google (voir l'encadré à propos des comptes GLive Mail, un peu plus loin)	POP3	pop.gmail.com	smtp.gmail.com
America Online (voir l'encadré à propos des comptes AOL)	IMAP	imap.aol.com	smtp.aol.com
Yahoo! (voir l'encadré à propos des) comptes Yahoo!	POP3	pop.mail.yahoo.fr	smtp.mail.yahoo.fr

5. **Cliquez sur Suivant.**

   La dernière fenêtre vous félicite. Il n'y a pas de quoi, car Live Mail ne vérifie par la validité de vos paramètres. C'est quand vous utiliserez la messagerie, comme expliqué plus loin à la section « Écrire et envoyer du courrier » que vous verrez si tout se passe bien.

6. **Cliquez sur Terminer.**

Un problème ? Voici quelques conseils qui peuvent vous tirer d'affaire :

- Des paramètres ne fonctionnent pas ? Modifiez-les depuis Live Mail : cliquez du bouton droit sur le nom de votre compte de messagerie, dans le volet de gauche, et choisissez Propriétés. Les informations entrées à l'Étape 4 figurent sous les onglets Général, Serveurs et Avancé.
- Vous avez plusieurs adresses de messagerie ? Créez un second compte en cliquant sur l'onglet Compte, puis sur le bouton Adresse de messagerie. Vous pouvez aussi cliquez sur le menu Fichier (à gauche de l'onglet Accueil), puis sur Options, et enfin sur Comptes de messagerie. Dans la boîte de dialogue Comptes qui apparait, cliquez sur le bouton Ajouter. Dans la nouvelle fenêtre qui s'affiche, sélectionnez Comptes de messagerie, et cliquez sur Suivant. Vous commencez la procédure à l'Étape 1 de la précédente manipulation, mais avec cette fois les informations concernant une autre adresse de messagerie.
- Vous désirez choisir une autre adresse par défaut ? La première adresse entrée dans Live Mail est l'adresse de messagerie par défaut, c'est-à-dire celle indiquée comme adresse de retour pour chaque message que vous envoyez. Pour en indiquer une autre, cliquez du bouton droit sur cet autre compte, dans le volet de gauche, et choisissez Définir comme compte par défaut.

Compléter la création d'un compte Gmail dans Live Mail

Après avoir configuré un compte Gmail, vous devrez procéder à quelques manipulations supplémentaires pour qu'il soit reconnu par Live Mail :

1. **Connectez-vous à votre compte Gmail (`www.gmail.com`), cliquez sur le lien Paramètres, en haut de la page, puis cliquez sur le lien Transfert et POP/IMAP.**
2. **Sélectionnez l'option Protocole POP activé pour tous les messages. Cliquez ensuite sur le bouton Enregistrer les modifications.**
3. **Ouvrez Windows Live Mail 2011, cliquez du bouton droit sur le compte Gmail, et dans le menu contextuel, choisissez Propriétés.**
4. **Dans la fenêtre des propriétés, cliquez sur l'onglet Serveurs.**
5. **Dans la zone Serveur de messagerie pour courrier sortant, cochez la case Mon serveur requiert une authentification. Cliquez sur le bouton Appliquer.**
6. **Cliquez sur l'onglet Avancé.**
7. **Dans la zone Numéros de ports des serveurs, cochez les deux cases Ce serveur nécessite une connexion sécurisée (SSL).**

   Le numéro de port du courrier entrant devient 995.
8. **Dans le champ Courrier sortant (SMTP), remplacez 25 par** 465.
9. **Cliquez sur Appliquer, puis sur OK et enfin sur le bouton Fermer.**

Compléter la création d'un compte AOL dans Live Mail

Après avoir configuré un compte dans Live Mail, une petite manipulation est indispensable pour qu'un compte AOL fonctionne sous Windows Live Mail 2011 :

1. **Cliquez du bouton droit sur le compte AOL, dans le volet de gauche de Live Mail, choisissez Propriétés puis cliquez sur l'onglet Serveurs.**
2. **Dans la zone Serveur de messagerie pour courrier sortant, cochez la case Mon serveur requiert une authentification.**
3. **Cliquez sur l'onglet Avancé.**
4. **Dans le champ Courrier sortant (SMTP), remplacez le numéro de port par** 587 **puis cliquez sur Appliquer.**

5. **Cliquez sur l'onglet IMAP et désélectionnez la case Stocker les dossiers spéciaux sur le serveur IMAP.**
6. **Cliquez sur Appliquer, puis sur OK et enfin sur le bouton Fermer.**

Si un message vous demande de télécharger des dossiers depuis le serveur de courrier, cliquez sur Oui.

Compléter la création d'un compte Yahoo! dans Live Mail

Seuls les comptes payants de Yahoo!, connus sous le nom de Yahoo! Mail Plus, fonctionnent avec Windows Live Mail 2011. Après avoir payé Yahoo! et suivi les étapes de la section « Configurer Windows Live Mail 2011 », vous devez procéder à ces quelques paramétrages pour que le compte Yahoo! soit opérationnel sur Live Mail.

1. **Cliquez du bouton droit sur le compte, dans le volet de gauche de Live Mail, choisissez Propriétés puis cliquez sur l'onglet Serveurs.**
2. **Dans la zone Serveur de messagerie pour courrier sortant, cochez la case Mon serveur requiert une authentification. Cliquez sur Appliquer.**
3. **Cliquez sur l'onglet Avancé.**
4. **Dans le champ Courrier sortant (SMTP), remplacez le numéro de port par** 465.
5. **Sous Courrier entrant, cochez la case Ce serveur nécessite une connexion sécurisée (SSL).**

   Le numéro de port du courrier entrant devient 995.
6. **Cliquez sur Appliquer, puis sur OK et enfin sur le bouton Fermer.**

Écrire et envoyer du courrier électronique avec Windows Live Mail 2011

La fenêtre de Windows Live Mail 2011 est divisée en trois voire quatre parties : le volet des comptes (ou dossiers), à gauche, contenant les comptes où votre courrier est stocké, la liste des messages, au milieu, montrant le contenu du compte (ou dossier) sélectionné, et le volet de lecture, à droite, qui affiche un aperçu du message sélectionné.

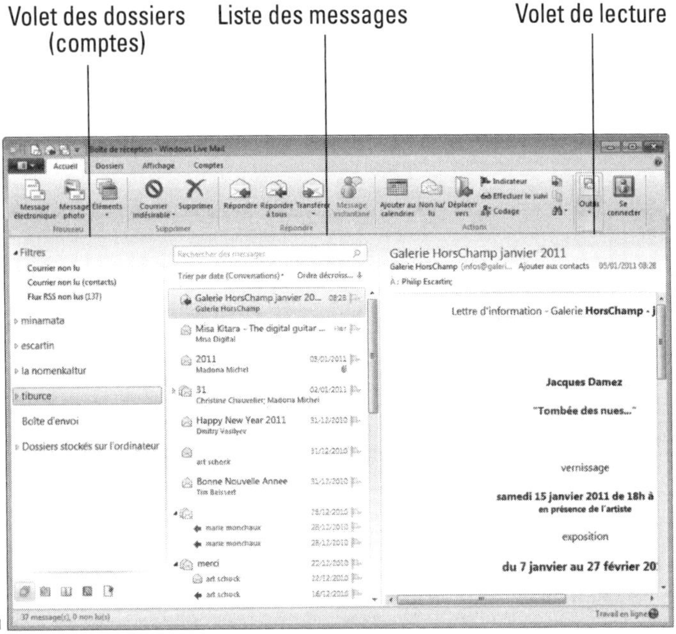

Figure 6.3 : Dans Live Mail, les informations sont présentées dans trois volets.

Le volet des comptes de Live Mail repose sur le bon vieux principe des panières en plastique ou en métal pour classer le courrier reçu, ou en attente d'être posté. Double-cliquez sur un compte pour déployer ses dossiers et voir ce qu'ils contiennent. Windows Live Mail 2011 répartit les messages dans les dossiers suivants :

- **Boîte de réception :** dès que vous vous connectez à l'Internet, Windows Live Mail 2011 relève le courrier et le place dans le dossier Boîte de réception. Il le fait ensuite toutes les 30 minutes. Pour relever manuellement le courrier, cliquez sur le bouton Envoyer/Recevoir dans la barre d'outils, ou appuyez sur F5.

  Vous pouvez réduire l'intervalle entre les relèves : cliquez sur le bouton Fichier, en haut à gauche, puis sur Options/Courrier. Dans la section Envoyer/Recevoir de la boîte de dialogue Options, réglez l'intervalle dans l'option Vérifier l'arrivée de nouveaux messages toutes les *x* minute(s).

- **Brouillons :** si vous interrompez la rédaction d'un message et que vous désirez la reprendre ultérieurement, cliquez sur Fichier/Enregistrer. Un message indique que Windows Live Mail

2011 place le message dans le dossier Brouillons, où vous pourrez le rouvrir. Validez par un clic sur OK.

- **Éléments envoyés :** une copie de tous les messages que vous envoyez est stockée dans ce dossier. Pour supprimer un message embarrassant, cliquez dessus du bouton droit et choisissez Supprimer (NdT : Attention, car le message compromettant se retrouve dans le dossier Messages supprimés, décrit plus loin. Si votre conjoint, patron ou autre dictateur de salon fouille les poubelles, vous n'êtes pas tiré d'affaire).

De quoi ai-je besoin pour recevoir et envoyer du courrier électronique ?

Pour échanger du courrier électronique, il vous faut :

- **Un compte de messagerie :** ce chapitre explique comment utiliser Windows Live Mail 2011 avec un compte. La plupart des fournisseurs d'accès Internet (FAI) vous fournissent votre adresse de messagerie.
- **L'adresse de votre correspondant :** vous devez la lui demander. Une adresse est composée du nom d'utilisateur – qui ressemble généralement au véritable nom de la personne –, suivi du signe @ (ou arobase, prononcé « at ») et du nom du FAI. Une adresse électronique d'un correspondant abonné à Orange, dont le nom est Jacques Machinchose sera jacques.machinchose@orange.fr, jmachinchose@orange.fr, jm007@orange.fr ou n'importe quelle autre variante. Attention à l'orthographe : contrairement à la poste, Windows Live Mail 2011 ne tolère aucune faute de frappe.
- **Un message :** c'est l'équivalent de la feuille de papier. Après avoir indiqué l'adresse du destinataire et rédigé le message, cliquez sur le bouton Envoyer. Il est ensuite acheminé à bon port.

Vous trouverez l'adresse électronique des gens sur leur carte de visite, sur leur site Web, voire en répondant à un courrier électronique. Car, chaque fois que vous répondez à un message, Windows Mail ajoute le destinataire à la liste de vos contacts.

Si vous avez fait une erreur en tapant une adresse, le message vous est renvoyé avec un texte, souvent en anglais – *Undelivered mail returned to sender,* « courrier non distribué retourné à l'expéditeur », par exemple. Vérifiez scrupuleusement l'adresse (attention aux accents, points-virgules, espaces et autres caractères non admis) puis réessayez. Si le message est de nouveau renvoyé, vérifiez si la personne n'a pas changé d'adresse de messagerie, en lui téléphonant par exemple.

- **Courrier indésirable :** comme un bon toutou, Windows Live Mail 2011 renifle les courriers entrants et déroute dans ce dossier tous ceux qui lui paraissent suspects. Ne manquez pas d'y jeter un coup d'œil de temps en temps pour voir si des courriers valides n'y ont pas été relégués par erreur.
- **Messages supprimés :** c'est la corbeille de Live Mail. Tout ce que vous supprimez dans les autres dossiers atterrit ici. Pour effacer définitivement un message, cliquez sur cet élément. Une petite croix apparait à droite. Cliquez dessus. Windows Live Mail vous demande confirmation de la suppression. Cliquez sur Oui.

  TRUC

  Pour que le dossier Messages supprimés ne soit pas encombré, cliquez sur Fichier/Options/Courrier. Dans la boîte de dialogue Options, cliquez sur l'onglet Avancé, puis sur le bouton Maintenance. Cochez ensuite la case Vider les messages du dossier Éléments supprimés en quittant.
- **Boîte d'envoi :** quand vous envoyez un message, Live Mail se connecte aussitôt à l'Internet et l'envoie au destinataire. Si l'ordinateur n'est présentement pas connecté, le message reste dans le dossier Boîte d'envoi. Cliquez sur le bouton Envoyer/Recevoir pour établir la connexion Internet et envoyer le message en attente.

Pour voir le contenu d'un dossier, cliquez dessus. Les messages apparaissent dans le volet du milieu. Cliquez sur un message et son contenu est affiché à droite.

Rédiger un message

Prêt à envoyer votre premier courrier électronique ? Après avoir configuré votre compte d'utilisateur, procédez comme suit pour écrire une lettre puis l'envoyer à travers le cyberespace jusqu'à son destinataire :

1. **Ouvrez Windows Live Mail 2011 puis, dans l'onglet Accueil, cliquez sur le bouton Message électronique.**

   Vous n'aimez pas la souris ? (NdT : C'est pourtant la meilleure partie à l'extrémité du gigot, contre l'os). Appuyez sur Ctrl + N pour ouvrir une nouvelle fenêtre de message, semblable à celle de la Figure 6.4

   Si vous avez configuré plusieurs comptes, Windows Live Mail 2011 adresse automatiquement le courrier au compte par défaut, généralement le premier que vous avez créé.

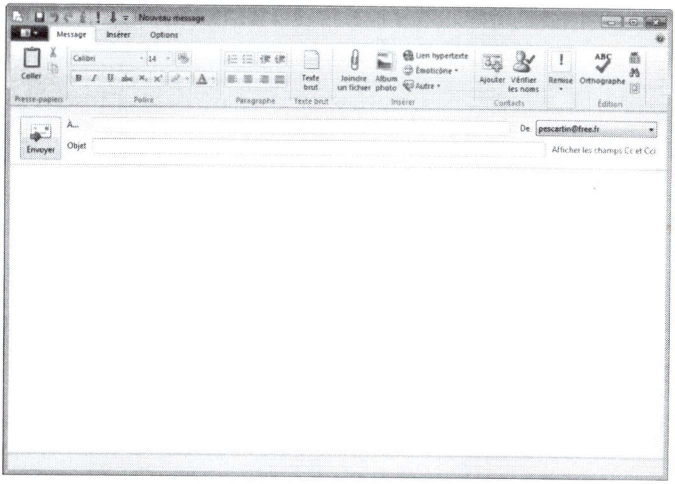

Figure 6.4 : Après avoir cliqué sur le bouton Message électronique, une fenêtre apparaît dans laquelle vous pouvez rédiger votre prose.

Pour envoyer le courrier à un autre compte, cliquez sur le bouton fléché à droite du bouton De (NdT : visible en haut à droite dans la figure, le bouton De n'est affiché que si plusieurs comptes ont été créés) puis choisissez un autre nom de compte dans le menu local.

2. **Saisissez l'adresse de votre correspondant dans le champ À.**

Si vous savez que le destinataire figure dans la liste de vos contacts, vous gagnerez du temps en procédant comme suit : Cliquez sur le bouton À, ce qui affiche une fenêtre contenant tous vos contacts. Cliquez sur le contact approprié, cliquez sur le bouton À en bas à gauche, puis sur OK.

Ajoutez d'autres contacts avant de cliquer sur OK, si vous désirez envoyer le message à plusieurs personnes.

Vous voulez envoyer ou faire suivre un même message à plusieurs correspondants ? Préservez leur vie privée en cliquant sur le lien Afficher les champs Cc et Cci (Copie carbone invisible) au lieu de À. Ensuite, cliquez sur le bouton Cci pour sélectionner les destinataires (ou bien tapez directement leur adresse dans ce champ). Tous recevront le message, mais les adresses des uns et des autres seront cachées, préservant ainsi leur confidentialité.

Pour permettre à chacun de voir les adresses des autres, sélectionnez leur nom puis cliquez sur le bouton Cc (Copie carbone). Sachez cependant que cette pratique n'est pas toujours appréciée car l'adresse de messagerie de chacun est communiquée à tout le monde.

3. **Remplissez le champ Objet.**

   Bien que facultative, cette information permet au destinataire de savoir de quoi il est question, et aussi d'identifier et trier plus facilement son courrier.

4. **Rédigez le message dans la grande zone de texte (la partie inférieure de la fenêtre).**

   Tapez sans vous soucier de la longueur de votre texte.

5. **(Facultatif) Pour joindre un fichier à votre message, faites-le glisser et déposez-le dans la zone de texte. Ou alors, cliquez sur l'icône en forme de trombone (Joindre un fichier), naviguez jusqu'au fichier puis double-cliquez sur son nom afin de le joindre.**

   La plupart des fournisseurs d'accès Internet limitent la taille des pièces jointes à 5 ou 10 mégaoctets (Mo). Nous reviendrons plus loin dans ce chapitre sur l'envoi de pièces jointes.

6. **Cliquez sur le bouton Envoyer, en haut à gauche.**

   Et hop ! Windows Live Mail 2011 démarre le modem si nécessaire, et envoie le message à travers l'Internet jusqu'à la boîte aux lettres de votre correspondant. Selon la vitesse de la connexion Internet et la charge du réseau, le courrier parvient n'importe où dans le monde dans un délai de 15 secondes à quelques jours, la moyenne étant de quelques minutes.

   Par défaut, Live Mail ne vérifie pas l'orthographe des messages que vous rédigez. Pour activer le correcteur orthographique, cliquez sur Fichier/Options/Courrier, puis cliquez sur l'onglet Orthographe. Cochez ensuite la case Toujours vérifier l'orthographe avant l'envoi.

Lire le courrier électronique reçu

Si Windows Live Mail 2011 est ouvert pendant que vous êtes connecté à l'Internet, il vous informe de l'arrivée de tout courrier par un signal sonore. Une petite enveloppe apparaît brièvement en bas à droite de l'écran, près de l'horloge.

Pour vérifier l'arrivée du courrier lorsque Windows Live Mail 2011 n'est pas ouvert, chargez-le à partir du menu Démarrer/tous les programmes. Cliquez ensuite sur le bouton Envoyer/Recevoir (ou appuyez sur F5). Live Mail se connecte à l'Internet, envoie tous vos messages qui étaient en attente puis relève le courrier et le place dans la Boîte de réception.

Procédez comme suit pour lire les lettres de la Boîte de réception et, soit y répondre, soit les classer dans un dossier.

1. **Ouvrez Windows Live Mail 2011 et consultez la Boîte de réception.**

   Live Mail affiche les messages présents dans la Boîte de réception (Figure 6.5). Chaque courrier est listé chronologiquement, les plus récents en haut.

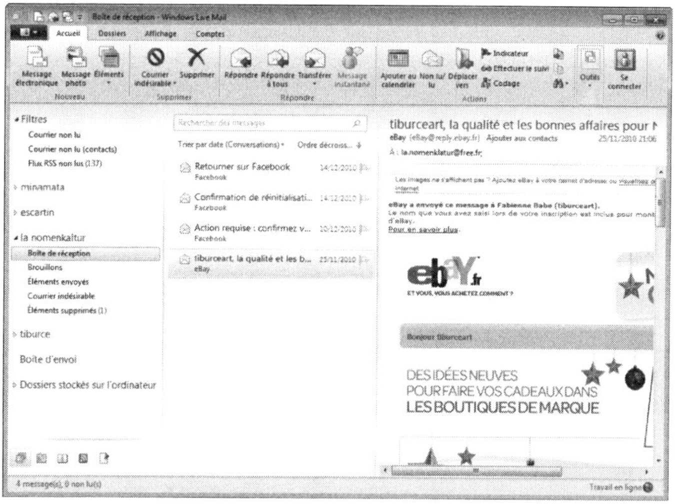

Figure 6.5 : Les messages entrants apparaissent dans la Boîte de réception. Le contenu du message sélectionné est affiché à droite.

TRUC

Pour trouver rapidement un message, saisissez le nom de l'expéditeur ou un mot-clé dans le champ Rechercher des messages, en haut de la liste (voir Figure 6.5). Notez que vous pouvez aussi effectuer la recherche depuis le champ Rechercher du menu Démarrer.

2. **Cliquez sur l'objet d'un message pour le lire.**

   Le contenu du message est affiché dans le volet de lecture, à droite de Live Mail. Pour ouvrir le message et le voir dans sa propre fenêtre, double-cliquez sur son objet, dans le volet du milieu.

3. **À partir de là, Live Mail propose plusieurs options, toutes décrites dans la liste suivante :**

   - Ne rien faire : le message reste dans le dossier Boîte de réception.

   - Répondre au message : cliquez sur le bouton Répondre, dans la barre de commandes. Une nouvelle fenêtre apparaît, prête à recevoir votre réponse. Elle est préadressée, ce qui est très commode. Le message original se trouve en bas, à titre de rappel pour votre correspondant.

   - Répondre à tous : certains courriers sont adressés à plusieurs destinataires. Si plusieurs adresses se trouvent dans le champ À, vous pouvez envoyer une réponse à toutes ces personnes à la fois en cliquant sur le bouton Répondre à tous.

   - Transférer : vous voulez envoyer à quelqu'un d'autre un message que vous avez reçu ? Cliquez sur le bouton Transférer pour réacheminer ce courrier.

   - Ajouter au calendrier : Windows Live Mail 2011 est doté d'un calendrier rudimentaire pour gérer vos rendez-vous. Cliquez sur ce bouton pour ouvrir une nouvelle fenêtre grâce à laquelle vous pourrez insérer le message à la date de votre choix.

   - Supprimer le message : cliquez sur le bouton Supprimer ou déposez le message dans le dossier Éléments supprimés. Tous les messages supprimés restent dans ce dossier, jusqu'à ce que vous cliquiez sur ce dernier puis sur la croix qui apparait à sa droite. Pour un nettoyage automatique, cliquez sur Fichier/Options/Courrier ; cliquez sur l'onglet Avancé, puis sur le bouton Maintenance et cochez la case Vider les messages du dossier Éléments supprimés en quittant.

   - Signaler comme courrier indésirable : Live Mail filtre les courriers indésirables, mais certains parviennent à se glisser entre les mailles du filet. Si vous estimez qu'un courrier est du spam, comme on dit en jargon Internet, cliquez sur ce bouton pour le placer dans le dossier Courrier indésirable.

   - Imprimer le message : cliquez sur le bouton Fichier/Imprimer, pour obtenir une sortie papier du message.

   - Parcourir les messages : cliquez sur les boutons Précédent ou Suivant pour voir le message placé avant ou après celui en cours dans la liste (si ces boutons ne sont pas visibles, élargissez quelque peu la fenêtre). Attention, cette fonction n'est disponible que si vous double-cliquez sur le message pour l'afficher dans sa propre fenêtre.

Ces conseils vous aideront à mieux exploiter Windows Live Mail 2011 :

- Quand vous lisez un message, cliquez sur le lien Ajouter aux contacts, à droite de l'adresse de l'expéditeur, pour placer son nom et son adresse de messagerie dans votre liste de contacts. Il suffira ensuite de cliquer sur le bouton À, puis de choisir ce contact dans la liste, pour lui écrire.
- Pour organiser les messages entrants, cliquez du bouton droit sur la Boîte de réception et choisissez Nouveau dossier. Nommez-le. Créez autant de dossiers et de sous-dossiers que nécessaires pour classer votre courrier.
- Pour déplacer un message d'un dossier vers un autre, contentez-vous de le glisser et de l'y déposer.
- Certains courriers sont accompagnés d'un fichier, ou pièce jointe. Leur gestion mérite qu'une section entière leur soit consacrée (la prochaine, fort opportunément).
- Si vous recevez du courrier d'une banque, d'eBay, PayPal ou autre site Web financier, regardez-y à deux fois avant de cliquer sur un lien. Une activité crapuleuse appelée « hameçonnage » consiste à envoyer massivement des courriers qui incitent le destinataire à divulguer son nom, son mot de passe, voire le code de sa carte bancaire. Armés de ces informations, les truands se dépêchent de vider votre compte bancaire. Windows Live Mail 2011 affiche un message d'alerte lorsqu'il repère des courriers douteux.

- Lorsqu'une petite icône avec un X rouge apparaît à la place d'une image ou d'une photo dans un courrier, cela signifie que Live Mail l'a bloquée. Pour voir les images, cliquez sur le lien Afficher les images. Pour empêcher Live Mail de les bloquer, choisissez Fichier/Options/Options de sécurité. Cliquez sur l'onglet Sécurité puis décochez la case Bloquer les images et les autres contenus externes dans les messages HTML.

Envoyer et recevoir des pièces jointes

À l'instar d'une photo que vous avez glissée dans une enveloppe pour montrer au destinataire à quoi ressemble votre nouvelle maison, une pièce jointe est un fichier ajouté au message.

Une pièce jointe est parfaite pour l'envoi de fichiers, mais pas très parlante lorsqu'il s'agit de photos. C'est pourquoi Live Mail contient une option permettant d'incorporer les images directement dans le message. Au lieu d'afficher les images sous forme d'austères icônes, Live Mail place une vignette de chacune d'elles dans le texte, ce qui permet de les regarder facilement.

Que vous choisissiez de joindre une pièce ou de l'incorporer au message, tenez compte d'un point important : la plupart des fournisseurs d'accès limitent la taille des pièces jointes, généralement à 5 ou 10 Mo (un peu plus généreux, Gmail accepte jusqu'à 20 Mo).

Les fichiers de photos numériques dépassant souvent la limite des 5 Mo, notamment lorsque vous en joignez plusieurs à un message, Windows Live Mail 2011 permet de les compresser. Les images ne sont pas du tout dégradées, mais sont transférées plus rapidement.

La prochaine section explique comment envoyer et recevoir des pièces jointes et des photos numériques incorporées à un message.

Attacher une ou plusieurs pièces jointes à un message

Pour envoyer un fichier à quelqu'un, commencez par créer un message : cliquez sur le bouton Message électronique, comme expliqué précédemment à la section « Rédiger un message ». Saisissez ensuite votre message comme d'habitude.

Le moment est venu de joindre un fichier (NdT : Il est préférable de joindre le fichier avant même d'écrire le message afin d'éviter le syndrome du « et hop! », autrement dit l'envoi précipité juste après avoir signé, en oubliant bien sûr de joindre le fichier), procédez comme suit :

1. **Cliquez sur le bouton Joindre, puis localisez le fichier à attacher au message.**

   Dans la fenêtre qui apparaît, le volet de navigation contient les bibliothèques recevant vos documents, images, musiques et vidéos. Parcourez les dossiers à la recherche des fichiers à joindre.

2. **Pour ne joindre qu'un seul fichier, double-cliquez sur son nom. Pour en attacher plusieurs, sélectionnez-les tous, puis cliquez sur le bouton Ouvrir.**

   Le bouton Ouvrir n'ouvre bien sûr rien du tout. Il se contente de joindre les fichiers au message.

Les fichiers joints apparaissent sous le champ Objet, dans un champ signalé par l'icône en forme de trombone, comme à la Figure 6.6.

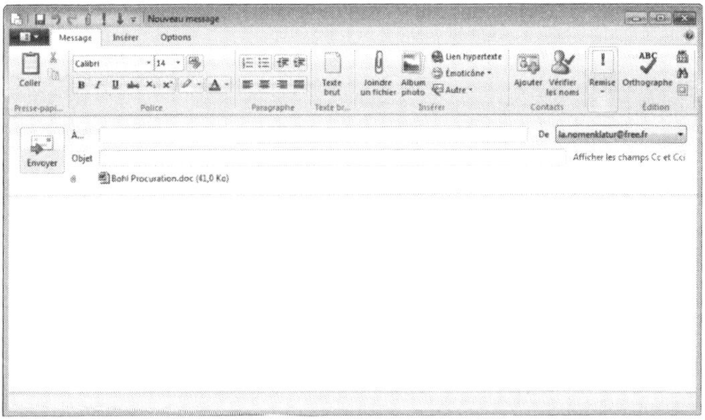

Figure 6.6 : Les pièces jointes apparaissent dans l'en-tête du message.

Vous avez joint par mégarde un fichier erroné ? Cliquez dessus du bouton droit et choisissez Supprimer.

Les étapes ci-dessus servaient à ajouter une ou plusieurs pièces jointes pendant la rédaction du message, mais vous pouvez aussi procéder selon l'une de ces deux manières :

- Cliquez du bouton droit sur le nom d'un fichier dans un dossier, et dans le menu contextuel, choisissez Envoyer vers > Destinataire. Une nouvelle fenêtre de message de Live Mail s'ouvre, à laquelle le fichier est déjà joint.
- Faites glisser le fichier du dossier jusque sur la fenêtre de saisie d'un message et déposez-le. Le fichier est aussitôt joint.

Enregistrer un fichier joint

Enregistrer un fichier joint à un message que vous avez reçu n'est pas compliqué. Voici la procédure à suivre :

1. **Ouvrez le message contenant la pièce jointe.**
2. **Cliquez du bouton droit sur l'icône du fichier, et dans le menu contextuel, choisissez Enregistrer sous.**

   Le message contient plusieurs fichiers joints ? Dans ce cas, maintenez la touche Ctrl enfoncée et cliquez sur chacun d'eux.

Cliquez ensuite du bouton droit dans la sélection et choisissez Enregistrer sous.

Dans tous les cas, l'action ouvre la boîte de dialogue Enregistrer la pièce jointe sous. Sélectionnez l'emplacement approprié pour le ou les fichiers (les textes dans Documents, les photos dans Images, *etc.*)

Le courrier électronique permet d'envoyer très facilement des fichiers dans le monde entier. À tel point que les programmeurs de virus n'ont pas laissé passer cette aubaine, créant des virus autoréplicants qui se propagent en envoyant des copies d'eux-mêmes à tous les contacts d'un carnet d'adresses.

Ce qui m'amène à cette mise en garde :

- Si quelqu'un que vous connaissez vous envoie inopinément une pièce jointe, ne l'ouvrez surtout pas. Envoyez-lui un courrier lui demandant confirmation de cet envoi. Le message peut avoir été envoyé à son insu par un virus ou par un robot. Pour plus de sécurité, tirez la pièce jointe jusque sur le Bureau et soumettez-la à votre antivirus. Ne l'ouvrez jamais directement depuis le message lui-même.
- Pour vous empêcher d'ouvrir un fichier infecté, Windows Live Mail 2011 refuse d'ouvrir la grande majorité des fichiers joints. S'il ne vous autorise pas à ouvrir un fichier provenant d'un correspondant sûr – un fichier que vous attendiez –, désactivez la protection : dans le menu Fichier (NdT : appuyez au besoin sur Alt pour afficher la barre de menus), choisissez Options/Options de sécurité, cliquez sur l'onglet Sécurité, puis décochez la case Ne pas autoriser l'ouverture ou l'enregistrement de pièces jointes susceptibles de contenir un virus.

Incorporer une photo dans un message

Des photos numériques peuvent être jointes comme expliqué précédemment, mais pour qu'elles soient directement visibles par le destinataire, il est préférable de les incorporer au message, comme à la Figure 6.7.

Le destinataire verra les vignettes. En double-cliquant dessus, il verra la version grandeur nature de la photo, et il pourra même visionner un diaporama en ligne.

Pour incorporer des photos à un message électronique, commencez par cliquer sur l'icône Windows Live Mail 2011, comme décrit précédemment dans ce chapitre, à la section « Écrire et envoyer du courrier

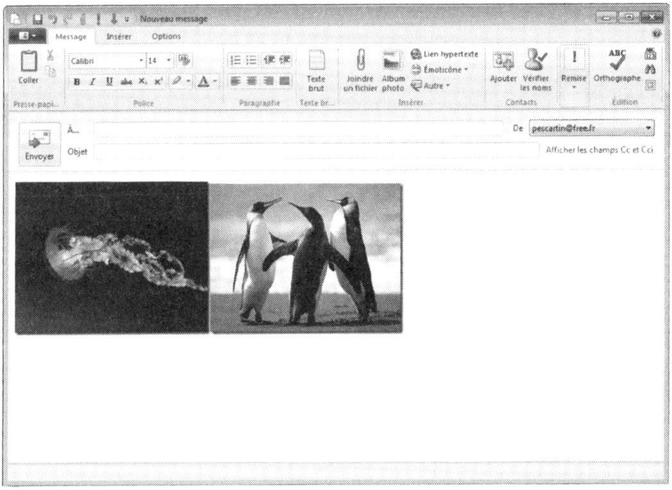

Figure 6.7 : Des photos incorporées au message sont plus faciles à visionner.

électronique avec Windows Live Mail 2011 ». Saisissez ensuite votre message comme d'habitude.

Pour ajouter des photos, procédez comme suit :

1. **Cliquez sur l'onglet Insérer puis sur le bouton Une seule photo.**

   La fenêtre Insérer une image apparaît, déjà ouverte sur la bibliothèque Images.

2. **Sélectionnez la ou les photos à insérer dans le message, puis cliquez sur le bouton Ouvrir.**

   Pour joindre plusieurs photos, maintenez la touche Ctrl enfoncée tout en cliquant sur les photos. Cliquez ensuite sur Ajouter.

   Dans les deux cas, cliquer sur le bouton Ouvrir répartit les photos dans le message, comme à la Figure 6.7, précédemment.

   Vous avez ajouté une image de trop ? Cliquez dessus du bouton droit, dans le message, et choisissez Supprimer.

3. **Pour ajouter une légende aux photos, si vous le désirez, placez le pointeur de la souris sous l'une d'elles puis saisissez le texte.**

   Limitez-vous à une ou deux lignes.

4. **Si vous le désirez, agrémentez les photos avec les options présentes dans le bandeau au-dessus de la zone de texte.**

   Cliquez sur le bouton Bordures de l'image, sélectionner un cadre. Le bouton Contraste améliore le contraste et la luminosité des photos sélectionnées dans le message.

5. **Cliquez sur le bouton Envoyer.**

   Live Mail envoie le message avec ses pièces jointes.

Enregistrer des photos incorporées

Pour enregistrer les photos incorporées à un message que vous avez reçu, cliquez dessus du bouton droit et choisissez Enregistrer l'image sous. Dans la boîte de dialogue Enregistrer l'image, nommez si vous le désirez la photo en question, choisissez un dossier de destination puis cliquez sur Enregistrer.

Si vous avez reçu des photos provenant d'un compte Windows Live, enregistrez la photo de cette manière :

1. **Ouvrez le message contenant les photos incorporées.**

   Le message ressemble un peu à une page Web. Il contient des liens pointant vers le site Web de Microsoft où les photos sont en réalité stockées.

2. **Cliquez sur le lien Enregistrer toutes les photos.**

   La fenêtre Parcourir les dossiers apparaît. Sélectionnez un dossier pour le stockage des photos.

3. **Cliquez sur Enregistrer.**

   Windows Mail télécharge une copie des photos dans l'emplacement choisi. Les originaux restent dans le message, ce qui constitue une sauvegarde supplémentaire.

Bien que le message acheminé par Windows Live contienne des versions réduites des photos, Microsoft ne conserve les originaux qu'un mois sur son serveur. Passé ce délai, ces originaux en haute résolution sont supprimés. Il ne vous reste alors que les vignettes.

Rechercher un courrier égaré

Quand un message important disparaît parmi des dossiers bien remplis, Windows 7 propose plusieurs moyens pour le retrouver :

- **Avec le champ Rechercher des messages de Windows Live Mail 2011 :** un champ Rechercher des messages se trouve en haut volet du milieu (celui contenant la liste des messages). Saisissez un nom ou un mot censé se trouver dans le message recherché, et la liste est aussitôt filtrée, ne montrant que les messages contenant le critère de recherche. Un bandeau bleu, en haut de la liste, est en réalité un menu permettant d'effectuer la recherche dans un autre dossier de la messagerie.
- **Avec le champ Rechercher d'un dossier :** si vous enregistrez vos messages dans des dossiers spécifiques, cliquez sur un dossier, dans le volet de gauche, puis saisissez le critère dans le champ Rechercher des messages. La recherche sera limitée à ce seul dossier.
- **Avec le champ Rechercher les programmes et fichiers du menu Démarrer :** vous n'avez aucune idée du dossier où peut bien se trouver le message ? Windows 7 indexe en permanence vos fichiers, mais aussi vos messages. Cliquez sur le bouton Démarrer, puis saisissez le critère dans le champ Rechercher les programmes et fichiers.

Gérer les contacts

Windows Vista conservait les contacts dans des fichiers séparés, stockés dans un dossier Contacts. Windows 7 fait de même, sauf si vous avez souscrit à un compte de messagerie Windows Live. Ce compte vous permet de stocker vos contacts dans deux emplacements : à l'intérieur de votre ordinateur et aussi en ligne. Quand vous ouvrez un compte dans Windows Live Mail 2011, la version en ligne imite la version présente dans votre ordinateur, avec les mêmes contacts et les mêmes courriers envoyés et reçus.

Pour voir la liste de vos contacts dans votre ordinateur, cliquez sur le bouton Contacts (ou sur son icône, si le panneau est réduit) en bas du volet des dossiers. La fenêtre Contacts apparaît, avec la liste de tous vos correspondants.

La liste des contacts peut être enrichie de diverses manières :

- **En laissant Windows Live Mail 2011 s'en charger :** quand vous répondez trois fois à un même expéditeur, Live Mail place immédiatement le nom et l'adresse de messagerie de cette personne dans le dossier Contacts. Si cette option vous paraît excessive, choisissez Fichier/Options/Courrier. Cliquez sur l'onglet Envoi et décochez la case Placer les personnes auxquelles j'ai répondu trois fois dans mon carnet d'adresses.

- **Importer un ancien carnet d'adresses :** pour récupérer le carnet d'adresses d'un autre ordinateur, ouvrez le dossier Contacts et, dans la barre d'outils, cliquez sur le bouton Importer. Dans le menu local qui apparait, choisissez le type de fichier WAB, VCF, ou CSV.

- **Ajouter manuellement les contacts :** depuis la fenêtre Contacts Windows Live Mail, cliquez sur le bouton Contact. Entrez au moins le nom et l'adresse de messagerie de la personne, ou créez une fiche exhaustive en remplissant la totalité des champs. Cliquez ensuite sur Ajouter aux contacts.

D'autres tâches fort utiles peuvent être exécutées à partir de la fenêtre Contacts Windows Live :

- Pour envoyer rapidement un message à un correspondant figurant parmi vos contacts, cliquez du bouton droit sur son nom et choisissez Envoyer un message. Live Mail affiche un nouveau message préadressé dans lequel vous taperez votre courrier avant de cliquer sur Envoyer.

- Pour sauvegarder vos Contacts, cliquez sur le bouton Exporter, puis décidez de les exporter, soit au format CSV (*Comma Separated Values,* champs séparés par des virgules), ou format Vcard (carte de visite virtuelle VCF).

- Vous pouvez aussi copier vos adresses dans la liste Contacts de votre iPod. Après l'avoir connecté au PC, exportez les adresses au format vCard, comme décrit au paragraphe précédent. Lorsque Windows 7 vous demandera de sélectionner le dossier pour l'exportation des fichiers VCF, choisissez le dossier Contacts de l'iPod.

Limiter les courriers indésirables

Il est malheureusement impossible d'échapper totalement aux courriers non sollicités, ou spams (NdT : initiales de *spiced potatoes and meat,* « patates épicées et viande », un célèbre sketch des Monty Python, mais aussi et surtout, nom d'une infecte conserve de viande en vente aux États-Unis). Incroyable mais vrai, il existe encore des gens assez naïfs pour acheter auprès des spammeurs, ce qui rend l'activité de ces derniers suffisamment lucrative pour qu'ils persistent.

Fort heureusement, Windows 7 fait preuve d'un peu plus de discernement pour reconnaître les spams. Lorsqu'il détecte un courrier douteux, il le place directement dans le dossier Courrier indésirable (Figure 6.8)

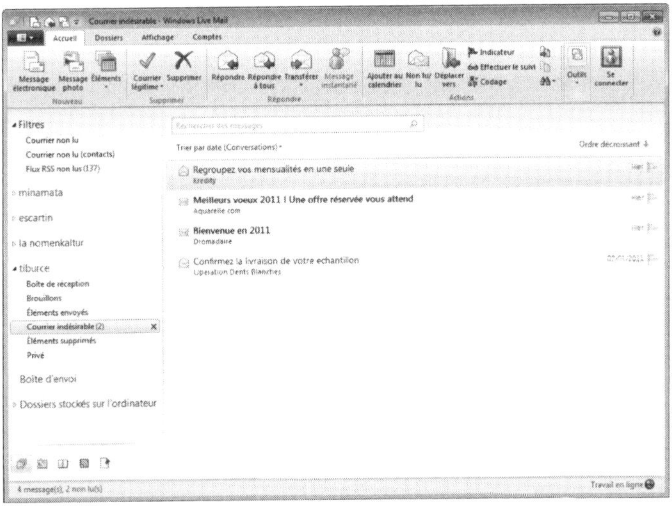

Figure 6.8 : Windows Live Mail 2011 détourne automatiquement les spams vers le dossier Courrier indésirable.

Si vous avez repéré dans le dossier Courrier indésirable des messages qui ne sont pas des spams, sélectionnez-les en cliquant dessus puis cliquez sur le bouton Courrier légitime, dans la barre d'outils. Windows Live Mail 2011 le renvoie immédiatement dans le dossier Boîte de réception.

Bien qu'il ne soit pas possible d'endiguer complètement les spams, il est possible d'en réduire la quantité grâce à ces quelques règles :

- Ne communiquez votre adresse de messagerie qu'à vos proches, amis, collègues de travail et sociétés très connues. Ne la donnez pas à des inconnus et ne la postez pas sur des sites Web.
- Créez une deuxième adresse, dite « jetable », que vous utiliserez pour les transactions commerciales, le remplissage de formulaires ou de la correspondance qui ne sera pas suivie. Lorsque cette adresse sera la cible d'innombrables spams, supprimez-la

comme expliqué à la section « Configurer votre compte de messagerie », dans ce chapitre, et créez-en une nouvelle.

- Ne postez jamais votre véritable adresse de messagerie dans un forum, groupe de discussion ou *chat,* ou toute autre zone de conversations publiques. Et surtout, ne répondez jamais à un spammeur, même en cliquant sur un lien de désabonnement. Cette action prouve en effet qu'il y a quelqu'un à cette adresse, ce qui l'ajoutera à la liste très convoitée des adresses actives, suscitant ainsi davantage de spams.

- Voyez si votre FAI propose un filtrage antispam. Ce filtrage est si efficace que beaucoup de spammeurs tentent de le leurrer en utilisant des mots qui n'ont aucun sens. Si la ligne objet contient des mots qui n'existent dans aucun dictionnaire, c'est sans aucun doute du spam.

Index

D

E

J

L

M

N

S

T

U

V

W

Y

Z

AUBIN IMPRIMEUR

Achevé d'imprimer en mars 2012
N° d'impression 1202.0212
Dépôt légal, mars 2012
Imprimé en France